14.-

Graf/Raiser/Zalfen
Sozialarbeit im Obdachlosenbereich

Die Autoren:

Pedro Graf, geb. 1936, Studium der Rechtswissenschaft und politischen Wissenschaft, war von 1967 bis 1970 hauptamtlicher Dozent an der Akademie für Jugendhilfe der Victor-Gollancz-Stiftung und von 1969 bis 1972 Berater des ersten GWA-Teams Hasenbergl. Er ist jetzt Professor an der Fachhochschule München, Fachbereich Sozialwesen (für Recht, insbes. öffentliches Recht, für Politologie und Gemeinwesenarbeit).

Christine Raiser, geb. 1941, Sozialarbeiterin und Soziologin M.A., von 1966 bis 1968 Gemeinwesenarbeit in Westberlin, von 1973 bis 1975 Fortbildungstätigkeit in der Arbeitsgruppe Gemeinwesenarbeit der Victor-Gollancz-Stiftung Frankfurt.

Manfred Zalfen, geb. 1941, Sozialarbeiter (grad.), Dipl.-Päd., Facharbeiterausbildung (Blechschlosser), Höhere Fachschule für Sozialarbeit Rodenkirchen bei Köln, Sozialarbeiter im GWA-Projekt München - Hasenbergl (4 Jahre), Studium an der Universität Tübingen, 1975 Diplomprüfung.

1

PEDRO GRAF / CHRISTINE RAISER / MANFRED ZALFEN

Sozialarbeit im Obdachlosenbereich

GEMEINWESENARBEIT ZWISCHEN BETROFFENEN UND INSTITUTIONEN

VSA

Fotos: Eva und Jörg Boström, Herford
Satz: Satzbüro Steiniger, Berlin
Druck und Buchbindearbeiten: Dieter Dressler, Berlin
ISBN 3-87975-077-7

INHALT

EINLEITUNG

Todesanzeige

Nach einem kurzen aber arbeitsreichen Leben verstarb unser liebstes und eigenwilligstes Kind

GWA

an:

– Allzuständigkeit, Eigenbrötelei und Profilierungsneurose
– methodischer Schwäche und theoretischer Schwindsucht
– finanzieller Auszehrung und politischer Disziplinierung.

Wir, die trauernden Hinterbliebenen, fragen uns verzweifelt, ob dieser frühe Tod nicht hätte verhindert werden können?

Diese „Todesanzeige", Ergebnis einer Tagung über ‚Möglichkeiten und Grenzen konfliktorientierter Gemeinwesenarbeit' (GWA) im Herbst 1975 in Berlin, kennzeichnet auf ironisch-makabre Art die derzeitige GWA-Scene der BRD. In der Reformphase der späten 60er Jahre vielgepriesen und mit Vorschußlorbeeren versehen, als *die* Form der modernen Sozialarbeit hochstilisiert, eingeschätzt als von hoher politischer, beruflicher und sozial-pädagogischer Relevanz, wird es still und stiller um sie: Wirtschaftskrise mit finanzieller Restriktion, vor allem im sozialen und Bildungsbereich, politische Repression wie Berufsverbote u.ä. zeigen ihre Wirkungen. . . .

Ergebnisse: GWA-Projekte werden reduziert (München-Hasenbergl), diszipliniert (Verein zur Förderung von GWA in München e.V.), liquidiert (Frankfurt a.M.-Bockenheim), günstigstenfalls integriert (Stuttgart). Ganze Institutionen werden okkupiert, (Victor-Gollancz-Stiftung e.V., Ffm)[1], der Studiengang GWA/Sozialplanung an Bayerns Fachhochschulen soll abgeschafft werden (Bayer. Städtetag).

Dieses Buch behandelt eine Phase dieses „Aufstiegs und Falls" der GWA: Analysiert und diskutiert werden Ausschnitte aus der Praxis des GWA-Teams (GWAT)-Hasenbergl in den Jahren 1969 bis 1972, also der „Blüte der Reformperiode". In dieser Zeit war die Victor-Gollancz-Stiftung (VGSt) zusammen mit dem Caritasverband der Erzdiözese München-

Freising und mit Unterstützung der Landeshauptstadt München Träger eines GWA-Projektes in der größten Münchener Obdachlosensiedlung, der Unterkunftsanlage Hasenbergl-Nord. Die Projektgruppe, das damals fünfköpfige „GWAT-Hasenbergl“ war damit Träger eines der ältesten Ansätze professioneller GWA in der BRD.

Über die Arbeit des GWAT liegen bereits zwei Veröffentlichungen vor[2]:

1. In dem Bericht „Sie können natürlich machen was Sie wollen . . .“ – Gemeinwesenarbeit in Hasenbergl-Nord 70/71, hat das GWAT einen ersten Rechenschaftsbericht vorgelegt, der den Leser über das informiert, was alles in der Praxis bis dahin unternommen worden ist. Es wird in diesem Bericht noch keine Einschätzung vorgenommen. Er gibt lediglich ein anschauliches Bild der Alltagspraxis von Gemeinwesenarbeitern.
2. In dem Buch „Bürgerinitiativen und Gemeinwesenarbeit“ von B. Höbel und U. Seibert wird versucht, am Beispiel der einzigen über einen längeren Zeitraum im Hasenbergl aktiven Bewohnergruppe, der Interessengemeinschaft Hasenbergl-Nord, das Problem der Binnenstruktur von und der Lernprozesse in Initiativgruppen der Bevölkerung zu behandeln. Die Autoren beschränken sich bewußt auf diese Fragestellung und verzichten, wie sie in der Einleitung ausdrücklich schreiben, auf eine Reflexion der Frage im Zusammenhang einer „gesellschaftspolitischen Analyse der BRD“. Vielmehr orientieren sie sich an allgemeinen Vorstellungen einer politischen Pädagogik.

Der Schwerpunkt der hier vorgelegten Arbeit ist dagegen der sogen. „funktionale Ansatz“ des GWAT, d.h. seine Mitarbeit in und seine Zusammenarbeit mit städtischen Institutionen, insbesondere seine Mitarbeit in verschiedenen Ausschüssen der Sozialverwaltung. Von daher konzentriert sich dieser Bericht auf eine berufspolitische Fragestellung: die der Doppelstrategie zwischen Betroffenen- und Institutionsinteressen. Der Charakter der Fragestellung macht eine Auseinandersetzung mit der gesellschaftspolitischen Realität der BRD und speziell der konkreten Situation in München zwingend notwendig.

Für Theorie und Praxis im sozialpolitischen Bereich ist es u.E. in erster Linie wichtig, gesellschaftliche und bewußtseinsmäßige Entwicklungen in einem historischen Zusammenhang zu erkennen und nachzuvollziehen; nicht um daraus Anleitungen und Rezepte zu entnehmen, die bruchlos übertragbar wären, sondern um das eigene Handeln in einem Entwicklungsprozeß zu begreifen und hierfür Orientierungshilfen zu gewinnen. Entscheidend ist daher nicht primär die Neuigkeit und Aktualität sondern der exemplarische Charakter der geschilderten Ereignisse und der gemachten Erfahrungen.

Eben diesen exemplarischen Charakter der damaligen Erfahrungen des GWAT-Hasenbergl herauszuarbeiten und zu diskutieren, ist das

Ziel dieses Berichtes. Es handelt sich demnach nicht um eine weitere Projektbeschreibung in der Form etwa einer systematischen Zusammenfassung der praktischen Ereignisse sondern um den Versuch einer Reflexion und Theoretisierung bestimmter exemplarisch erscheinender Elemente sozialarbeiterischer Praxis.

Die Betonung des Exemplarischen soll jedoch keinesfalls den Umstand vergessen lassen, daß es sich hierbei um ein Stück Geschichte der Nachkriegssozialarbeit in der BRD handelt, deren wesentliche Erscheinungsformen vielen Engagierten heute schon wieder als überholt gelten mögen. Es ist jedoch auch gerade auf dem Hintergrund der sich z. Zt. beschleunigenden ökonomischen und politischen Rezession, die der Reformeuphorie der 60er und Anfängen der 70er Jahre ein Ende setzt, wichtig, die Erfahrungen dieser Periode – in die auch der Beginn der Arbeit des GWAT fällt – auszuwerten. Und dies so, daß nicht nur der schale Geschmack des Scheiterns im Munde bleibt,[3)] weil die meisten der damals formulierten Programme und Hoffnungen nicht realisiert wurden. Vielmehr muß der Schwerpunkt darin gesehen werden, daß die Reformbewegung unter den Sozialarbeitern zu einer Klärung und Festigung ihres berufspolitischen Selbstverständnisses führen konnte, was diesen Kollegen gerade in der jetzigen Zeit von erheblichem Nutzen sein wird.

In diesem Zusammenhang sehen wir den Stellenwert dieses Auswertungsberichtes. Er will einen Beitrag leisten zur Klärung der Frage der *berufspolitischen Doppelstrategie.* Diese Frage ist zwar in den vergangenen Jahren zuerst von Gemeinwesenarbeitern aufgegriffen worden, weil ihnen in der Praxis sehr schnell ihre schwierige Position zwischen den Interessen der Bevölkerung und den sozialpolitischen Institutionen zu Bewußtsein kam. Inzwischen hat jedoch die Debatte über diese Frage breite Bereiche der Sozialarbeit erfaßt, so daß wir hoffen, mit diesem Bericht nicht nur eine Insider-Diskussion unter Gemeinwesenarbeitern aufzugreifen, sondern auch die Interessen anderer Kollegen zu treffen.

Dabei haben wir nicht den Anspruch, der bereits entfalteten literarischen Diskussion und Forschung über Obdachlosigkeit in der BRD, über Rahmenbedingungen der Kommunalpolitik, über Rolle und Funktion des Staates in der kapitalistischen Gesellschaft einen weiteren Beitrag hinzuzufügen. Der Bericht erhebt keinerlei Anspruch auf Wissenschaftlichkeit im traditionell verstandenen Sinne. Daher wird auch nicht der Versuch gemacht, sich möglichst umfassend mit allen bereits erschienenen Forschungsergebnissen und Argumenten auseinanderzusetzen. Die knappen Darstellungen des Obdachlosenproblems und des Dilemmas der Kommunen in der BRD haben in diesem Sinne lediglich eine „Aufreißerfunktion".

Vielmehr wollen wir mit dieser Verbindung von Theorie und Praxis versuchen, dem Bewußtsein vieler Kollegen entgegenzutreten, lediglich Stückwerk zu leisten, Lückenbüßer zu sein („Flickschuster der Nation"). Dieses Bewußtsein, das ja in der realen Funktion der Sozialarbeit in dieser Gesellschaft begründet ist, braucht *dann nicht* zu beruflicher und politischer Resignation zu führen, wenn die eigene Rolle möglichst konkret im gesellschaftlich-politischen Spannungsfeld definiert wird und die praktischen Schritte und ihre Ergebnisse nicht versacken, sondern kontinuierlich zusammengefaßt und ausgewertet werden. Beides ist Voraussetzung einer realistischen beruflichen Strategie.

Zu den Autoren

Jeder der drei Autoren repräsentiert eine der drei an dem geschilderten Projekt und an dem gesamten Auswertungsprozeß wesentlich beteiligten Gruppen – den ehemaligen Mitarbeitern des GWAT, ihren Beratern sowie der Arbeitsgruppe GWA der Victor-Gollancz-Stiftung. Die hier vorliegende Fassung des Berichts ist Ergebnis eines kollektiven Arbeitsprozesses. Lediglich der Abschnitt 2.: „Zur Problematik kommunaler Sozialpolitik" in Teil I ist im wesentlichen von Pedro Graf erarbeitet worden. Außerdem werden die beiden unterschiedlichen Positionen zu einer Strategie der Gemeinwesenarbeit in Teil III ausschließlich von Pedro Graf und Christine Raiser verantwortet.

Helga Neubeck-Fischer (ehemalige Beraterin des GWAT), Robert Bolz und Jürgen Krauß (ehemalige Teammitglieder des GWAT), Friedel Hauß (Soziologe in München) und Richard Grübling (ehemaliger Mitarbeiter der AG/GWA in der Victor-Gollancz-Stiftung) haben teilweise an den Einschätzungsdiskussionen teilgenommen und darüber hinaus auch durch Kritik und Anregungen zu den anderen Teilen dieses Berichts beigetragen.

Ursprünglich sollte dieser Bericht in den „Materialien zur Jugend- und Sozialarbeit" der Victor-Gollancz-Stiftung erscheinen. Dies erwies sich jedoch im Rahmen der ‚Abwicklung der Geschäfte' ihres Exitus als aussichtslos.

Für kritisch-konstruktive Anregungen aus dem Kreise der Stiftung danken wir trotzdem insbesondere Prof. Dieter von Kietzell, Vorstandsmitglied der VGSt, sowie den beiden Gutachtern Prof. Dr. Gerd

Iben und Prof. Dr. C.W. Müller.

Die Schreibarbeiten für das Manuskript besorgten Barbara Arlt und Marianne Lange, Kassel; beiden recht herzlichen Dank.

München/Berlin, im Februar 1976

Pedro Graf Christine Raiser Manfred Zalfen

Anmerkungen

1) Vgl.: Bäcker, W., Victor-Gollancz-Stiftung liquidiert oder okkupiert, in: Neue Praxis Heft 4/75, S. 311.

2) GWAT-Hasenbergl, Gemeinwesenarbeit in Hasenbergl-Nord, Bericht 70/71, München 1971 und 1972 (2) vergriffen;
Höbel, B., Seibert, U., Gemeindearbeit und Bürgerinitiativen, München 1973.

3) wie er aus der, wenn auch witzig-ironischen, Stellungnahme der am Anfang zitierten Kollegen herausschimmert.

ERSTER TEIL

RAHMENBEDINGUNGEN VON GEMEINWESENARBEIT (GWA) IM OBDACHLOSENBEREICH

1. Das Elend der Obdachlosigkeit in der BRD

Aktuelle Erscheinungsformen von Obdachlosigkeit

Will man über Probleme der Obdachlosigkeit reden oder an ihnen arbeiten, dann genügt es nicht, rein statistisch aufzuweisen, woher die Obdachlosen kommen, aus welchen sozialen Schichten sie sich rekrutieren und was im jeweils konkreten Fall zur Obdachlosigkeit geführt hat. Diese Daten sind schnell beigebracht und schon bei flüchtiger Betrachtung tauchen neue Fragen auf: Wieso fast nur Arbeiter, wieso Mietschulden, wieso renitentes Verhalten? Wächst die Zahl oder sinkt sie, wer ist von Obdachlosigkeit bedroht? Schließlich: Ist Obdachlosigkeit überhaupt vermeidbar? Es ist klar: Wie und von welchem Gesichtspunkt aus diese Fragen beantwortet werden, ist von Bedeutung sowohl für die Arbeit der Behörden als auch für die Arbeit von Gemeinwesenarbeitern außerhalb und innerhalb der Behörden.

Vorweg zum Begriff der Obdachlosigkeit: Das OVG Münster definierte Obdachlosigkeit (inzwischen ‚klassisch') als „den Zustand, kein Dach über dem Kopf zu haben und Tag und Nacht auf der Straße zubringen zu müssen."[1] Dieser Zustand bedeutet eine „Störung der öffentlichen Sicherheit und Ordnung"[2]), zu deren Beseitigung die Gemeinden verpflichtet sind, indem sie den betreffenden Menschen ein ‚Obdach' verschaffen. Hierfür genügt „das allereinfachste, was zum Schutz gegen Wind und Wetter unentbehrlich ist"[3]). So plaziert man diese Menschen von Amts wegen in sogen. Notunterkünfte, meist hinter Bahnhöfe, zwischen Autobahnen und Schrottplätzen, in einsame Landstriche – an den Rand der Gesellschaft. Und um ihre Außenseiterposition auch rechtlich zu markieren, unterwirft man sie einem sogenannten „besonderen Gewaltverhältnis" für das der Schutz des Grundgesetzes außer Kraft gesetzt ist.[4]) Die Bewohner sind damit keine Mieter sondern nur „Benutzer" ihrer Unterkünfte.

Dieser Personenkreis umfaßt z. Zt. in der BRD schätzungsweise zwischen 600.000 und 800.000 Menschen. Hinzu kommen ca. 300.000 sogenannte „Nicht-Seßhafte", die gar kein festes Dach über dem Kopf haben und mindestens 2 Mio., die in Kellerwohnungen. Laubenhütten, Dachkammern etc. absolut unzulänglich untergebracht sind.[5]) Wenn im folgenden von „Obdachlosen" die Rede ist, meinen wir jedoch ausschließlich den Kreis der Bewohner kommunaler Notunterkünfte.

Der aktuelle Anlaß für die Einweisung in eine solche Notunterkunft liegt meist im Verlust einer relativ billigen Wohnung auf Grund einer Kündigung (wegen Mietschulden oder Eigenbedarf, wegen „angemessener wirtschaftlicher Verwertung", sprich Abriß oder gewerbliche Nutzung) auf Grund einer Scheidung, dem Tod des Hauptverdieners, einer Haftstrafe oder einem arbeitsbedingten Umzug, sowie der darauffolgenden Unmöglichkeit, eine neue Wohnung zu zumutbaren Bedingungen zu finden.

Im Spiegel Nr. 40/1970 heißt es, daß 40 v.H. der Obdachlosen wegen Mietschulden, Krach mit dem Hauswirt, 20 v.H. wegen Eigenbedarfsklage und 7 v.H. wegen behördlicher Maßnahmen (vor allem Stadtsanierungen) in die Obdachlosensiedlungen eingewiesen werden. Eine Kölner Studie bestätigt diese Zahlen in wesentlichen Punkten:

> „Nach einer Zusammenstellung des Bauamtes setzen sich die in städtischen Unterkünften neu aufzunehmenden Personen bzw. Haushalte wie folgt zusammen: Rund 20 v.H. mußten ihr bisheriges Mietverhältnis wegen persönlich nicht zu vertretender Gründe (z.B. Eigenbedarf der Vermieter) aufgeben; rund 50–60 v.H. hatten Mietschulden.[6]) Nur rund 10 v.H. mußten ihre Wohnung wegen vertragswidrigen Gebrauchs oder Belästigung der Anwohner räumen und rund 10 v.H. fanden wegen Vorstrafen keinen Vermieter."[7]

Damit addieren sich überschlagsmäßig die ca. 50 v.H. wegen Mietschulden gekündigten mit den ca. 20 v.H. wegen Eigenbedarfs der Wohnungsbesitzer Rausgeklagten und den an die 10 v.H. Planungsverdrängten zu stattlichen 80 v.H., die ohne besonderes subjektives „Verschulden" in die Obdachlosensiedlungen eingewiesen wurden. Ebenfalls aufschlußreich sind die Daten der sozialen Herkunft Obdachloser. Hier ein Beispiel aus einer Stichprobe einer Obdachlosensiedlung (erfaßt wurden die erlernten Berufe):

Industrieberufe	6 v.H.
handwerkliche Berufe	46 v.H.
kaufmännische und Verwaltungsberufe	6 v.H.
landwirtschaftliche Berufe	1 v.H.
ohne Beruf	39 v.H.

Die Berufsausübung weist folgende Daten aus:

Arbeitslose	15 v.H.
Rentner	18 v.H.
Angelernte/Ungelernte	39 v.H.
Handwerker	1 v.H.
Selbständige (Schrott- und Kohlenhändler)	12 v.H.[8)]

Der relativ hohe Anteil der Handwerker ist kein Zufall: Es handelt sich hier um vorindustrielle Berufe: den selbständigen Klempner, den Schuster um die Ecke und den Schneider in seinem verstaubten Laden. Sie sind gerade in den Sanierungsgebieten ansässig, wo die Kundschaft in Pantoffeln kommt. Finanziell können sie einen Ortswechsel nicht verkraften. Diese ‚Selbständigen' sacken immer häufiger ins Proletariat ab.

Diese Zahlen sagen schon eine Menge über die eingangs gestellten Fragen aus. Wir können feststellen:

1. Der ‚Zufall' der Obdachlosigkeit wird nicht nur die Ärmsten der Armen treffen, die Randgruppen und Außenseiter, sondern potentiell müssen weite Teile der gesamten werktätigen Bevölkerung damit rechnen, ihre Wohnung zu verlieren und in einer Notunterkunft zu landen. Zu Obdachlosen werden in erster Linie jedoch die materiell und politisch unterprivilegierten Teile der Bevölkerung wie Rentner, Arbeitslose, Handwerker und Arbeiter.
2. Die Gründe für die Obdachlosigkeit sind nur in den wenigsten Fällen in individualpsychologischen Defekten zu sehen, sie haben handfeste materielle Voraussetzungen, die nicht nur im Geldmangel des Einzelnen oder der Familie begründet sind. ‚Systemimmanente Zufälle' spielen eine nicht unerhebliche Rolle. Den

einen trifft die Sanierung, ohne daß er in der Lage wäre, sich eine neue, entsprechende Wohnung zu suchen; der Kollege in einem anderen Wohnviertel, der vielleicht weniger verdient, kann wohnen bleiben.

Der gemeinsame Nenner aller systemimmanenten Zufälle, die zur Einweisung in eine Notunterkunft führen, ist die Unmöglichkeit, eine finanziell tragbare Wohnung zu finden. Obdachlosigkeit erweist sich damit in erster Linie als ein Produkt des ‚freien Wohnungsmarktes' in unserem Lande.

Obdachlosigkeit als Produkt des freien Wohnungsmarktes

An einigen Zahlen über den Wohnungsbestand und die Mietpreisentwicklung in München sei dieser Zusammenhang verdeutlicht. Zum Zeitpunkt der letzten Wohnungszählung 1968 fehlten bei mehr als 7.000 Wohnparteien zwei und mehr Zimmer zu einer ausreichenden Unterbringung, 21.250 Parteien wohnten nur in sogen. „Wohngelegenheiten", d.h. ohne Küche, im Kellergeschoß oder in Unterkünften.[9] Die Zahlen haben sich bis heute nicht wesentlich geändert. Gleichzeitig aber stehen zwischen 10.000 und 15.000 Wohnungen der Luxusklasse leer!

Ende 1974 verfügte München über 539.100 Wohnungen, davon

- 27 v.H. Mietwohnungen in vor 1948 errichteten Gebäuden (sogenannten Altbauwohnungen)
- 18 v.H. öffentlich geförderte Mietwohnungen in nach 1948 errichteten Gebäuden (sogen. Sozialwohnungen)
- 29 v.H. frei finanzierte Wohnungen in nach 1948 errichteten Gebäuden
- 26 v.H. Eigentümerwohnungen.[10]

Die Altbauwohnungen sind z.Zt. noch erschwinglich (ca. 200,–DM bis 250,– DM für eine Dreizimmerwohnung im Schnitt), da Mieterhöhungen bis Ende 1976 noch limitiert sind.[11] Ab dann ist jedoch mit Erhöhungen von mindestens 30 v.H. zu rechnen! Außerdem werden diese Wohnungen durch Abriß und Zweckentfremdung immer weniger.

Ältere Sozialwohnungen liegen im Mietpreis etwa gleich; sie sind allerdings zu etwa 20 v.H. von Mietern belegt, die auf Grund ihres gestiegenen Einkommens keinen Anspruch mehr darauf hätten. Neuerbaute Sozialwohnungen sind dagegen erheblich teurer. Die gesetzlich vorgeschriebene Nettomiete (ohne Nebenkosten) beträgt z.Zt. 4,20 DM pro

ALTBAUWOHNUNGEN WERDEN IMMER TEURER

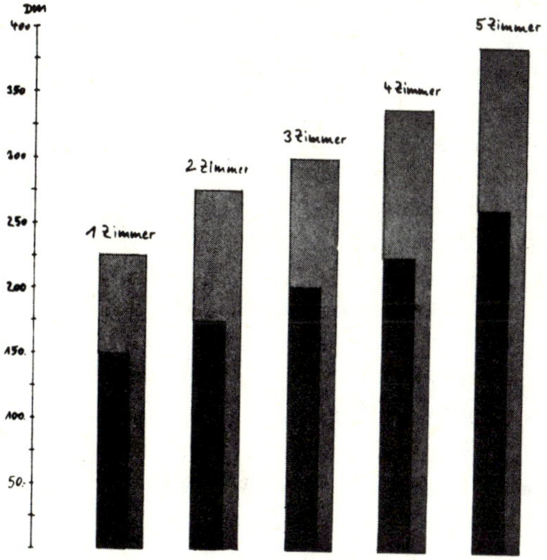

GRAUER KREIS

BEDEUTET:

FÜR ALLE ALTBAUWOHNUNGEN, DIE VOR DEM 20.6.48 GEBAUT WURDEN DARF DIE MIETE NUR ALLE 2 JAHRE UM HÖCHSTENS 10% ERHÖHT WERDEN!

DIESES GESETZ GILT FÜR MÜNCHEN, HAMBURG UND BERLIN, ALSO FÜR SOLCHE GEBIETE, IN DENEN WOHNUNGEN BESONDERS KNAPP SIND.

= WENN GRAUER KREIS WEGFÄLLT

= HEUTIGE MIETE INNERHALB DES GRAUEN KREISES

SOZIALWOHNUNGEN WERDEN IMMER TEURER

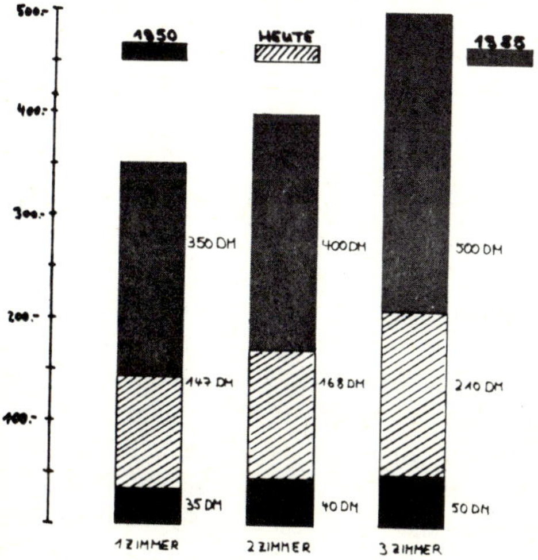

1 ZIMMER 35 M^2
2 ZIMMER 40 M^2
3 ZIMMER 50 M^2

ZWISCHEN 1955+1958 WURDEN KEINE SOZIALWOHNUNGEN MIT 4 UND MEHR ZIMMERN GEBAUT.

SOZIALWOHNUNGEN MIT 4 UND MEHR ZIMMERN GIBT ES KAUM!

qm.[12]) Das sind 300,– DM für eine Zweizimmerwohnung und fast 400,– DM für eine Dreizimmerwohnung. Größere Wohnungen für Kinderreiche Familien werden kaum noch gebaut. Vor allem aber steigt diese Miete mit dem schrittweisen Abbau der öffentlichen Zuschüsse bzw. mit dem Rückgang der staatlichen Darlehen in den folgenden Jahren erheblich an. So werden die zwischen 1971 und 1974 errichteten Sozialwohnungen 14 Jahre später bei 10,– DM bis 12,– DM pro qm liegen![13])

Die von privaten Bauträgern gebauten Wohnungen verlieren außerdem 10 Jahre nach Rückzahlung der öffentlichen Zuschüsse und Darlehen ihren Charakter als Sozialwohnungen und können dann wie freifinanzierte vermietet werden. Und schließlich geht der soziale Wohnungsbau ständig zurück. Während zwischen 1955 und 1965 in München jährlich ca. 8.000 Sozialwohnungen gebaut wurden, waren es 1971 noch etwas über 2.000 und 1973 weniger als 1.000! 1972 verloren erstmals mehr Wohnungen ihre Eigenschaft als Sozialwohnungen als neue gebaut wurden (2.4000 zu 2.700). Gleichzeitig aber warten fast 10.000 Anspruchsberechtigte auf eine solche Wohnung, darunter 7.000 Dringlichkeitsfälle und von diesen wiederum über 2.000 akute Notstandsfälle.[14])

Hinsichtlich der freifinanzierten Wohnungen ergab eine Auswertung der Angebote der Süddeutschen Zeitung an einem beliebigen Stichtag (1. März 1974):

Wohnungsgröße	Durchschnittsmiete	Anteil am Gesamtangebot	
1-Zi-Wohnung	DM 310,–	45 v.H.	(rd.)
2-Zi-Wohnung	DM 465,–	22 v.H.	
3-Zi-Wohnung	DM 630,–	21 v.H.	
4-Zi-Wohnung	DM 805,–	8 v.H.	
5-Zi-Wohnung	DM 990,–	3 v.H.	

– ein Kommentar erübrigt sich!

Den Löwenanteil an den Kosten für die Errichtung dieser Wohnungen halten die Baukosten. Sie sind in den vergangenen Jahren überdurchschnittlich gestiegen. „Im sozialen Wohnungsbau Hessens schnellten von 1963 bis 1972 die Baukosten (einschließlich Nebenkosten und Kosten für Außenanlagen) bezogen auf den qm Wohnfläche um 88 v.H. empor."[15]) Im Verhältnis dazu ist der Anteil der Kosten für den Erwerb von Grundstücken *relativ* gering. „Im sozialen Wohnungsbau Hes-

SOZIALWOHNUNGEN WERDEN IMMER KNAPPER

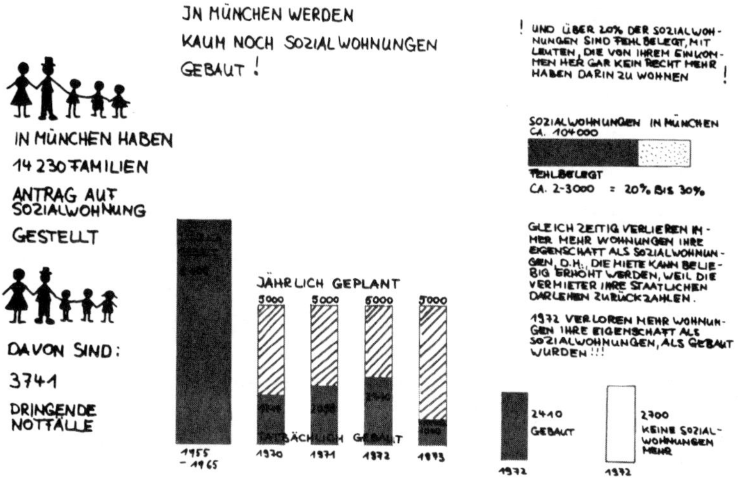

FREIFINANZIERTE WOHNUNGEN SIND UNERSCHWINGLICH

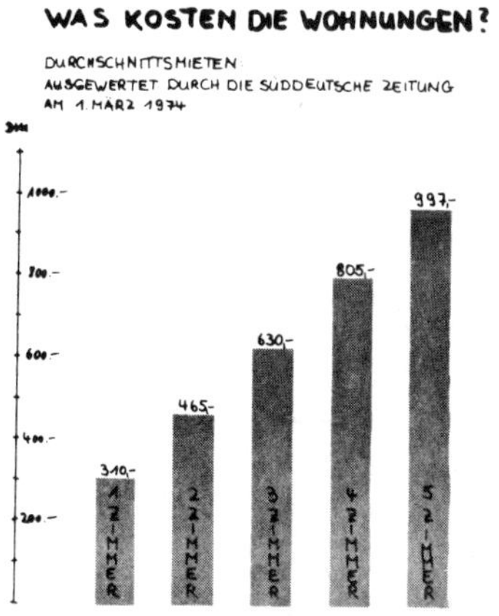

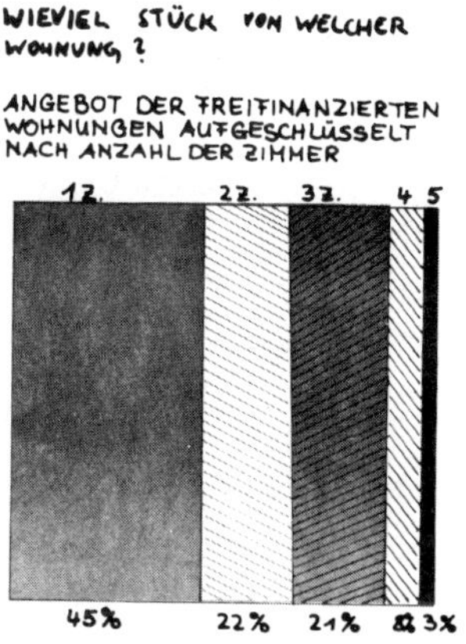

sens schwankte in den Jahren zwischen 1963 und 1972 der Anteil der Grundstückskosten an den Gesamtkosten um 10 v.H."[16] Natürlich sind die Grundstückspreise in den Ballungs- und Citygebieten höher als am Rand der Stadtkerne; so machen sie z.B. in den Münchener Innenstadtrandgebieten bereits 40 v.H. der Gesamtkosten aus.[17] Die horrende Höhe der Miete ergibt sich letztlich jedoch aus der Abhängigkeit der Finanzierung dieser Errichtungskosten vom Kapitalmarkt." So betrug 1972 der Anteil der Zinsen an der Miete im freifinanzierten Wohnungsbau 75–80 v.H. und im sozialen Wohnungsbau stieg er von 50 v.H. im Jahre 1950 auf rund 67 v.H. im Jahre 1972. Während der Anteil der Mittel des freien Kapitalmarktes an den gesamten Wohnungsbauinvestitionen im Jahr 1950 rund 40 v.H. und im Jahre 1952 sogar nur 25 v.H. betrug, stieg er bis 1971 auf 60 v.H. an."[18]

Die drei Faktoren: Profite der Grundbesitzer, der Bauunternehmer und der Banken, bestimmen also den Mietpreis aller Wohnungen, auch die sogen. *Kostenmiete* im sozialen Wohnungsbau, in der sich, entgegen ihrem Namen, ein paar ganz nette Gewinne für die Hauseigentümer verbergen, wie 4–6,5 v.H. Kapitalrendite[19], 1 v.H. Abschreibung[20], 2 v.H. Mietausfallwagnis[21]. Bei freifinanzierten Wohnungen kommt als weiterer Faktor der Extraprofit hinzu, den der Vermieter, vor allem bei Wohnungsmangel, nach dem ‚Spiel' von Angebot und Nachfrage erzielen kann.

Zusätzlich zur Ausbeutung am Arbeitsplatz sind die Lohnabhängigen in der BRD daher in ihrem Wohnbereich dem Profitstreben von Haus- und Grundbesitzern, Bauunternehmern und Bankiers ausgesetzt.

Zwischen 1962 und 1972 stieg für „2-Personenhaushalte von Renten- und Sozialhilfeempfängern mit geringem Einkommen" (Haushaltstyp 1) die durchschnittliche Belastung der Einkommen durch die Wohnungsmiete von 14,4 auf 20,6 v.H. und für „4-Personen-Arbeitnehmerhaushalte mit mittlerem Einkommen" (Haushaltstyp 2) von 10,3 auf 15,9 v.H. „Bei der Beurteilung dieser Durchschnittswerte muß berücksichtigt werden, daß bei den Haushaltstypen 1 und 2 37 v.H. der Mietwohnungen öffentlich geförderte Sozialwohnungen waren."[22] In einer Großstadt wie München macht die durchschnittliche Miete von 5 bis 6 DM bereits leicht 1/3 und mehr des monatlichen Einkommens von Arbeitern und unteren Angestellten aus.[23]

Das Wohngeld, das hier einen Ausgleich schaffen soll, nützt gerade dort am wenigsten, wo es am nötigsten wäre, nämlich bei teuren Wohnungen, da es nur bis zu einer bestimmten Obergrenze des Mietpreises gezahlt wird.[24] Außerdem wirkt es sich längerfristig gesehen preistreibend aus, da es die Zahlungsfähigkeit des Mieters im Spiel von Angebot und Nachfrage erhöht und erweist sich damit als eine verdeckte Subvention der Vermieter!

Die Realität auf dem Wohnungsmarkt in allen größeren Städten der BRD ist, daß eine durchschnittliche Arbeiterfamilie (Eltern und zwei Kinder), die eine Wohnung sucht, – wenn sie Glück hat – eine Sozialwohnung findet, die sie gerade noch bezahlen kann und in der auch alle gerade noch Platz haben; wenn sie Pech hat und auf den freien Wohnungsmarkt angewiesen ist, hat sie die Wahl, bei Kleidung und Essen zu sparen oder in zwei Zimmern zu hausen. Aber auch die Glücklichen, die eine Sozialwohnung ergattert haben oder die gar eine Altbauwohnung bewohnen, müssen damit rechnen, in einigen Jahren die Miete nicht mehr verkraften zu können; oder sie werden wegen Eigenbedarf und Zweckentfremdung gekündigt. In vielen Fällen genügt ein unvorhergesehenes Ereignis, eine längere Krankheit, ein vorübergehender Arbeitsplatzverlust, ein weiteres Kind, um Mietschulden, Kündigung und Zwangsräumung nach sich zu ziehen – und in der Notunterkunft zu landen.

Obdachlose gehören also zu demjenigen Teil der arbeitenden Bevölkerung, der auf Grund der kapitalistischen Produktionsverhältnisse sich immer in einer Situation befindet, in der die Reproduktionsbedingungen der Arbeitskraft nicht gesichert sind. Die besondere Unsicherheit der Obdachlosen besteht darin, daß in der Regel schon ihr Durchschnittseinkommen – ganz abgesehen von „systembedingten Zufällen" wie Arbeitslosigkeit, Kurzarbeit etc. – mit den ständigen Mietpreissteigerungen nicht Schritt halten kann und sie daher als zahlungsunfähige Käufer auf dem Wohnungsmarkt keine Chance haben. Obdachlosigkeit ist damit *eine* der verschiedenen Erscheinungsformen der durch die Produktionsverhältnisse hervorgerufenen gesellschaftlichen Armut.

Obdachlosigkeit als eine Erscheinungsform gesellschaftlich produzierter Armut im Kapitalismus

Warum die kapitalistische Produktionsweise *notwendig* Armut produziert, ist von Karl Marx im 1. Band des Kapital erklärt worden: Generelles Ziel der kapitalistischen Produktionsweise ist die Produktion von Mehrwert und dessen Verwertung als Kapital im Prozeß der Akkumulation. In diesem Prozeß der Akkumulation, den Marx als den „charakteristischen Lebenslauf – der modernen Industrie, (nämlich) einen . . .

Zyklus von Perioden mittlerer Lebendigkeit, Produktion unter Hochdruck, Krise und Stagnation"[25] beschreibt, werden immer mehr oder weniger Arbeiter aus dem Produktionsprozeß herausgeworfen und bilden so das in seiner Größe ständig schwankende Heer der Arbeitslosen. Diese sind jedoch nicht überflüssig, sondern müssen sich immer, quasi auf Abruf, bereithalten, um je nach konjunkturellem Bedarf wieder einsetzbar zu sein: die industrielle Reservearmee. In ihr wiederum bildet sich ein ‚Bodensatz' von solchen Arbeitern, die ihre Arbeitskraft nicht mehr oder noch nicht verkaufen können, die permanent am Rande des Existenzminimums leben. Die folgenden Sätze, ebenfalls aus dem 1. Band des Kapital, mögen wie eine Schilderung längst vergangenen Elends erscheinen, über das man heute nur noch mit leichtem Schaudern – etwa in den Romanen von Ch. Dickens – etwas erfährt:

> „Der tiefste Niederschlag der relativen Überbevölkerung ... behaust die Sphäre des Pauperismus. Abgesehen von Vagabunden, Verbrechern, Prostituierten, kurz, dem eigentlichen Lumpenproletariat, besteht diese Gesellschaftsschicht aus drei Kategorien.
> *Erstens: Arbeitsfähige.* Man braucht die Geschichte des englischen Pauperismus nur oberflächlich anzusehen und man findet, daß seine Masse mit jeder Krise schwillt und mit jeder Wiederbelebung des Geschäfts abnimmt.
> *Zweitens: Waisen und Pauperkinder:* Sie sind die Kandidaten der industriellen Reservearmee. ...
> *Drittens: Verkommene, Verlumpte, Arbeitsunfähige:* Es sind namentlich Individuen, die an ihrer durch Teilung der Arbeit verursachten Unbeweglichkeit untergehen, solche, die über das Normalalter eines Arbeiters hinausleben, endlich die Opfer, deren Zahl mit gefährlicher Maschinerie, Bergwerksbau, chemischer Fabriken etc. wächst. Verstümmelte, Kranke, Witwen etc. ..."[26]

Man braucht jedoch nicht in Romanen des 19. Jahrhunderts zu lesen, um etwas über das Elend im Kapitalismus zu erfahren. J. Roth kommt in seiner Untersuchung über die „Armut in der BRD" zu dem Ergebnis, daß mehr als 14 Mio. Menschen (einschließlich der gefährdeten Kinder) heute in Armut leben[27]:

1. *Arbeitsfähige:* Es gibt in der BRD heute ca. 5 Mio. Erwerbstätige und Familien mit einem monatlichen Einkommen unter 600,– DM sowie 1,1 Mio. Menschen in ländlichen Gebieten, die ihre sozialen Bedürfnisse soweit reduzieren müssen, daß sie mit DM 100,– bis 400,– pro Monat auskommen müssen; es sind die Familien von Kleinbauern, Altenteilen etc. Hinzu kommt die an- und abschwellende Masse der Arbeitslosen.
2. *Waisen und Pauperkinder:* 1,884 Mio. Kinder, die durch das soziale Schicksal ihrer Eltern erheblich in ihrer Entwicklung gestört wurden; hinzu kommen noch rd. 100.000 Heimkinder und ca. 50.000 Jugendliche in Fürsorgeerziehung bzw. Freiwilliger Erziehungshilfe.

3. *Verkommene, Verlumpte, Arbeitsunfähige:* Es gibt rund 5,4 Mio. Rentenabhängige mit einer monatlichen Rente bisszu 350,– DM, 600.000 Einwohner der Armenanstalten sowie 100.000 Geisteskranke in psychiatrischen Anstalten.[28)]

Es fragt sich, ob Roth mit den „Bewohnern der Armenanstalten" die Obdachlosen gemeint hat. Die angeführte Zahl entspricht zwar ihrer geschätzten Mindestanzahl. Die pauschale Einordnung unter die Kategorie „Verkommene . . ." entspräche jedoch weder ihrer objektiven noch ihrer subjektiven Klassenlage.

Zwar sind die Bewohner von Notunterkünften in der Regel ‚angeknaxter' als der Durchschnitt der arbeitenden Bevölkerung. So häufen sich in Obdachlosensiedlungen auf Grund der engen Wohnverhältnisse, der schlechten Schall-, Feuchtigkeits- und Kälteisolierung, Krankheiten, wie Herz- und Kreislaufstörungen, Asthma und Bronchitis, Nieren-, Gallen- sowie Magenleiden, ebenso wie Infektionskrankheiten, insbesondere Tbc.[29)] So treten Psychosen, Neurosen, Alkoholismus, Suizidgefahr und Kriminalität etwas häufiger auf, allerdings nicht so häufig wie gesellschaftliche Vorurteile meinen. Und so sind vor allem die Kinder in ihrer Entwicklung erheblich gehemmt und gestört; über die Hälfte besucht in der Regel die Sonderschule.[30)]

Trotzdem wäre es absolut falsch – und für eine Strategie von GWA fatal – die Bewohner pauschal als „Lumpenproletariat" abzuqualifizieren. Die Mehrheit der Jugendlichen und Erwachsenen ist arbeitsfähig und die meisten von ihnen arbeiten regelmäßig – soweit sie Arbeit finden, da der Anteil der saison- und konjunkturbedingten Arbeitslosen nicht von ungefähr unter ihnen besonders hoch ist. Nur eine Minderheit dagegen ist so krank und gestört, daß sie nicht mehr können oder so resigniert, daß sie nicht mehr wollen. Die meisten versuchen mit relativem Erfolg, wenn auch oft unter unmenschlichen Anstrengungen, sich und ihre Familie vor dem völligen Abgleiten in die Dissozialität zu bewahren und die Verbindung zur ‚normalen' Gesellschaft und zu ihren Normen aufrechtzuerhalten. Oder sie entwickeln eigene, subkulturelle Normen und Verhaltensweisen, die keineswegs nur defizitär sind, sondern z.T. originelle und ihrer Situation angemessene Überlebenstechniken darstellen.

Folgende Differenzierung der Bewohner in drei Gruppen wird ihrer unterschiedlichen Ausgangssituation und den daraus resultierenden Perspektiven am ehesten gerecht und erlaubt differenziertere strategische Schlußfolgerungen für GWA:

1. Die mittelschichtsorientierte Gruppe der Bewohner, die sich aktiv und individuell für eine Verbesserung ihrer Situation engagieren. Sie lehnen das

‚Milieu' der Siedlung ab und sind bemüht, so rasch wie möglich in normale Wohn- und Lebensverhältnisse zurückzukehren, was ihnen teilweise auch gelingt.

2. Die Gruppe der Bewohner, die sich mit den Wohn- und Lebensverhältnissen in der Obdachlosensiedlung abgefunden haben, weil sie realistisch einschätzen, daß auf Grund ihrer finanziellen Lage und ihrer Kinderzahl, oder ihrem Alter, eine Alternative in dieser Gesellschaft für sie nicht mehr besteht. Sie entwickeln eigene Perspektiven in der Siedlung und sind an einer Verbesserung der dortigen Verhältnisse interessiert.

3. Die Gruppe der Resignierten, der physisch und psychisch schwer Kranken. Sie gehören meist zu den am längsten in der Siedlung Wohnenden. Sie sind isoliert und apathisch und sehen keine Perspektive mehr, ihre Lebenssituation zu verändern.[31)]

Die letzte Gruppe ist die einzige, die als „Lumpenproletariat" bezeichnet werden könnte und der nur auf dem Wege über eine intensive sozialtherapeutische Betreuung eine neue Perspektive zu eröffnen wäre. Die beiden anderen Gruppen dagegen sind als Werktätige oder als „Reservearmee" objektiv Teil der Arbeiterklasse, auch wenn ihre subjektive Desintegration auf Grund der eigenen, durch die bedrückenden Wohnverhältnisse erzeugten und durch die Ablehnung seitens der Umwelt verstärkten Störungen mehr oder minder stark sind.

Zur Behandlung der Obdachlosenfrage durch die Gemeinden

Aus dem im folgenden zitierten Schreiben des Bundesministeriums für Jugend, Familie und Gesundheit vom 29. April 1970 „Armut in der BRD" kann die politische Legitimation damaliger Obdachlosenpolitik abgelesen werden.

> „Eine Armut im traditionellen Sinne, wie sie z.B. auch noch das 19. Jahrhundert verstand, dürfte in der BRD nicht mehr anzutreffen sein, es sei denn, die Betroffenen wünschen es so (z.B. ein Teil der Gammler) oder ziehen ein Leben in Armut den Bedingungen vor, die die Gesellschaft an die Gewährung von Hilfe verknüpft, die sie dem gewährt, der nicht mehr über genügend eigene Mittel verfügt und die erforderliche Unterstützung auch nicht von anderen, besonders von Angehörigen oder von Sozialleistungsträgern (z.B. Rentenversicherung) erhält."[32)]

Armut als selbstgewählter Lebensstil? Welche Alternativen haben denn die Opfer des ‚freien Wohnungsmarktes'? Sie können entweder ein Zelt aufschlagen oder ins Asyl gehen, wo sie wie Strafgefangene kaserniert werden. Sind das die Bedingungen, die „die Gesellschaft an die Gewährung von Hilfe knüpft"? Oder ist die Zuweisung einer Notunterkunft gar Bestandteil der gewährten Hilfe selbst? Sind die menschenunwürdigen Baracken oder Schlichtwohnungen am Rande der Städte das, was unsere Gesellschaft denen als Hilfe anzubieten hat, die das wachsende Mißverhältnis zwischen Einkommen und Mieten nicht mehr verkraften? Anfänglich, in der Nachkriegszeit wohl als vorübergehender Notbehelf, als kurzfristige Übergangslösung gedacht, haben sich diese Obdachlosensiedlungen für die Kommunen und für viele Bewohner zu Dauereinrichtungen verfestigt.[33)]

Hier sollen sie nun nach der einen Version ‚verwaltet', nach der anderen ‚resozialisiert' werden. Die erste Version ist wenigstens ehrlich. Die zweite verschweigt, daß diese Menschen in der Regel erst in den Notunterkünften zu resozialisierungsbedürftigen ‚Fällen' werden, daß sie gerade dort nicht *re-* sondern *de*sozialisiert werden. Auf engstem Raum zusammengepfercht, ständigen behördlichen Schikanen und den Vorurteilen von Kollegen und Nachbarn ausgesetzt, entwickelten sie allmählich die Verhaltensweisen, die man ihnen anfänglich meist nur andichtete. Amtliche Obdachlosenpolitik erweist sich damit als eine Art ‚self fulfilling prophecy': als die Ursache für Erscheinungsformen, die ihre Vorurteile bestätigen und ihr Eingreifen legitimieren.

Diese Tatsache hat sich inzwischen in mehreren Städten herumgesprochen. Neue Wege werden gesucht. Daß die Gemeinden jedoch auch mit ihren jüngsten Lösungsmodellen die Probleme eher umdefinieren als lösen, wollen wir im folgenden kurz aufzeigen:

1. Mehr und mehr setzte sich der Gedanke durch, daß *negative Sanktionen* (möglichst primitive Ausstattung, scharfes Anstaltsrecht, verkehrsungünstige Lage, schlechte Ausstattung mit Bildungsinstitutionen) kurzfristig zwar die billigste Lösung sind, das Problem langfristig aber eher verschärfen als lösen. Es hat sich gezeigt, daß negative Sanktionen und stigmatisierende Kasernierung diejenigen vollends resignieren lassen, die den Anforderungen der kapitalistischen Wirtschafts- und Gesellschaftsordnung sowieso nur mit Mühe gewachsen sind. Dadurch werden sie nur weiter ins Elend geschleudert. Auf diese Weise wurden Ghettos geschaffen, aus denen es kaum ein Entrinnen gab.
2. An Stelle der negativen Sanktion trat in den vergangenen Jahren die *abgestufte Gratifikation*. Ein Anreiz, sich selbst zu helfen, besteht nur dann, wenn Aussicht auf Verwirklichung der Bemühungen besteht, wenn Alternativen sichtbar geworden sind. Da aber die Realisierung der angekündigten Alternative des Umzugs in eine Sozialwohnung nur in den wenigsten Fällen konkretisiert werden konnte und deshalb auch außerhalb des Vorstellungsvermögens lag, verfiel man auf die Idee der abgestuften Gratifikation innerhalb der Obdachlosensiedlungen selbst. Dieses Konzept wurde als Drei-Stufen-

Modell bekannt. Die Obdachlosen konnten durch eine stufenweise Besserung ihres Verhaltens und ihres Lebensstils sukzessive das Recht erwerben, eine Sozialwohnung zu beziehen.[34]

3. Neuere Modelle lehnten auch dieses Konzept ab, vor allem wohl, weil es eher einem blinden Pragmatismus als einer realisierbaren Strategie zur Lösung des Obdachlosenproblems entsprochen hat. Dadurch wurde jedenfalls die Zahl der Obdachlosen nicht vermindert.

Diese neueren Modelle laufen alle auf das gleiche hinaus: Sie geben dem ‚Kind einen anderen Namen',

- indem sie vorschlagen, den potentiellen Obdachlosen in der Mietzahlung zu unterstützen (Mietbeihilfe, Wohngeld), um so Obdachlosigkeit in ihrer Entstehung zu verhindern: Durch eine großzügige Auslegung und Anwendung des § 15a BSHG wird u.a. versucht, in der Form der Übernahme von Mietschulden, Gewährung von Darlehen, die Exmittierung zu vermeiden;
- durch Umsetzung – nicht in eine neue Unterkunft, sondern in eine Sozialwohnung mit regulärem Mietverhältnis. Einzelne Städte entwickelten Spezialprogramme zum Bau von Sozialwohnungen für kinderreiche Familien;
- indem Unterkünfte notdürftig renoviert werden und die Bewohner Mietverträge erhalten und damit aus der Rubrik ‚Obdachlose' in der amtlichen Statistik verschwinden.

Damit wäre zwar der typische Obdachlose, der am Rand der Stadt in seiner Baracke oder Schlichtwohnung haust, von der Bildfläche verschwunden, nicht aber das Problem, das ihn dorthin getrieben hat: die laufend Armut hervorrufenden Bedingungen der kapitalistischen Produktionsweise, die u.a. einzelne immer wieder daran hindert, auf dem Wohnungsmarkt das Grundbedürfnis nach Wohnen zu befriedigen.

Es scheint auch kaum denkbar, daß durch diese Praktiken die Obdachlosensiedlungen verschwinden werden. Sie haben zusätzlich einen wichtigen Abschreckungscharakter: Sie sollen die Nicht-Obdachlosen, aber armen Bevölkerungsschichten warnen: ‚Seht her, so geht es Euch, wenn Ihr Euch nicht anstrengt und sparsam haushaltet!' Außerdem erleichtert die Zusammenballung von Obdachlosen die Verwaltung und Betreuung.

Für die Gemeinden wird die Entscheidung zwischen den Modellen 1, 2 und 3 letztlich von den anfallenden Kosten abhängen. Daß diese auch für Modell 3 nicht gering sind, zeigt eine Kostenaufstellung des Sozialamtes der Stadt Frankfurt/M., nach der zwischen Juli 1972 und Juli 1973 DM 500.000,– für Umzugskosten und DM 400.000,– für Wohnungserhaltungsfälle aufgebracht werden mußten.[35] Aus diesem Grund wird auch in dem Bericht gefordert, daß „auf Dauer . . . dieser Einsatz öffentlicher Mittel . . . nur zu rechtfertigen (ist), wenn durch gezielten Einsatz von Sozialarbeitern diesen Familien die notwendige Beratung und Hilfe gegeben werden kann, die sie befähigen, ihre Probleme selbst zu lösen."[36])

Nach den Vorstellungen der Frankfurter Verantwortlichen sollen also die Sozialarbeiter dazu beitragen, daß die Bewohner der Unterkünfte individuelle Anstrengungen unternehmen, um unter der ‚zu kurzen Decke nicht zu frieren'!

4. Damit sind wir bei den flankierenden sozialpädagogischen Maßnahmen angelangt, die zur Begleitung dieser drei Grundmodelle, insbesondere von Modell 3, entwickelt wurden. Da ist einmal die Forderung nach verstärktem Ausbau der sozialen Infrastruktur in den Siedlungen. Diese ist meist gekoppelt mit einem zusätzlichen Einsatz von sozialpädagogischen Fachkräften, die Spielstuben einrichten, therapeutische Beratung aufbauen und gelegentlich – mit oder ohne besonderen Auftrag – ihre Arbeit in Richtung GWA ausweiten. Auf Grund der Aktivitäten der vielfach entstandenen Bewohnerräte oder Interessengemeinschaften mit Unterstützung der Sozialarbeiter konnten auch materielle Verbesserungen wie z.B. Erhöhung der Regelsätze oder bauliche Veränderungen erreicht werden.

Dennoch – auch diese flankierenden Maßnahmen, zu denen ja auch die Arbeit des GWAT gerechnet werden muß und über die in den vergangenen Jahren tonnenweise beschriebenes Papier in Form von Memoranden, Berichten und Untersuchungen – dieser Bericht eingeschlossen – produziert wurde, ändern das Problem der Obdachlosigkeit nicht von Grund auf.

Zwar sind Obdachlose, als an den Rand gedrängter Teil des Proletariats und der Mittelschicht, psychisch sicherlich meist weniger stabil, als viele ihrer Kollegen und tun sich schwer, selbständig zu handeln oder gar vorauszuplanen. Daher ist es unbedingt richtig und notwendig, sie durch den Einsatz von Sozialarbeit zu beraten und zu unterstützen. Aber solange sich die Situation zumindest auf dem Wohnungsmarkt nicht ändert, solange das Wohnungsangebot der Rendite wegen künstlich verknappt ist, hilft die Sozialarbeit langfristig nicht, helfen keine Gruppensitzungen, keine noch so gut ausgeklügelten Maßnahmen zur Verbesserung der Sozialisationsbedingungen, und die Einsicht in die eigene Unterprivilegiertheit schafft auch keinen zusätzlichen Wohnraum. Notwendig ist eine radikale Verbesserung der Verhältnisse in den Obdachlosensiedlungen selbst.

Aber dazu fehlt das Geld. . . .!

Die drei hier zunächst ganz allgemein charakterisierten Versuche der kommunalen Verwaltungen, die Obdachlosenfrage zu lösen, finden sich wieder in der Darstellung der Geschichte der Obdachlosenpolitik der Stadt München (Teil II). Sie vermitteln einen ersten Eindruck von der Bandbreite, der Widersprüchlichkeit und den Grenzen staatlicher Sozialpolitik. Die GWA als neueres Modell flankierender Maßnahmen kam erst in jüngster Zeit zur Anwendung, wobei gleichzeitig auch die sozialfürsorgerischen und -pädagogischen Maßnahmen fortgeführt wurden. Es ist notwendig, sich das gesamte Spektrum sozialpolitischer Interventionen vor Augen zu führen, um die besonderen Möglichkeiten von GWA einschätzen zu können.

Eine Kenntnis der Verfahrensweisen der staatlichen Verwaltung allein reicht jedoch nicht aus, damit Gemeinwesenarbeiter in der Lage sind, Strategie und Taktik des beruflichen Handelns im Obdachlosenbereich zu bestimmen. Hierzu ist eine Einschätzung der zugrundeliegenden gesellschaftspolitischen Problemlage, eine Einordnung staatlicher bzw. kommunaler Obdachlosenpolitik in die generelle Funktionsbestimmung staatlichen Handelns in unserer kapitalistischen Gesellschaft notwendig. Es sind nun gerade die unterschiedlichen Akzente, die in der Einschätzung der Rahmenbedingungen gesetzt werden, die unterschiedliche Bewertung des kommunalen Konfliktfeldes und der es bestimmenden Kräfte, die die Grundlage für verschiedene strategische Konzepte von GWA bilden.

Im Folgenden wird der Versuch gemacht, die wichtigsten Bestimmungen der gesellschaftspolitischen Rahmenbedingungen speziell im Bereich der Kommunalpolitik und die Einschätzungsunterschiede, die in der Auswertungsgruppe aufgetreten sind, darzustellen.

Literatur

1. Einen gut leserlichen ersten Einstieg in das Problem bietet der SPIEGEL REPORT über Obdachlose in der BRD in: DER SPIEGEL 40/70, jetzt auch veröffentlicht in: SPIEGEL REDAKTION (Hrsg.): Unterprivilegiert, Neuwied 1973
2. Eine gründliche, mit zahlreichen Daten belegte Untersuchung des Wohnungsproblems als der entscheidenden unmittelbaren Ursache von Obdachlosigkeit bietet: ZÖLLNER, W., Obdachlos durch Wohnungsnot, Reinbeck 1973 (rororo aktuelle Nr. 1663); ZÖLLNER verzichtet allerdings auf eine Interpretation des Wohnungsproblems auf dem Hintergrund einer gesamtgesellschaftlichen Analyse und damit auf eine Erklärung der Obdachlosigkeit als eine Erscheinungsform gesellschaftlich produzierter Armut.

3. Diesen Aspekt arbeitet knapp aber präzise heraus: HESS, H. in: Zur Soziologie der Obdachlosen – Elemente strukturellen Zwanges in der Reproduktion von Armut in: HOLLSTEIN, W./MEINHOLD, M., Sozialarbeit unter kapitalistischen Produktionsbedingungen, Frankfurt a.M. 1973 (Fischer TB Nr. 6512); Der Text eignet sich gut als Einstieg in die Diskussion.
4. Eine umfassende Darstellung der ökonomischen, sozialen und gesundheitlichen Situation der Obdachlosen auf dem Hintergrund einer Interpretation als Erscheinungsform gesellschaftlicher Armut gibt CHRISTIANSEN, U., in: Obdachlos weil arm, Giessen 1973.
5. Die spezifischen Sozialisationsbedingungen in Obdachlosensiedlungen und deren Konsequenzen, vor allem für die Kinder, behandelt anhand neuerer Literatur (insbes. über Schulerfolg und -verhalten) IBEN, G. in: Randgruppen der Gesellschaft – Untersuchungen über Sozialstatus und Erziehungsverhalten obdachloser Familien, München 1972.
6. Die in den bisher genannten Beiträgen zu kurz kommenden sozial- und tiefenpsychologischen Aspekte des Problems behandelt vor allem RICHTER, H.E. in seinen beiden Büchern: Die Gruppe, Reinbeck 1972 (Dritter Teil, S. 187 ff.) und: Lernziel Solidarität, Reinbeck 1974 (Dritter Hauptteil, S. 215 ff.).
7. Eine Verbindung politökonomischer und sozialpsychologischer Betrachtungsweisen versuchen SCHWARZ, D./WEIDNER, A. in: Die soziale Situation Obdachloser in: Kritische Justiz 4/70. Auch dieser Text eignet sich besonders gut zur Einführung in die Thematik.

Für die *Praxis* der Obdachlosenarbeit sind, neben den gen. Büchern von H.E. Richter, vor allem interessant:

8. Die ‚Studie für einen sozialen Entwicklungsplan in der Mariothsiedlung' (Lohwaldsiedlung), Offenbach 1970 von BAUER, R. Die Studie, die das Konzept einer Aufwertung, sprich Sanierung eines Obdachlosenquartiers im Gegensatz zu seiner Auflösung vertritt, ist nur als Manuskript bei der Beschaffungsstelle der Stadtverwaltung Offenbach zu erhalten.
9. ARBEITSKREIS JUNGER KRIMINOLOGEN (Hrsg.), Randgruppenarbeit – Analysen und Projekte aus der Arbeit mit Obdachlosen; daraus insbesondere die Beiträge von: COLLA, H.E./STOLTENBERG, U., Überlegungen zur Arbeit mit Obdachlosen; GRAF, P./ZALFEN, M., Gutachten zu einer Unterkunftssatzung;BAUER, R., Aspekte der Wohnquartierbezogenen Sozialplanung, eine Kurzfassung der Ergebnisse der o.g. Studie.
10. FÖRDERERGEMEINSCHAFT KINDER IN NOT e.V., Projekt Hacketäuer-Kaserne (Köln), Bericht 1964–67. Dieser Bericht beschreibt den wohl ältesten GWA-Ansatz im Obdachlosenbereich in der BRD. FGKiN, Königswinter-Römlinghoven, Malteserhof.
11 KUROWSKI, L./LANGER, R./SCHLICHT, E./SCHMITT-KARHOFF, R./ ZÄNKER, R., Erfahrungsbericht der in der Obdachlosenunterkunft Hasenbergl-Nord von 1967–70 tätigen Familienfürsorgerinnen. Manuskript herausgegeben vom Sozialreferat der Landeshauptstadt München 1972 und nur dort erhältlich. Ausführliche Darstellung der Arbeitsansätze und Probleme der kommunalen Familienfürsorge mit ‚traditionellem' Arbeitsauftrag in einer Notunterkunft.

12. Kurz vor Drucklegung erschien in der Materialienreihe der Arbeitsgemeinschaft Sozialpolitischer Arbeitskreise: NORBERT PREUSSER, Empirie einer Subkultur, Wiesbaden-Mühltal (AG SPAK M 20), Berlin 1976. Der Verf. analysiert, gestützt auf seine eigenen Erfahrungen in der Obdachlosenarbeit in Wiesbaden, die Klassenlage der Obdachlosen und die besonderen Sozialisationsbedingungen in einer Obdachlosensiedlung, wobei er – im Gegensatz zur herrschenden bürgerlichen Sozialisationsforschung – auch deren ‚positive' Aspekte und Elemente herausarbeitet.

Eine umfassende *Bibliographie* der gesamten Randgruppenproblematik, auch unter Einbeziehung fremdsprachiger Literatur, liegt vor in: KARSTEDT, S., Bibliographie: Soziale Randgruppen, herausgegeben vom Arbeitskreis junger Kriminologen, Hamburg 1975. Die Bibliographie enthält Literatur über alle Randgruppen (Obdachlose, Nichtseßhafte, Prostituierte, psychisch Kranke etc.).

2. Zur Problematik kommunaler Sozialpolitik

Die Gemeinden und Städte nehmen in unserem politischen System einen wesentlichen Teil der öffentlichen Aufgaben wahr – und zwar vor allem diejenigen, welche die konkreten Lebensverhältnisse der Bevölkerung unmittelbar betreffen, wie Wohnen und Verkehr, Gesundheit und Erholung, Jugend- und Sozialhilfe.

Diesen Aufgaben sind die Kommunen jedoch immer weniger gewachsen. Immer mehr Aufgaben und ständig wachsenden Problemen stehen – vor allem in den Großstädten – immer weniger finanzielle Mittel zur Erfüllung dieser Aufgaben und höchst unzulängliche Instrumente zur Lösung der Probleme gegenüber. Hierzu nur einige Schlaglichter:

- Die alteingesessene Bevölkerung der Innenstadt wird durch wilde und geplante Sanierung immer mehr verdrängt, das historische Stadtbild und gewachsene Kommunikationsstrukturen werden zerstört, die City wird zum reinen Einkaufs- und Verwaltungszentrum;
- am Stadtrand entstehen trostlose Schlafstätten, in denen es an den dringendsten Infrastruktureinrichtungen, wie Kindergärten, Krankenhäusern, Freizeitheimen, mangelt und in denen Eheprobleme, seelische Krankheiten, Alkoholismus und Jugendkriminalität zunehmen;
- im Bereich von Krankenhäusern und Schulen, von Kindergärten und Jugendeinrichtungen fehlt es ganz allgemein oft am Notwendigsten; vor allem die alten Arbeiterviertel sind neben den neuen Trabantenstädten kraß benachteiligt – lange Wartezeiten, Schichtunterricht und die Verfestigung bildungsmäßiger Unterprivilegierung sind die Folgen;

- die Wohnungsversorgung befindet sich in der Krise, die Mieten machen selbst im sozialen Wohnungsbau bereits 1/3 des durchschnittlichen Arbeitereinkommens aus, viele Bewohner, vor allem alte Menschen und kinderreiche Familien, sind nur notdürftig untergebracht und z.T. in Obdachlosengettos isoliert;
- die Luft in den Innenstädten ist durch Heizungs-, Auto- und Industrieabgase kaum noch zu atmen – an windstillen Tagen besteht für Alte und Kranke Lebensgefahr, der Verkehr ist nur noch mühsam zu steuern, in den Stoßzeiten bricht er oft völlig zusammen.

Bereits 1971 hatte diese Situation den Deutschen Städtetag zu dem dramatischen Aufruf „Rettet unsere Städte jetzt!" veranlaßt.[37] Seitdem hat sich jedoch noch nichts wesentliches verbessert, im Gegenteil: Die Probleme nehmen weiter zu. Sind sie im Rahmen unseres ökonomischen und politischen Systems überhaupt noch zu lösen? Wo liegen die eigentlichen Ursachen dieser Misere?

Die Ursachen der kommunalen Misere

Die Finanzsituation

Die von den Gemeinden zu erfüllenden Aufgaben und die ihnen hierfür zur Verfügung stehenden Mittel geraten in ein immer krasseres Mißverhältnis. Einerseits: Die Gemeinden und Städte tätigen bereits heute fast 75 v.H. aller öffentlichen Investitionen.[38] Nach amtlichen Schätzungen im Rahmen der mittelfristigen Finanzplanung müßten sie noch ein Vielfaches davon aufbringen, um den dringendsten Bedarf im Bereich von Straßenbau und Massenverkehr, von Stadtsanierung und -entwicklung zu decken und die erforderlichen Einrichtungen für Bildung und Gesundheit, für Freizeit und Erholung zu schaffen.[39] Gleichzeitig übertragen Bund und Länder den Kommunen immer mehr Aufgaben zur Erledigung in ihrem Auftrag. Andererseits: Die Gemeinden erhalten nur knapp 12 v.H. des gesamten Steueraufkommens, den Rest teilen sich Bund und Länder etwa zur Hälfte. In nächster Zeit wird es auf Grund der Steuerreform v. 1.1.75, welche die Gemeinden im Verhältnis am stärksten belastet, noch weniger sein. Vor dem ersten Weltkrieg dagegen lag der Steueranteil der Gemeinden noch bei 37 v.H.[40]

Zusammen mit den übrigen laufenden Einnahmen decken die gemeindlichen Steuern heute gerade die laufenden Ausgaben für den Unterhalt der kommunalen Einrichtungen, für die Personalkosten und für die wiederkehrenden Pflichtleistungen, insbes. im Bereich von Bildung,

Jugend- und Sozialhilfe. Für Neuinvestitionen bleibt dann nichts mehr übrig. Diese müssen fast ausschließlich mit staatlichen Zuschüssen und Darlehen finanziert werden – und die fließen dann hauptsächlich in den Straßenbau. Ein kurzer Überblick über die gemeindlichen Einnahmequellen mag dies verdeutlichen[41]):

Die *Steuereinnahmen* machen durchschnittlich 30 v.H. der Gesamteinnahmen aus:

- Die wichtigste Steuerquelle ist dabei immer noch die *Gewerbesteuer* mit durchschnittlich 45 v.H. der Steuereinnahmen. Indem sie vom Ertrag der in den Gemeinden ansässigen Betrieben erhoben wird, ist sie extrem konjunkturempfindlich und bringt die Gemeinden außerdem in Abhängigkeit von Industrie und Handwerk am Ort;
- Mit der zweitwichtigsten Steuer, der *Einkommenssteuer*, die inzwischen 40 v.H. der Steuereinnahmen der Gemeinden ausmacht, hängen sie von der Gnade und Einsicht des Bundes ab, der ihren Anteil am gesamten Steueraufkommen festlegt. Dieser Anteil beträgt z. Zt. 14 v.H.
- die dritte größere Steuer, die *Grundsteuer* macht nur durchschnittlich 10 v.H. des Steueraufkommens aus, vor allem deshalb, weil sie stets nach veralteten Einheitswerten berechnet wird – bis vor kurzem nach denen von 1935 (!), ab 1.9.75 nach denen von 1964;
- die restlichen Steuereinnahmen entfallen auf den Anteil an der Grunderwerbssteuer und an der KfZ-Steuer sowie auf kleinere Gemeindesteuern (Getränke-, Vergnügungs-, Hundesteuer etc.)

Zu diesen Steuereinnahmen kommen als weitere Eigenmittel der Gemeinden hinzu: *Gebühren* für gemeindliche Leistungen (Wasser, Licht etc.) und *Entgelte* vor allem für Erschließungsmaßnahmen, die zusammen etwa 20 v.H. der Einnahmen ausmachen. Diesen Eigenmitteln, die

Diesen Eigenmitteln, die absolut gesehen stagnieren und relativ gesehen rückläufig sind und die inzwischen nur noch knapp die Hälfte der Gesamteinnahmen ausmachen, stehen in wachsendem Umfang *Fremdmittel* gegenüber.

- Bereits 1/3 der durchschnittlichen Einnahmen entfallen auf finanzielle Zuweisungen von Bund und Land. Nur der geringere Teil davon besteht aus *allgemeinen Finanzzuweisungen*, die den Gemeinden pauschal für die Erledigung der Aufgaben zugewiesen werden, die sie im staatlichen Auftrag erfüllen. Den größten Teil, fast 2/3, machen *zweckgebundene Zuschüsse*, teils für laufende Zwecke, vor allem aber für Investitionen aus;
- der Rest wird abgedeckt durch staatliche und private, meist ebenfalls zweckgebundene *Darlehen und Kredite*.

Die Verschuldung der meisten Gemeinden übersteigt bereits erheblich ihre Jahreshaushalte. Immer mehr Gemeinden erreichen die Verschuldungsgrenze, was bedeutet, daß sie keine Darlehen mehr aufnehmen können, weil die Rückzahlung nicht mehr gesichert erscheint!

Eine zusammenfassende Übersicht soll die Situation nochmals verdeutlichen:

1.	*Eigenmittel*		
1.1.	*Steuern*	30 v.H.	meist nur zur Deckung der laufenden Ausgaben (ordentlicher bzw. *Verwaltungshaushalt)*
1.1.1.	Gewerbesteuer	45 v.H. d.Steuern	
1.1.2.	Einkommensteuer	40 v.H. d.Steuern	
1.1.3.	Grundsteuer	10 v.H. d. Steuern	
1.1.4.	Sonstige	5 v.H. d.Steuern	
1.2.	*Gebühren u. Entgelte*	20 v.H.	
2.	*staatliche Zuweisungen*	33 v.H.	
2.1.1.	allgem. Finanzzuweis.	35 v.H. d.Zuweis.	
2.1.2.	Zweckgeb. Zuschüsse	65 v.H. d.Zuweis.	
	– für laufende Zwecke		
	– für Investitionen		zur Deckung von Investitionsvorhaben, außerordentlicher bzw. *Vermögenshaushalt)*
2.2.	*Darlehen und Kredite*	17 v.H.	
2.2.1.	staatliche		
2.2.2.	private		
		100 v.H.	

Von sich aus können die Kommunen ihren finanziellen Spielraum kaum noch erweitern: Eine Erhöhung der Gewerbesteuer (ihrer nach wie vor wichtigsten Finanzquelle) kommt in Zeiten der Rezession nicht in Frage, eine Erhöhung ihres Anteils an der Einkommensteuer (ihrer zweitwichtigsten Quelle) liegt nicht in ihrer Hand. Bund und Länder ihrerseits sind zu einer grundlegenden Finanzreform, welche den Kommunen einen größeren Anteil an der öffentlichen Finanzmasse (statt der bisherigen 12%!) zubilligen würde, nicht bereit. Was bleibt, ist die Erhöhung der kommunalen Gebühren, um die dringendsten Löcher zu stopfen, und die Abgabe von Aufgaben an private Unternehmungen („Privatisierung") – beides ‚Lösungen', die vor allem die breite Masse der Bevölkerung treffen, die Reprivatisierung, weil sie zum einen zu einer stärkeren Differenzierung des Angebotes nach Einkommensklassen und zum anderen bloß zur Privatisierung von Gewinnen und zur Sozialisierung von Verlusten führen würde.

In dem Maße, wie sich die Haushaltslage der Gemeinden verschlechtert und ihre finanzielle Manövriermasse verringert, wächst umgekehrt ihre Abhängigkeit von den örtlichen Wirtschaftsinteressen auf der einen und der staatlichen Wirtschaftspolitik auf der anderen Seite.

Der Einfluß privater Wirtschaftsinteressen

Zu den die Kommunalpolitik bestimmenden Wirtschaftsinteressen gehören vor allem:

- der *Haus- und Grundbesitz,* der aufgrund des gesetzlich kaum beschränkten Privateigentums an Grund und Boden und der Unvermehrbarkeit dieses Gutes eine Monopolstellung besitzt. Durch die steigenden Bodenpreise[42)] sind die Gemeinden kaum noch in der Lage, den notwendigen Bedarf an Grund für Gemeinschaftseinrichtungen zu decken. Bei Kauf oder Enteignung eines Grundstücks muß die Gemeinde stets den vollen Verkehrswert entrichten, einschließlich der von ihr selbst durch Planungs- und Infrastrukturmaßnahmen verursachten Wertsteigerungen – die Berechnung der Grundsteuer, die der Gemeinde zufließt, erfolgt dagegen stets nach veralteten Einheitswerten. Das radiale Bodenpreisgefälle vom Stadtkern zum Stadtrand ist die Hauptursache für die Entmischung der Funktionen (Trennung von Wohnen – Arbeit – Freizeit), für das Herausdrängen der Bevölkerung an den Stadtrand und die Zerstörung der Innenstädte. Die Kommunen haben weder rechtlich noch tatsächlich die Möglichkeit, eine gegenläufige Planung durchzusetzen;
- das *Industriekapital* nutzt die Abhängigkeit der Gemeinden von der Gewerbesteuer und ihr Interesse an gesicherten Arbeitsplätzen für ihre Bewohner, was zur Folge hat, daß Industrieansiedlungspolitik zur vorrangigen kommunalen Aufgabe wird und die Gemeinden sich gegenseitig unterbieten, um Betriebe anzulocken (z.B. durch verbilligte Grundstücke, Nachlässe bei den Erschließungskosten, Stundung der Gewerbesteuer) und daß damit insgesamt der unternehmerbezogene Infrastrukturausbau den Vorrang erhält vor dem bevölkerungsbezogenen;
- *Einzelhandels- und Dienstleistungskonzerne* (Kaufhäuser, Banken, Versicherungen) auf der einen und die *Bauwirtschaft,* einschließlich der sogen. gemeinnützigen Wohnungsbaugesellschaften, auf der anderen Seite, fördern ihrerseits die Zerstörung des gewachsenen Stadtbildes, die Verdrängung der Bevölkerung und das Verkehrschaos.

Diese verschiedenen Interessen und ihre Auswirkungen bedingen und ergänzen sich teilweise gegenseitig. Durch wachsende Kapitalkonzentration sind sie immer enger miteinander verbunden und werden durch immer wenigere, immer größere Unternehmen vertreten. Die Kommunen geraten dadurch in immer stärkere Abhängigkeit von einigen Großunternehmen am Ort (wie z.B. in München Siemens, Neue Heimat, Allianz Versicherung). Das Zusammenspiel von

- zunehmender Verflechtung und Konzentration der Kapitalinteressen,
- rechtlicher Absicherung des Einflusses dieser Interessen auf die Kommunalpolitik (Gewerbesteuer, Bodenrecht),
- und Abhängigkeit der Gemeinden auf Grund ihrer Geldknappheit

führt dazu, daß die gemeindliche Entwicklung sich immer stärker an diesen Interessen orientiert.

Die Abhängigkeit von der staatlichen Wirtschaftspolitik

Bund und Länder ihrerseits nutzen die Abhängigkeit der Gemeinden von staatlichen Zuschüssen und Krediten, um deren ökonomisches Verhalten den konjunktur- und strukturpolitischen Erfordernissen des Gesamtsystems anzupassen. Das Stabilitätsgesetz bindet die Gemeinden an das gesamtwirtschaftliche Gleichgewicht (§ 16 Abs. 1) und verpflichtet die Länder, die Gemeinden – die sich von sich aus eher prozyklisch verhalten, d.h. dann Geld ausgeben, wenn sie welches haben – „durch geeignete Maßnahmen" in diese Richtung zu disziplinieren (vgl. § 16 Abs. 2 und § 23 StabG). Über zweckgebundene Zuweisungen und über die Genehmigungspflicht für die Aufnahme von Krediten haben die Länder die Möglichkeit der gezielten Einflußnahme auf die kommunale Selbstverwaltung und insbes. auf ihre Investitionsentscheidungen, die sowohl unter konjunkturpolitischen, als auch unter strukturpolitischen Gesichtspunkten (z.B. regionale Wirtschaftsförderung, überregionaler Verkehr, Landesentwicklung) von zentraler Bedeutung sind.

Die Bundesregierung selbst hat über Kreditbewilligungen nach dem Stabilitätsgesetz und über zweckgebundene Zuschüsse ebenfalls die Möglichkeit gezielter Einflußnahme.

Die Folge davon ist:

- *wann* Investitionen getätigt und öffentliche Einrichtungen geschaffen werden, ist nicht so sehr eine Frage des Bedarfs der Bevölkerung, sondern vor allem konjunktureller Erfordernisse. „In der Praxis sieht das so aus, daß wir in der Hochkonjunktur keine öffentlichen Einrichtungen schaffen dürfen weil wir uns konjunkturgerecht verhalten müssen – und dann, wenn die Depression bevorsteht, dann haben wir einfach kein Geld mehr, die Dinge durchzuführen."[43])
- *welche* Einrichtungen geschaffen werden und *wo*, richtet sich ebenfalls immer weniger nach lokalen Gesichtspunkten und immer mehr nach zentralen strukturpolitischen Überlegungen. Der unmittelbar an den Bedürfnissen der Bevölkerung orientierte Infrastrukturausbau (wie Kindergärten, Kultur-, Freizeit- und Erholungseinrichtungen) hat dabei in der Regel gegenüber dem stärker produktionsbezogenen (Straßenbau, Energie, überörtlicher Verkehr) zurückzustehen.

Denn: Staatliche Konjunktur- und Strukturpolitik heißt in einem auf dem Privateigentum an Produktionsmitteln basierenden Wirtschaftssystem in erster Linie Förderung der privaten Investitionsneigung, sprich Sicherung von Gewinnchancen und Expansionsmöglichkeiten für private Unternehmen.

Die Stellung der Kommunen im Gesamtsystem

Kommunalpolitik wird, wie die bisherigen Ausführungen zeigen, heute vor allem von zwei Seiten beeinfluß und kontrolliert: von den privaten Wirtschaftsinteressen vor Ort, insbes. dem ansässigen Grundbesitz, Gewerbe und Industriekapital, auf der einen und von der staatlichen Finanz-, Wirtschafts- und Sozialpolitik auf der anderen Seite.

Dabei sind zwei sich gegenseitig bedingende und ergänzende Entwicklungen zu berücksichtigen:

- zum einen der Prozeß der wachsenden Kapitalkonzentration, der dazu führt, daß die Interessenschwerpunkte des privaten Kapitals nicht mehr in einer Gemeinde oder Region, sondern auf nationaler und z.T. sogar auf supranationaler Ebene liegen,
- zum anderen Zunahme und Ausbau staatlicher Regulierungsmaßnahmen, die immer notwendiger werden, um die Verwertungsmöglichkeiten des privaten Kapitals und die Stabilität des Gesamtsystems zu sichern.

Diese verschiedenen, die Kommunalpolitik direkt und indirekt bestimmenden Faktoren zielen dabei allerdings keineswegs immer in dieselbe Richtung. Sowohl zwischen den Profitinteressen einzelner lokaler und überregionaler Kapitalien, wie auch zwischen diesen und dem vom Staat vertretenen Interesse an der Sicherung des Kapitalverwertungsprozesses selbst treten nicht selten Widersprüche auf, wie etwa die Auseinandersetzungen um Fragen des Umweltschutzes, um Standortentscheidungen für Industrieanlagen, um branchenspezifische Steuererleichterungen und Subventionen, oder jetzt um die Reform der Berufsausbildung, zeigen.

Diese Konflikte zwischen den untereinander konkurrierenden, auf Gewinnmaximierung und Expansion ausgerichteten Einzelkapitalen und der primär an der langfristigen Systemerhaltung orientierten staatlichen Politik, die aus Legitimationsgründen gezwungen ist, in irgend einer Weise auch auf die Bedürfnisse und Ansprüche der Bevölkerung einzugehen, werden jedoch zunehmend in regionalen und überregionalen Planungsgremien aufeinander abgestimmt. Hier werden in Absprache zwischen Staat, Kommunen und Einzelkapitalen die grundlegenden landesplanerischen und strukturpolitischen Vorentscheidungen getroffen, insbes. Förderungsgebiete und Entwicklungsachsen, sowie regionale und örtliche Wirtschaftszentren festgelegt.

Die Gemeinden haben in diesem Zusammenhang eine doppelte Aufgabe zu erfüllen: zum einen die Interessen der Einzelkapitale in ihrem Bereich zu koordinieren und in die übergeordnete staatliche Planung zu integrieren und zum anderen die zur Realisierung dieser Planung erforderlichen Investitionen, insbes. im Bereich der Infrastruktur, zu tätigen.

Durch diese Einbindung der Kommunen in die staatliche Landes- und Regionalplanung und durch ihre finanzielle Abhängigkeit von zweckgebundenen staatlichen Zuschüssen und Krediten wird die kommunale Selbstverwaltung praktisch aufgehoben, da ihr auf diese Weise gerade im Kernbereich ihrer historisch gewachsenen und gesetzlich festgeschriebenen „Selbstverwaltungsangelegenheiten", der Schaffung von Versorgungseinrichtungen für die Bevölkerung, die autonome politische Entscheidung enzogen wird. Gleichzeitig aber werden den Gemeinden immer mehr staatliche Aufgaben als weisungsgebundene „Auftragsangelegenheiten" zur Erledigung übertragen. Auf diese Weise entwikkeln sie sich allmählich immer mehr zur untersten Stufe eines gesamtstaatlichen, zentralistischen Verwaltungssystems – eine Entwicklung, die mit der Intention des Grundgesetzes und insbes. mit der grundrechtsähnlichen Garantie der kommunalen Selbstverwaltung in Art. 28 nichts mehr zu tun hat. Daß die Fiktion einer funktionierenden Selbstverwaltung organisatorisch und juristisch trotzdem weiterhin aufrecht erhalten wird, hat seinen guten Grund:

Diese Aufgabenteilung zwischen den primär für die Wirtschaftspolitik zuständigen staatlichen Zentralinstanzen und den mit der Sorge für die konkreten Lebensbedingungen ihrer Bürger beauftragten Kommunen ist als ein Versuch unseres politischen Gesamtsystems zu sehen, die Konflikte zwischen seinen beiden Hauptfunktionen zu lösen, nämlich:

- einerseits die wirtschaftliche Stabilität und das heißt ein stetiges Wirtschaftswachstum als Grundlage für private Gewinne zu sichern (ökonomische Funktion) und
- andererseits die politische Stabilität zu garantieren, d.h. durch soziale Leistungen, durch öffentliche Erziehung und durch Propaganda die Loyalität und Arbeitswilligkeit der Bürger aufrecht zu erhalten (politische Funktion).

Soziale Leistungen können aber nur von den Mitteln bestritten werden, die der Staat über Steuern vom Prozeß privater Kapitalverwertung abschöpft. Welchen Anteil des gesamten Steueraufkommens er dabei in diesen Prozeß zurückpumpt, um ihn immer wieder anzukurbeln (z.B. über Subventionen, Strukturförderungsmaßnahmen etc.), und welchen er in Form von sozialen Leistungen für die Reproduktion der Arbeitskraft zur Verfügung stellt, ist zwar Gegenstand von Interessenauseinandersetzungen. Seine Hauptaufgabe ist dabei jedoch, „die Kapitalismusstruktur der gesellschaftlichen Produktion aufrechtzuerhalten und abzusichern, da er nach Art seiner finanziellen Versorgung und damit seiner eigenen Handlungsfähigkeit strukturell von ihr abhängig ist."44) Das ist das Prinzip der „Huckepack-Finanzierung" der öffentlichen Aufgaben, bzw. der Kuh, die man nicht schlachten darf, wenn man sie melken will.

Die ökonomischen „Systemzwänge", d.h. die Aufrechterhaltung der unternehmerischen Investitionsneigung, markieren daher die *Obergrenze* jeder staatlichen Sozialpolitik und jeder kollektiven Bedürfnisbefriedigung. Ihre *Untergrenze* ist andererseits angezeigt durch die Notwendigkeit, die ökonomisch erforderliche durchschnittliche Reproduktion der Arbeitskraft (einschließlich ihrer notwendigen Qualifizierung) zu sichern und ernsthafte Störungen der politischen Stabilität zu verhindern. Dem Konflikt, der stets dann auftreten muß, wenn die legitimatorisch notwendige Untergrenze die ökonomisch gebotene Obergrenze zu überschreiten droht, kann das politische System, sofern es nicht zur Repression greifen will, nur dadurch ausweichen, daß es ökonomische und legitimatorische Systemerfordernisse inhaltlich und organisatorisch voneinander abtrennt, „auseinanderkoppelt". Eine solche Form der Entkoppelung, der „Disjunktion", ist neben der Trennung zwischen Exekutive und Legislative, auch die Aufgabenverteilung zwischen dem ‚Staat' im engeren Sinne (Bund und Länder) und den Kommunen.

Hieraus ziehen Grauhan/Linder den Schluß, daß „die(se) ‚organisatorische Disjunktion' – (Entkoppelung) – bewirkt, daß sich aufgrund der organisatorischen ‚Zuständigkeit' der Kommunen die von den legitimatorischen Ansprüchen des Gesamtsystems her gerechtfertigten Ansprüche auf eine Verbesserung der ‚Lebensqualität' primär an die lokalen Instanzen gerichtet werden, die zentralen also insoweit davon entlastet sind. Diese können sich darum primär an den Funktionserfordernissen des ökonomischen Systems orientieren. Die fiskalische Abhängigkeit schlägt dagegen verstärkt auf die Lokalebene durch, da die Zentralinstanzen sich von den knappen Steuererträgen den Löwenanteil selbst vorbehalten und nach den eigenen, an der ökonomisch/fiskalischen ‚Grenze' orientierten Verwendungskriterien ausgeben. Die Kommunen müssen unter dem Druck der Anforderungen von der legitimatorischen ‚Grenze', dem sie besonders ausgesetzt sind, um staatliche Unterstützung, sprich: ‚Zweckzuweisungen' einkommen, die ihnen aber eben nur unter dem Aspekt der staatlichen ‚Zwecke', eben der ökonomisch/fiskalischen Verwendungskriterien zugeteilt werden. Was den Kommunen so zu ‚produktivitäsorientierten' Zwecken zugestanden wird – und in ihren Grenzen – müssen sie nach innen wiederum als Erfüllung der legitimatorischen Ansprüche rechtfertigen. Die zentrallokale Disjunktion wirkt also dahin, Fiskal- und Legitimationsseite auseinanderzuhalten und damit zu verhindern, daß legitimatorische Forderungen die an der Fiskalseite orientierte praktische Politik wesentlich stören."[45)]

Dieser Zusammenhang macht nochmals deutlich, daß die Produktion und die sie bestimmenden Interessen in unserem derzeitigen ökonomischen System einen *strukturellen* Vorrang besitzen vor den Interessen der breiten Bevölkerung an der Erhaltung und Verbesserung ihrer Lebensbedingungen.

Dilemma und Lösungsversuche kommunaler Sozialpolitik

Die Kommunen stehen nach dem Gesagten vor einem grundsätzlichen Dilemma: Einerseits müssen sie ihre Politik den übergeordneten Systemerfordernissen (wirtschaftliche Stabilität und Wirtschaftswachstum) anpassen und dabei versuchen auch die örtlichen Kapitalinteressen und deren Förderung mit diesen Erfordernissen in Einklang zu bringen – andererseits sollen sie aus Legitimationsgründen auf Forderungen und Ansprüche der Bevölkerung, denen sie ja, schon rein räumlich am unmittelbarsten ausgesetzt sind, eingehen. D.h., sie sollen einerseits Industrieansiedlungs- und Entwicklungspolitik und die dazu erforderliche protuktionsbezogene Infrastrukturpolitik, andererseits bevölkerungsbezogene Sozialpolitik betreiben.

Auf diesen Widerspruch versuchen die Gemeinden, angesichts der sozialen Kosten die gerade durch den Produktionsprozeß immer wieder neu entstehen (Umweltschäden, physische und psychische Überanstrengung durch Arbeitsstreß und Pendelverkehr) auf der einen und der chronischen Finanznot auf der anderen Seite durch verschiedene und wechselnde, teil sich ergänzende, teils sich widersprechende Techniken der Problemlösung zu reagieren.

Anders, nämlich systemtheoretisch, ausgedrückt:[46)] Das „Subsystem" Kommune in unserem gesellschaftlichen Gesamtsystem muß, da es die Probleme, mit denen es von seiner Umwelt her konfrontiert ist, aus eigener Kraft nicht wirklich lösen *kann,* ständig nach neuen Mitteln und Wegen (nach sogen. „funktionalen Äquivalenzen“) suchen, um die Probleme wenigstens soweit zu entschärfen (die „Komplexität“ seiner Umwelt wenigstens soweit zu „reduzieren“), daß die eigene Existenz nicht bedroht wird, m.a.W. immer wieder versuchen, Probleme zu „lösen“, ohne sie wirklich zu lösen. Gerade in den letzten Jahren verschärften Problemdrucks haben die Kommunen versucht, solche Techniken der „Problemlösung“ zu entwickeln und auszubauen. Die wichtigsten dieser Techniken werden hier kurz dargestellt.

„Planung“ als Vermeidungsstrategie

Im Zusammenhang mit dem sich steigernden Problemdruck auf die Gemeinden ist vor allem bei den größeren Städten eine erhöhte Planungsbereitschaft und eine verstärkte, auch langfristig angelegte Planungstätigkeit (Infrastruktur- und Entwicklungsplanung) zu beobachten.

Hauptfunktion kommunaler Planung ist dabei die möglichst reibungslose Vermittlung zwischen den örtlichen Kapitalinteressen und der staatlichen Konjunktur- und Strukturpolitik. Mit anderen Worten die Harmonisierung von kurz- oder langfristigen Kapitalinteressen auf kommunaler Ebene. Ihr entspricht ein *technokratisches Konzept von Struktur- und Entwicklungsplanung,* bei dem soziale Gesichtspunkte nur insoweit eine Rolle spielen, als sie wohlverstandenen Kapitalinteressen förderlich sind (z.B. Kinderkrippen für berufstätige Mütter in Trabantenstädten, Ausbau des beruflichen Bildungswesens) oder unbedingt erforderlich zur sozialen Befriedung (z.B. Ersatzwohnprogramm für Sanierungsverdrängte). Träger dieser Planung, wie sie in der Verkehrsplanung oder bei Stadterneuerungs- und -entwicklungsmaßnahmen vorherrscht, sind in der Regel die Bauämter.

Die Beteiligung von Betroffenen am Planungsprozeß dient dabei, sofern sie überhaupt betrieben wird, ausschließlich dazu,

- Betroffene, die über erhebliche Planungs- und Produktionsmittel verfügen (Kapitalgesellschaften und größere Grundbesitzer) und damit gleichzeitig Interessenten sind, durch gegenseitige Abstimmung der Interessen in das Planungskonzept zu integrieren;
- Betroffene, die nicht oder nur in unerheblichem Maße über Planungs- und Produktionsmittel verfügen (Mieter, Pächter, Kleingewerbe, Arbeiter betroffener Betriebe) von der Notwendigkeit der Planung zu überzeugen und mit kleinen Entschädigungsversprechen zu versöhnen.

Die rechtzeitige Einbeziehung von Betroffenen kann auf diese Weise die Durchführung der Planung erleichtern, da sie

– die Bereitschaft mitzumachen erhöht,
– Konflikte vorbeugend zu vermeiden hilft,
– den Planungsprozeß insgesamt kalkulierbarer und kontrollierbarer macht.[47)]

Eine komplementäre Funktion kommunaler Planung besteht darin, die vom Kapitalverwertungsprozeß erzeugten sozialen Schäden nachträglich zu korrigieren, wie Gesundheitsschäden durch Umweltsverschmutzung und Streß am Arbeitsplatz, Verwahrlosung von Kindern und Jugendlichen sowie Zunahme von Alkoholismus und Ehekonflikten in Neubausiedlungen, Ghettoisierung ausländischer Arbeitnehmer usw. Ihr entspricht ein Konzept von *Sozial- oder Fürsorgeplanung,* das die Koordinierung und Effektivierung der sozialen Dienste und ihren Ausbau zum Ziel hat. Diese Art der Planung ist vornehmlich in den Sozialbehörden lokalisiert und hat z.B. im Münchener Altenplan ihren Ausdruck gefunden. Hier wird bei Finanzmittelknappheit zuerst gespart. Außerdem ist diese Planung durch das Subsidiaritätsprinzip von den Interessen der privaten Sozialhilfeträger abhängig, deren Beteiligung am Planungsprozeß daher unumgänglich und deren Integration in ein Gesamtkonzept nur über zusätzliche Vergünstigungen möglich ist. Eine Beteiligung der unmittelbar Betroffenen (Alte, Kranke, Obdachlose sowie zuständige Sozialarbeiter) findet bisher kaum statt. Ihre Aktivierung ist besonders schwierig und außerdem üben sie in der Regel keinen politischen Druck aus.

Eine dritte Funktion kommunaler Planung kann in Zeiten erhöhter Konflikte und Anpassungsprobleme die Einleitung notwendiger Reformen sein. Ihr entspricht ein Konzept von *sozialer Strukturplanung,* das versucht, die in den ersten beiden Absätzen enthaltene Trennung von Strukturplanung und Sozialplanung zu überwinden und dem es darum geht

– soziale Schäden vorbeugend zu verhindern und
– die Sozialisationsbedingungen insbes. der Unterschicht zu verbessern

und damit insgesamt dem sozialen Ausgleich und einer langfristigen sozialen Befriedung sowie dem Ausbau des Sozialstaates zu dienen.

Obwohl diese Richtung keine Aufhebung, sondern eher eine Verbesserung, eine ‚Humanisierung' des kapitalistischen Systems anstrebt – eine „Dehnung des Systems", wie Hans Jochen Vogel sich einmal ausdrückte, als er dies Konzept noch vertrat – stößt sie bei ihren Reformbemühungen öfters an die Grenzen des Systems und auf den erbitterten Widerstand privater Interessen. Sie sieht dann u.U. in einer Veröffentlichung und Politisierung von Problemen, in der Aktivierung und Mobilisierung von Bevölkerungsgruppen die einzige Chance, sich gegen diese Interessen und den herrschenden Immobilismus in der Verwaltung durchzusetzen. Dies umsomehr, als diese Position meist nur in Entwicklungs- und Stadtplanungsämtern lokalisiert ist, wo ihr nur die Zielplanung obliegt und sie keinen direkten Einfluß auf die konkrete Maßnahmeplanung hat, die weiterhin von anderen Ämtern betrieben wird.[48] Beteiligung der Betroffenen dient den Vertretern dieses Konzepts daher gleichzeitig als plebiszitäre Unterstützung für ihre Politik, als soziales Frühwarnsystem, das ihnen ermöglicht, rechtzeitig auf soziale Probleme zu reagieren und als Mittel der Integration des kritischen Potentials in der Gesellschaft.

Insgesamt gesehen ist die Aufgabe von „Sozialplanung“ innerhalb der kommunalen Gesamtplanung eine doppelte: In erster Linie ist sie eine legitimatorische: nämlich durch das Aufstellen von „Sozialplänen“ die Bereitschaft zur Problemlösung zu dokumentieren und dabei gleichzeitig von der tatsächlichen Unmöglichkeit einer echten Problemlösung abzulenken. Sozialplanung in diesem Sinne hat daher nicht die Bedeutung von Programmen zur tatsächlichen Veränderung von Sozialstrukturen, sondern ist im Gegenteil „geradezu der Ersatz für die Undurchführbarkeit so verstandener Planung . . .“ und damit: „. . . ein Symptom . . . für die Planlosigkeit des Verhältnisses zwischen der traditionellen Sozialverwaltung der Kommunen und den Bürgern als Adressaten staatlicher Daseinsvorsorge.“[49]

In zweiter Linie besteht ihre Aufgabe darin, im Rahmen vorgegebener, primär ökonomisch bestimmter Ziele und Grenzen nach möglichst effektiven Mitteln und Wegen zu suchen, um soziale Probleme, wenn schon nicht grundlegend zu lösen, so doch wenigstens zu reduzieren und zu entschärfen. Diese Aufgabe ist nicht nur in Zeiten wirtschaftlicher Prosperität und darauf gestützter Reformfreudigkeit (wie in den Jahren 1969–72) von Bedeutung, sondern gerade auch in der Rezession, wo erhöhte Anstrengungen erforderlich sind, um die wenigen vorhandenen Mittel durch eine Rationalisierung und Effektivierung von Verwaltungsabläufen so gezielt und wirksam wie möglich einzusetzen. Liegt der Schwerpunkt sozialplanerischer Tätigkeit in ‚guten Zeiten‘ bei der Entwicklung bevölkerungsbezogener Programme (Jugendplan, Altenplan etc.), so liegt er bei leeren Kassen daher vor allem bei Überlegungen zur Reform der Sozialverwaltung.

Das Problem der Sozialplanung im besonderen und der kommunalen Planung im allgemeinen ist dabei jedoch, wie sie den legitimatorischen, bevölkerungsbezogenen und den ökonomischen, an fiskalischen Grenzen und Produktionsinteressen orientierten Erfordernissen *gleich-*

zeitig gerechnet werden kann. Das übliche Mittel ist auch hier, wie beim Gesamtsystem die

Trennung legitimatorischer und ökonomischer Erfordernisse durch „Entkoppelung".

In ähnlicher Weise, wie das Gesamtsystem versucht, diesen Konflikt zu lösen,[50] indem es den Kommunen die legitimatorisch zentrale Zuständigkeit für die konkreten Lebensverhältnisse der Bürger überträgt, gleichzeitig aber die Setzung der Rahmenbedingungen für diese Aufgabe den staatlichen Zentralinstanzen vorbehält, die dabei vor allem ökonomische Gesichtspunkte walten lassen, so versuchen auch die Kommunen selbst durch inhaltliche und organisatorische Trennung der ökonomischen und politischen Aspekte der zu lösenden Probleme den widersprüchlichen Anforderungen zu entsprechen, denen sie ausgesetzt sind.

Die wichtigste Form der Entkoppelung ist die zwischen *„Planung"* und *„Vollzug"*, d.h. zwischen der Aufstellung von Richtlinien und Programmen und ihrer Realisierung oder Umsetzung, wobei die Planung selbst nochmals auseinanderdividiert wird in eine *„Zielplanung"*, die im Aufstellen allgemeiner, an bestimmten Werten orientierter, programmatischer Leitsätze besteht und eine *„Maßnahmeplanung"*, in welcher Kataloge von personellen und sachlichen Mitteln zur Erreichung bestimmter Ziele aufgestellt und in einer zeitlichen Abfolge einander zugeordnet werden.

Dieser inhaltlichen Unterscheidung entspricht die formale Trennung zwischen *Rat* und *Verwaltung.* Nach dem demokratischen Modell sollte dabei der Rat als Volksvertretung die Planung und damit die eigentliche „Politik" betreiben und die Verwaltung nur die vom Rat beschlossenen Pläne „ausführen". Dieses Bilderbuch-Modell entspricht jedoch in zweifacher Hinsicht nicht der Wirklichkeit:

- Zum einen werden die politischen Grundsatzentscheidungen (Haushalt, Planung eines Neubaugebietes, Gesamtplan zur Lösung des Obdachlosenproblems) in den entscheidenden Punkten in der Verwaltungsspitze selbst bzw. in informellen Absprachen zwischen OB und zuständigen Referatsleitern einerseits und Interessenvertretern sowie Vertretern staatlicher Aufsichtsbehörden andererseits, evtl. unter Hinzuziehung der Fraktionsspitzen der die Verwaltung tragenden Rathausmehrheit, getroffen und im Nachinein von den übrigen Ratsmitgliedern, die kaum Einblick in die tatsächlichen Hintergründe haben und der Parteidisziplin verpflichtet sind, abgesegnet;
- zum anderen werden, zumindest in Großstädten, Maßnahmenpläne zu konkreten Einzelproblemen – gestützt auf relativ allgemeine, programmatische Ratsbeschlüsse (in denen viele Ziele formuliert und nur einige Maßnahmen angedeu-

tet werden) als Teil des „Vollzugs“ erstellt und unmittelbar durchgeführt – oder auch gar nicht verwirklicht.

Bei jeder Planung tauchen dabei in der Regel Widersprüche oder Ungereimtheiten zwischen *Zielplanung* und *Maßnahmeplanung* auf, zwischen allgemeinen Zielformulierungen, wie „Erhaltung des Wohncharakters der Innenstadt“, „Wiedereingliederung Obdachloser in die Gesellschaft“, die primär legitimatorischen Zwecken dienen und konkreten Handlungsprogrammen, die sich an den harten ökonomischen Realitäten orientieren müssen, wie Mittelknappheit, Interessendruck, Entschädigungsansprüche, staatliche Auflagen bei Zuschüssen.

Diesem Widerspruch kann nun durch verschiedene, miteinander kombinierbaren Methoden der „Entkoppelung“ begegnet werden:

– indem Zielbegriffe selbst so vage oder mehrdeutig formuliert werden, daß sie leicht für Zwecke der Maßnahmeplanung umgedeutet werden können oder indem gegensätzliche Ziele in demselben Programm auftauchen (möglichst natürlich an verschiedenen Stellen, damit es nicht vor der Beschlußfassung im Rat allgemein auffällt!)[51)]
– indem Zielpläne und Maßnahmepläne in verschiedenen Beschlüssen niedergelegt werden (z.B. Stadtentwicklungsplan – Bebauungspläne) oder indem der Verwaltung die Maßnahmeplanung im wesentlichen überlassen wird (s.o.)
– indem Ziel- und Maßnahmeplanung ressortmäßig getrennt werden, z.B. durch Errichtung eines eigenen Referates für Stadtforschung und darauf gestützte Zielplanung.

Diese doppelte Entkoppelung, unter inhaltlichem (Zielplanung vs. Maßnahmeplanung) und organisatorischem Aspekt (Rat vs. Verwaltung/Zielplanungsbehörde vs. sonstige Behörden) dient vor allem dazu, die an ökonomischen Interessen und „Sachzwängen“ orientierten Entscheidungen der Verwaltung von „sachfremden“ politischen Gesichtspunkten zu trennen, m.a.W. zu vermeiden, daß über demokratische Willensbildungskanäle Bürgerinteressen und systemfremde politische Zielvorstellungen das eh nicht immer leichte Geschäft einer Abstimmung verschiedener örtlicher Kapitalinteressen untereinander und dieser mit den längerfristigen ökonomischen Erfordernissen des Gesamtsystems, stören – und dabei gleichzeitig aber die Illusion politischer Mitwirkung und demokratischer Entscheidung aufrecht zu erhalten.

Eine solche Entkoppelung ist jedoch kein risikoloses Verfahren, denn es birgt die Gefahr in sich, daß Widersprüche gerade dadurch aufgedeckt und verdeutlicht und daraufhin von den Massenmedien, von Bürgerinitiativen und oppositionellen Kräften im Rat und in den Parteien aufgegriffen und damit zum Politikum werden. Die funktionale Reaktion auf eine solche Politisierung von Ziel-Maßnahmekonflikten kann je nach Sachlage der Versuch der Integration oppositioneller

Kräfte durch Beteiligungsangebote, oder im Gegensatz dazu ihre politische Diffamierung (insbesondere durch den Vorwurf kommunistischer „Unterwanderung“), ihre Isolierung und bei Gegenwehr ihre polizeiliche Verfolgung sein.

Es kann aber auch sein, daß die Verdeutlichung des Gegensatzes und seine Politisierung von Teilen im kommunalen System bewußt gesucht wird, um auf diese Weise politische Unterstützung für eine Reformpolitik im langfristigen Systeminteresse und gegen einzelne, vor allem lokale Kapitalinteressen und deren Vertreter in Rat und Verwaltung zu gewinnen. Gerade engagierte Reformer innerhalb der Verwaltung sind daher in der Regel für eine organisatorische Verselbständigung der Zielplanung, um auf diese Weise ein Instrument der institutionalisierten *Gegenplanung* zur primär maßnahmeorientierten Ressortplanung zu haben.

Eine solche Methode ist allerdings ein „Tanz auf Messers Schneide“, da eine bewußte Herausarbeitung von Widersprüchen (etwa durch wissenschaftliche Untersuchungen und darauf gestützte Zielprogramme) und die Inkaufnahme oder gar Förderung ihrer Politisierung sich leicht verselbständigen und zu weitergehenden, systemkritischen Überlegungen und systemverändernden Forderungen führen kann.

Organisatorische Differenzierung – Konfliktauslagerung – Kooperation und Partizipation

Die wichtigste institutionelle Ergänzung der Entkoppelung ist die *organisatorische Differenzierung* innerhalb der Verwaltung. Dies geschieht in zweifacher Weise:

- die *horizontale* Aufgliederung in ein kompliziertes Geflecht von Ressorts und Dienststellen mit teilweise sich überschneidenden, teilweise parallel laufenden Zuständigkeiten;
- die *vertikale*, hierarchische Gliederung innerhalb jeder Dienststelle mit genau abgestuften Kompetenzen und Befugnissen.

Hinzu kommt (vor allem in der Sozialverwaltung) die Trennung von *Innendienst* mit der Entscheidungsbefugnis über Geld- und Sachmittel und *Außendienst* mit den Funktionen Erforschung und Überprüfung (für den Innendienst) und Beratung/Betreuung (für den Klienten).

Diese organisatorische Differenzierung erfüllt mehrere z.T. widersprüchliche Funktionen:

- Sie dient dazu, auf immer komplexere Anforderungen, die sich aus den wachsenden gesellschaftlichen Widersprüchen und dem immer komplizierter werdenden System von Steuern, Sozialleistungen und Subventionen ergeben, sachgemäß zu reagieren. Gleichzeitig aber hat sie die Funktion, einen Teil dieser Anforderungen abzuwehren, indem sie den gesamten Verwaltungsapparat für den Durchschnittsbürger undurchschaubar macht und ihn daran hindert, seine Ansprüche an der richtigen Stelle und in der richtigen Form geltend zu machen. Sie wirkt dabei in doppelter Weise als Filter.

  - Sie bevorzugt die gebildeten und insbes. die juristisch versierten Bürger bzw. diejenigen, die sich einen Juristen als Fachmann ,halten können' und meist mit den wirtschaftlich Mächtigeren identisch sind;
  - sie hält einen Teil von Anspruchsberechtigten davon ab, Ansprüche geltend zu machen und spart damit Geld.

- Sie kann dazu dienen, komplexe Probleme durch Berücksichtigung vieler Faktoren und Erarbeitung von Alternativen so angemessen wie unter den angeführten Systemzwängen möglich zu lösen, d.h. Entscheidungen zu optimieren. Ebensogut kann sie aber dazu verwendet werden, inhaltliche Alternativen zu rein legitimatorischen Zwecken, sozusagen als Diskussionsstoff für die öffentliche Meinung anzubieten – um gleichzeitig umso ungestörter die für die Verwaltung selbst funktionalste Lösung voranzutreiben. Bis die Alternativen dann ausdiskutiert sind, haben die ‚Sachzwänge' bereits die Weichen so gestellt, daß nur noch eine Lösung möglich erscheint.
- Sie kann weiterhin auch dazu dienen, die Komplexität von Problemen durch ihre Aufteilung in Teilprobleme und deren isolierte Behandlung durch verschiedene Spezialisten zu reduzieren und damit ihre Konfliktträchtigkeit zu entschärfen (hierzu bietet die Sozialarbeit genügend Beispiele). Schließlich dient sie dazu, die Lösung von Problemen überhaupt auszusetzen, indem sie im Zuständigkeitsgestrüpp hin- und hergeschoben werden, bis sie sich ,von selbst' erledigt oder zumindest reduziert haben.
- Die Trennung von Innendienst und Außendienst dient speziell dazu, die Spannung zwischen formalem Gleichheitsgrundsatz und angemessener Berücksichtigung des Einzelfalles – die ein Problem jedes Rechtsstaates ist, unter dem Diktat leerer Kassen allerdings verschärft wird und die gerade in der Sozialarbeit als Konflikt zwischen juristischer Generalisierung und psychologisch-pädagogischer Individualisierung eine zentrale Rolle spielt – so zu lösen, daß materielle Hilfe primär unter abstrakt-fiskalischen, psychische Stützung und Beratung primär unter konkret-individuellen Gesichtspunkten verabreicht wird. Dies schafft dann natürlich wieder zusätzliche Personalkosten.

Das Grundproblem der organisatorischen Differenzierung ist dabei, daß sie mit dem Versuch, die Umweltkomplexität zu reduzieren, die eigene innere Komplexität des Systems erhöht.[52] Daraus wiederum erwächst die Notwendigkeit ergänzender und alternativer Techniken wie die beiden im Folgenden angeführten.

Wird die innere Komplexität eines System zu groß, so kann es sinnvoll sein, einzelne Funktionen nach außen zu lagern.[53] Zu dieser Technik der *Verlagerung nach außen* gehört z.B. die Übertragung besonders konfliktreicher und schwieriger Aufgaben gerade in der Sozialarbeit (z.B. Obdachlosen- oder Drogenarbeit) an freie Träger oder neue ad-hoc Konstruktionen, wie z.B. den Verein zur Förderung der GWA. Insofern ist neben dem *Subsidiaritätsprinzip* selbst gerade auch GWA eine Form der Auslagerung von Konflikten.[54])

Ganz allgemein bringt jede Auslagerung das Problem mit sich, daß sie gesamtgesellschaftlich gesehen oft ineffektiv ist (z.B. Mehrfachbetreuung) und die Einordnung in eine langfristige Planung erheblich erschwert. Dies wird gerade im Sozialbereich da deutlich, wo die Kommune keinerlei effektive Planung betreiben kann, ohne die Wohlfahrtsverbände und ihre Spezialinteressen zu berücksichtigen.

Eine weitere Technik die diese Probleme und gleichzeitig diejenigen der organisatorischen Systemdifferenzierungen selbst aufzufangen versucht, ist die der *Kooperation und Koordination* über speziell hierfür gebildete Gremien. Hierzu gehören die verschiedenen Ausschüsse, Arbeitskreise, Planungsgremien usw., in denen teils intern, teils unter Einbeziehung von Trägern ausgelagerter Funktionen, versucht wird, Vorhaben aufeinander abzustimmen und u.U. sogar gemeinsam durchzuführen. In diesem Zusammenhang ist auch GWA als ein Instrument der Koordination vor allem auf der unteren Ebene der örtlichen Fachbasis von Bedeutung.

Darüber hinaus spricht GWA aber auch noch eine weitere im Zusammenhang mit der Entkoppelung bereits erwähnte Technik der Konfliktbewältigung an. Sie ist vor allem dann von Bedeutung, wenn es nicht gelungen ist, die Politisierung von Problemen und Bewegungen in der Bevölkerung zu verhindern oder wenn diese im Rahmen einer Reformstrategie der Verwaltung erwünscht sind: die Integration von Konfliktpotential durch *Beteiligungsangebote* (z.B. Verhandlungen mit Bürgerinitiativen, Einbeziehen von Bewohnervertretern in Gremien) und durch die *Institutionalisierung von Kritik* und damit ihre Entschärfung.[55]) Gerade diese Techniken können allerdings sehr schnell von ihrem Gegenteil abgelöst werden, wenn sie sich als nicht effektiv erweisen, nämlich der *Abgrenzung* gegenüber oppositionellen Kräften, ihrer *Isolierung* sowie rechtlicher und polizeilicher *Unterdrückung*.

Alle diese Techniken der Problemlösung sind untereinander sogen. „funktionale Äquivalenzen", die je nach Sach- und Konfliktlage alternativ oder komplementär eingesetzt werden können. Ihre gemeinsame Grundtendenz ist im Regelfall die einer *Entpolitisierung* von Verwaltungsabläufen und -entscheidungen,[56]) eine Abschirmung gegenüber demokratischen Willensbildungs- und Entscheidungsprozessen und nur in Ausnahmefällen die einer bewußten Politisierung „von oben", einer Art „Doppelstrategie der Verwaltung",[57]) um mit dem Druck von Betroffenen, öffentlicher Meinung und politischen Parteien langfristig notwendige Veränderungen gegen bornierte Einzelinteressen durchzusetzen (z.B. in Bayern bei der öffentlichen Nutzung privater Seeufer).

Der Sinn all dieser Strategien ist dabei nicht primär Probleme und Konflikte angemessen zu lösen – was auf Grund des oben aufgezeigten Widerspruchsfeldes, in dem sich die Kommunen befinden gar nicht möglich wäre – sondern die von diesen Problemen für den Bestand des Systems ausgehende Bedrohung abzuwenden. Dies kann allerdings ebenfalls immer wieder nur unvollständig gelingen, da jede ‚Lösung' bereits wieder neue Probleme erzeugt. Insofern ist auch der ständige Wechsel zwischen verschiedenen Techniken, Entkoppelung und organisatorische Differenzierung einerseits – Auslagerung und Koordination andererseits, Integration von Kritik durch öffentliche Diskussion und Partizipationsangebote und ihre Abwehr durch Abgrenzung und Repression, nichts anderes als der verzweifelte Versuch Unmögliches möglich zu machen – nämlich ein kapitalistisch bestimmtes System ‚sinnvoll' zu organisieren!

Literatur

Es ist nicht ganz einfach, unter der inzwischen stattlichen Sammlung von Literatur zu Problemen der Kommunalpolitik diejenigen Bücher auszusuchen, die den Interessen von Praktikern und Studenten der Sozialarbeit entgegenkommen. Die Schwierigkeit liegt im wesentlichen darin, daß die Auseinandersetzung zwischen den verschiedenen Wissenschaftlern in allererster Linie um den richtigen Erklärungsansatz geht, ausgehend von der Auseinandersetzung über die Funktion des Staates im System des entwickelten Kapitalismus. Insgesamt ist an der Entwicklung dieser Diskussion hier von Bedeutung, daß es nicht mehr um die traditionelle Gemeindesoziologie geht, sondern um polit-ökonomische Ansätze, die die Probleme lokaler Politik im Gesamtzusammenhang der politisch ökonomischen Entwicklung der BRD sehen. Zur Einführung in die Problematik halten wir folgende Literatur für völlig ausreichend:

1. Rausch/Stammen (Hrsg): Aspekte und Probleme der Kommunalpolitik, München 1974;
2. Grauhan/Linder: Politik der Verstädterung, Frnakfurt 1974. Dieses Buch empfehlen wir besonders deshalb zur ergänzenden Lektüre, weil es die Politik der Stadt München zur Grundlage seiner strukturellen Analyse macht;
3. H. Häußermann: Ursachen und Funktion der kommunalen Finanznot, in: Blätter für deutsche und internationale Politik 9/72.
4. Emenlauer, R./Grymer, H./Krämer-Badoni, T./Rodenstein, M.: Die Kommune in der Staatsorganisation, FfM 1974 (ed. suhrkamp Nr. 680)

Anmerkungen

1) OVG Münster, 23.5.58, zit. in: Haag, F., Wohnungslose Familien in Notunterkünften, München 1971, S. 13.
2) ebd., S. 14.
3) OVG Münster, a.a.O., S. 14.
4) Vgl. Graf, P./Zalfen, M., Gutachten zu einer Unterkunftssatzung in: Arb.-kreis junger Kriminologen (Hrsg.), Materialien zur Randgruppenarbeit, München 1973.
5) Haag, a.a.O., S. 11 sowie Hess, H., Zur Soziologie der Obdachlosigkeit, in: Hollstein, W./Meinhold, M. (Hrsg.), Sozialarbeit unter kapitalistischen Produktionsbedingungen, Ffm. 1973, S. 156; der Spiegel schätzt die Zahl sogar noch höher, vgl. Spiegel-Report Nr. 40/70: Daß die Zahl aller Obdachlosen eine Mio. übersteigt, diese Bevölkerungsgruppe mithin die doppelte Stärke der Bundeswehr erreicht, ist wahrscheinlich."
6) Mietschulden als „persönlich zu vertretende Gründe" zu verstehen ist angesichts der in der BRD herrschenden Armut (s.a.1.3.) reiner Zynismus. Außerdem sei bemerkt, daß Vorstrafen, Alkoholismus etc. in den Statistiken als gesonderter Kündigungsgrund erscheinen. So darf angenommen werden, daß die rund 50 v.H. wegen Mietschulden Gekündigten ansonsten keineswegs besonders „sozial auffällig" waren.
7) Arbeitskreis Notunterkünfte Köln, Projekt Hacketäuer-Kaserne, Arbeitsbericht 1964–67, Köln 1967, S. 128.
8) Bauer, R., Studie für einen sozialen Entwicklungsplan im Bereich der Marioth-Siedlung, Offenbach 1970, S. 85/86.
9) Zahlen nach dem neuen Münchener Stadtentwicklungsplan zit. in: Münchener Stadtanzeiger v. 5.8.75.
10) Münchener Stadtanzeiger, a.a.O.
11) In den ehemaligen ‚grauen Kreisen' Berlin, Hamburg und München dürfen die Mieten von Altbauwohnungen zwischen dem 1.1.75 und dem 31.12. 1976 nur um 10 v.H. erhöht werden.
12) Bei Einzug des Mieters wird die Miete erst vorläufig festgesetzt. Nach ca. zwei Jahren erfolgt eine rückwirkende Endabrechnung, bei der die gesetzliche Höchstmiete nochmals um 10 v.H. überschritten werden darf. Dies hat für den Mieter oft erhebliche Nachzahlungen zur Folge.
13) Diese horrenden Mieten ergeben sich auf Grund des von 1971–74 angewandten Förderungssystems, das nur in abnehmenden Zuschüssen zu den Kreditzinsen bestand. Das seit Anfang 1975 geltende Förderungssystem, das eine Kombination von Aufwendungszuschüssen und verbilligten Darlehen vorsieht, wird nach 15 Jahren zu einer Nettomiete von „nur" 8,– DM führen.
14) Vgl. Münchener Stadtanzeiger v. 5.8. und 9.9.1975.
15) Brede, H., Kohaupt, B., Kujath, H.-J., Ökonomische und politische Determinanten der Wohnungsversorgung, Frankfurt a.M. 1975, S. 25.
16) ebd., S. 44.
17) Münchener Stadtanzeiger v. 10.6.1975.

18) Institut für Wohnen und Umwelt (Hrsg.), Ökonomische und politische Determinanten der Wohnungsversorgung, Darmstadt 1973, S. 21.
19) genauer: 4 v.H. auf die ersten 15 v.H., eine Verzinsung in Höhe des marktüblichen Zinssatzes für erststellige Hypotheken auf den darüber hinausgehenden Betrag der erbrachten Eigenleistung (§ 8 Abs. 1 Wohnungsbindungsgesetz)
20) § 25, II. BerechnungsVO mit § 2 NeubaumietenVO.
21) § 29, II. BerechnungsVO mit § 2 NeubaumietenVO.
22) Brede u.a., a.a.O., S. 20.
23) Vgl. Südd. Zeitung v. 9.8.1974 sowie: Hänel, K., Die Wohnungsversorgung in der Bundesrepublik, Möglichkeiten und Grenzen staatlicher Wohnungspolitik, Abschlußarbeit Staatl. FHS München 1975, S. 22/23. Münchener Stadtanzeiger, 17.2.76: „Immer mehr Bürger wurden jedoch in den zurückliegenden Jahren deshalb zu Sozialhilfeempfängern, weil sie bei den erheblich gestiegenen Wohnungsmieten ihren Lebensunterhalt nicht mehr hinreichend bestreiten konnten."
24) In einer Großstadt wie München liegt sie bei Neubauwohnungen bei DM 370,– für einen 3-Personen-Haushalt und bei 415,– DM für einen 4-Personen-Haushalt (jeweils brutto, vgl. Tabelle zu § 8 II Wohngeldgesetz) und liegt damit bereits *unterhalb* der tatsächlichen Anfangsmiete für 3- bzw. 4-Zi-Wohnungen im Sozialen Wohnungsbau!
25) Marx, K., Das Kapital, Bd. 1, MEW Bd. 23, Berlin 1972, S. 661. Daß diese Bestimmung der Grundstruktur der Entwicklung kapitalistischer Ökonomie kein ‚alter Zopf' ist, erleben wir z. Zt.: Die westdeutsche Gesellschaft befindet sich am Ende der sogen. Reformphase und in einer schweren ökonomischen und politischen Krise, was sich u.a. an der Höhe der Arbeitslosenquote ablesen läßt.
26) Marx, K., a.a.O., S. 673.
27) Wir beziehen uns hier deshalb auf Roth, weil er eine ähnliche Unterteilung der Gruppen der Armen vornimmt wie K. Marx. U.E. stehen z.B. die Untersuchungen des Rheinland-pfälzischen Sozialministers Geissler von Ende 1975 nicht im Widerspruch zu den Aussagen von J. Roth.
28) Roth, J., Armut in der BRD, Frankfurt a.M. 1972, S. 70.
29) Vgl. Spiegel-Redaktion (Hsrg.), Unterprivilegiert, Neuwied/Berlin 1973, S. 12.
30) Vgl. Zöllner, W., Obdachlos durch Wohnungsnot, Hamburg 1973, S. 12 sowie Iben, G., Kinder am Rande der Gesellschaft, München 1970, S. 37 ff. und: Randgruppen der Gesellschaft, Untersuchung über Sozialstatus . . ., München 1972.
31) Vgl. Verein zur Förderung von GWA in München, Arbeitspapier: Ziele der GWA in Hasenbergl-Nord, u.v. Manuskript München 1974 sowie Cremer, H., Bedingungen und Möglichkeiten der Bewohneraktivierung – dargestellt am Beispiel der Interessengemeinschaft Hasenbergl-Nord e.V., Abschluß-arbeit a.d. Staatl. FHS München 1975, S. 16 f.
32) Zit. in Roth, a.a.O., S. 69.
33) So wohnen in München über 2/3 der Unterkunftsbewohner mehr als 5 Jahre dort, 1/3 sogar mehr als 15 Jahre!! Vgl.: Zweiter Zwischenbericht

zum „Resozialisierungsprogramm (s. Teil III/IV) – Stadtratsbeschluß vom 23.7.1975.

34) So: Deutscher Städtetag – Hinweise zur Obdachlosenhilfe Köln 1968.

35) Stadt Frankfurt, Bericht zum Planablauf in der Zeit vom 1.7.72 – 30.6.73 der Auflösung der städt. Obdachl.-Unterkünfte.

36) Ebd.

37) „Rettet unsere Städte jetzt!" Münchener Appell der deutschen Städte anläßlich der 16. Hauptversammlung des Deutschen Städtetages in München vom 25. bis 27. Mai 1971.

38) Süddeutsche Zeitung v. 23.9.74: Kommunen stöhnen unter der Steuerreform.

39) Vgl. Bayer. Städteverband, Daten zur Finanzlage der bayer. Städte u. Gemeinden, München 1971. Danach lag der Investitionsbedarf in Bayern für die Jahre 1971–74 bei 4,5 Mrd. pro Jahr, dem 4–5fachen der derzeitigen Investitionskraft.

40) Gittel, H., Fragen der Gemeindefinanzierung in: Rausch/Stammen (Hrsg.), Aspekte und Probleme der Kommunalpolitik, München 1974, S. 104 f.

41) Die folgenden Zahlen sind teils direkt entnommen, teils errechnet aus: Gittel, a.a.O., S. 106 ff.

42) In München sind die Grundstückspreise in der Zeit von 1950 bis 1970 um über 2000 v.H. (!!!) gestiegen, die Durchschnittslöhne dagegen um weniger als 350 v.H., der Lebenhaltungsindex um 80 v.H.: Vgl.: Vogel, H. J., Die Gemeinden vor der Zukunft, in Rausch/Stammen, a.a.O., S. 267.

43) Martin Woythal, Landrat von Hanau auf dem Kommunalpolitischen Kongreß der Jungsozialisten, zit. in: Kommunalpolitik – für wen? Arbeitsprogramm der kommunalpolitischen Konferenz der Jungsozialisten, herausgegeben v. Roth, W., Frankfurt a.M. 1970, S. 143.

44) S. Rolf-Richard Grauhan/Wolf Linder, Politik der Verstädterung, Frankfurt 1974, S. 63 f.

45) Grauhan/Linder, Politik der Verstädterung, S. 73 f.

46) Der wichtigste Vertreter eines solchen Ansatzes in der BRD ist Niklas Luhmann, s. von ihm insbesondere: Theorie der Verwaltungswissenschaft, Köln/Berlin 1960; Soziologische Aufklärung, Aufsätze zur Theorie sozialer Systeme sowie Politik und Planung, Aufsätze zur Soziologie von Politik und Verwaltung, beide Opladen 1971, und schließlich seine Auseinandersetzung mit Jürgen Habermas, in: Habermas/Luhmann: Sozialtechnologie oder Theorie der Gesellschaft? – Eine Verbindung systemtheoretischer und politökonomischer Denkansätze, die auch den folgenden Analysen zugrundeliegt, vertreten insbesondere: W.D. Narr und F. Naschold in: Einführung in die moderne politische Theorie, 3 Bde., Stuttgart 1971, sowie Claus Offe: Strukturprobleme des kapitalistischen Staates, Frankfurt a.M. 1972 und die mehrfach hier zitierten Grauhan/Linder.

47) Vgl. Körber, K., Planung und Öffentlichkeit in der Klassengesellschaft, in: Müller, C.W./Nimmermann, P., Stadtplanung und Gemeinwesenarbeit, München 1971, S. 118 ff., insbes. S. 131 f.

48) Zur Unterscheidung zwischen Zielplanung und Maßnahmeplanung s. weiter unten, Abschnitt 2.3.2.

49) Vgl. Forschungsgruppe Ellwein/Zoll, Vorstudie: Probleme der Koordination und Durchsetzung örtlicher Sozialplanung unter Beteiligung der betroffenen Bevölkerung Fischbachau/München 1975, S. 35.

50) s. oben, S. 36 ff.

51) Vgl. Grauhan/Linder a.a.O., S. 74.

52) Studie Ellwein/Zoll, a.a.O., S. 37

53) Vgl. Ellwein/Zoll, a.a.O., S. 38 f.

54) Ebd. S. 48 ff.

55) So z.B. durch das 1968 von der Stadt ins Leben gerufene „Münchner Diskussionsforum für Entwicklungsfragen".

56) Vgl. Grauhan/Linder, a.a.O., S. 79 u. S. 144 ff.

57) Vgl. Offe, C., Doppelstrategie der Verwaltung? in Bahr/Gronemeyer, Konfliktorientierte GWA, Darmstadt/Neuwied 1975.

ZWEITER TEIL

DAS OBDACHLOSENPROBLEM IN MÜNCHEN

1. Die Obdachlosenpolitik der Stadt München

Geschichtlicher Überblick: Vom Polizeirecht über die Sozialpädagogik zur Sozialpolitik

Als das GWAT 1969 seine Arbeit im Hasenbergl begann, gab es in München ca. 7.500 Obdachlose (0,6 v.H. der Bevölkerung) verteilt auf 12 Unterkunftsanlagen mit insgesamt 2.360 Unterkunftseinheiten.

Ihre Lage ist untypisch für Großstädte in der BRD. Drei von diesen Unterkunftsanlagen liegen zwar am äußersten Rand der Stadt, aber sie sind verkehrsmäßig noch einigermaßen günstig zu erreichen; die übrigen sind zentraler gelegen. Fast alle Siedlungen liegen in Wohngegenden, in unmittelbarer Nachbarschaft gleichzeitig oder später errichteter Sozialwohnungen.

Um die Ausgangssituation des GWAT besser zu verstehen, seine Arbeit realistisch einschätzen und deren Auswirkung überprüfen zu können, soll im folgenden die Entwicklung des Obdachlosenproblems und der Obdachlosenpolitik in München nach dem Kriege knapp nachgezeichnet werden. Hierbei lassen sich drei verschiedene Phasen unterscheiden.

In der *ersten Phase,* in der die Unterkunftsverwaltung dem Baureferat unterstellt war, wurde Obdachlosigkeit primär als *polizeirechtliches Problem* gesehen. Wichtigstes Ziel war die effektive Kontrolle und reibungslose Verwaltung dieses Personenkreises, von dem angenommen wurde, er müsse in einer Großstadt wie München zwangsläufig mindestens 1 v.H. der Bevölkerung ausmachen.[1] In der *zweiten Phase,* die mit der Verabschiedung von Ordnungs- und Leitvorstellungen zum Obdachlosenproblem durch den Münchener Stadtrat am 22.2.67 beginnt, wird Obdachlosigkeit offiziell primär als *sozialpädagogisches Problem* gesehen. Hauptziel ist die „Wiedereingliederung in normale gesellschaftliche Verhältnisse" durch verstärkten Einsatz pädagogischer und fürsor-

gerischer Hilfen, sprich *Resozialisierung.* In dieser Phase (Anfang 70) wird das Wohnungsamt und mit ihm die Unterkunftsverwaltung aus dem Baureferat ausgegliedert und im wesentlichen unverändert (mit Ausnahme des schmückenden Beiwortes ‚sozial') dem Sozialreferat unterstellt.

Die *dritte Phase,* die aus der Erfolgslosigkeit der bisherigen Resozialisierungsbemühungen erwächst und deren Beginn etwa Anfang 1973 angesetzt werden kann, ist gekennzeichnet durch die wachsende Einsicht, daß Obdachlosigkeit ein sozialpolitisches Problem ist, das nur über den Wohnungssektor erfolgreich angegangen werden kann. Erste praktische Schritte in Richtung auf eine Sanierung der städtischen Unterkunftsanlagen werden unternommen – allerdings begleitet von der Skepsis, ob die finanziell „in den letzten Zügen" liegende Stadt die zur Fortsetzung des Programms erforderlichen Mittel bewilligen wird.

Das Amt für soziale Wohnungsfragen wird in ein umfassendes „Amt für Wohnungswesen“ umgewandelt.

Anhand dieser drei Phasen sollen hier die wichtigsten Ansätze zur Lösung des Problems aufgezeigt werden.

1. Phase: Obdachlosigkeit als polizeirechtliches Problem

Mit Wirkung vom 31.12.1953 gingen alle „Notwohnungen, Baracken und Sonderunterkünfte“ der Stadt vom Liegenschaftsamt in die Verwaltung des Baureferates über. Diese Objekte dienten nach amtlicher Terminologie der Aufnahme von:

„a) Familien und Einzelpersonen, die aufgrund gerichtlicher Räumung obdachlos wurden (notorische Schuldner, streit- und raufsüchtige Trunkenbolde, schwer Vorbestrafte usw.);
b) minderbemittelte(n) Einwohner(n) aus einsturzgefährdeten Gebäuden, wilden Siedlungen, Baracken;
c) krasse(n) Notstandsfälle(n);
d) leistungsschwache(n) Bewerber(n), deren bisherige Wohnverhältnisse unzureichend waren;
e) Obdachlose.“[2)]

In der Schlußfolgerung wird betont, daß „dieser Personenkreis äußerst schwierig zu behandeln . . .“ und es“ ein sozialpolitisches Erfordernis (sei), die Unterkunftsbewohner unter Kontrolle zu halten“.[3)] Die 1952 begonnene Auflösung von Unterkünften – überwiegend Flüchtlings- und Ausländerlager – wurde nun verstärkt fortgesetzt. Noch bestehende Holzbaracken wichen ebenerdigen Steinbauten und später Stockwerkbauten in Einfachstbauweise ohne sanitären Komfort. Auf diese Weise wurden bis 1966 insgesamt 2.000 Unterkunftseinheiten neu erbaut: 3–4geschossige Häuserblocks mit je 3–4 Wohneinheiten pro Stockwerk, Gemeinschaftstoilette im Treppenhaus, ohne Bad oder Dusche, mit Kohleofen und einer einzigen Wasserstelle in der Küche. Diese spartanische Ausstattung wurde damit begründet, daß „die Bauten sich deutlich von Wohnungen unterscheiden sollen, damit für die Bewohner ein Anreiz bleibt, sich wieder um eine Normalwohnung zu bemühen. Im anderen Falle, d.h. bei besserer Bauweise, wäre es nach den bisherigen Erfahrungen unmöglich, die Benützer zum Verlassen ihrer Unterkunft zu bewegen. Andererseits kann sozial labilen Personen oder asozialen (nicht besserungsfähigen) Elementen keine Wohnung mit Komfort angeboten werden.“ (!!)[4)] Weiter heißt es in der Vorlage des Wohnungsamtes: „Mit den Benützern wird kein privatrechtlicher Mietvertrag abgeschlossen, wie bisher beim städtischen Liegenschaftsamt üblich; es wird lediglich ein öffentlich-rechtliches Benützungsverhältnis begründet. Die Benützer genießen auch keinen Mieterschutz. Bei groben Verstößen gegen die Wohnanlagensatzung, z.B. unsittlichem und gegen die Moral gerichtetem Verhalten, Aufnahme fremder Personen, Zahlungsunwilligkeit und dergleichen kann im Wege des Verwaltungszwanges gegen diesen gemeinschaftsfremden Personenkreis vorgegangen werden."[5] Besuche sind nach der Satzung nach 22 Uhr verboten, städtische Beauftragte haben zu jeder Tages- und Nachtzeit Zutritt, auch ohne Vorankündigung (noch zu Zeiten des ersten GWAT fanden nächtens Wohnungskontrollen statt). Viele dieser Bestimmungen stellen massive Grundrechtseinschränkungen dar.[6] Zu ihrer Rechtfertigung wird aufgeführt: „Anders als mit dem Druckmittel der Satzung läßt sich der in den Wohnanlagen untergebrachte Personenkreis kaum verwalten."[7] Dieser Personenkreis hatte 1953 die stattliche Größe von mehr als 10.000 Menschen.

In den Jahren 1955–56 gelang es, die Zahl der Unterkunftsbewohner durch verstärkte Bemühungen im sozialen Wohnungsbau auf 7.500 zu reduzieren; von da an stagnierte die Zahl bis 1972 völlig.

Auf die Entwicklung der *Unterkunftsanlage Hasenbergl-Nord* sei hier noch gesondert eingegangen: Im Sommer 1953 wurde die im äußersten Norden der Stadt gelegene ehemaliege Fliegertechnische Schule, die nach Kriegsende Durchgangslager des Bundes für Ausländer und Staatenlose war, von der Landeshauptstadt München als ‚städtische Wohnanlage Frauenholz' übernommen. Gleichzeitig begann die stufenweise Belegung mit dem o.g. „Personenkreis". 1954 zählte das ‚Lager Frauenholz' (Volksmund) 3.500 Bewohner. Im Frühjahr 1960 begann der Abbruch der Baracken, parallel dazu ab 1963 der Bau der Übergangsheime. Sie entsprachen dem w.o. dargestellten Wohnstandard und unterschieden sich schon rein äußerlich durch ‚schlichte Gestaltung' von den nahegelegenen Sozialwohnungen der Stadtrandsiedlung „Am Hasenbergl". 1966 war das Programm abgeschlossen, fast 3.000 Bewohner hatten die neuen ‚Übergangsheime' mit insgesamt 770 Wohneinheiten bezogen.

2. Phase: Obdachlosigkeit als sozialpädagogisches Problem

Sie beginnt in München mit der allgemeinen Reformphase und wird konkret eingeleitet durch eine 1966 erarbeitete Studie des Investitionsplanungs- und Olympiaamtes IOA (später Stadtentwicklungsreferat – SER),[8] deren Leitvorstellungen vom Stadtrat mit Beschluß vom 22.2.1967 ausdrücklich gebilligt werden. In der Studie wird ein An wachsen der Obdachlosigkeit in München prognostiziert wegen

- der Aufhebung der Wohnungsbewirtschaftung
- dem Rückgang der Mittel für den sozialen Wohnungsbau
- Maßnahmen der Stadterneuerung und des Verkehrsausbaues.

Es wird das Ziel formuliert, „die Unterbringung der Obdachlosen nicht nur im Verwaltungssinne reibungslos zu lösen, sondern die rasche gesellschaftliche und soziale Wiedereingliederung der Gruppe zu fördern und auf diesem Wege den seitens der Stadt zu betreuenden Kreis möglichst klein zu halten.“[9] An Maßnahmen für dieses anspruchsvolle Ziel beschloß der Stadtrat allerdings nur:

1. Keine örtliche Ballung von Übergangsheimen bzw. allmähliche Auflockerung der Ballung in Hasenbergl-Nord;
2. Äußere Angleichung von Unterkünften an die umgebende Wohnbebauung und,
3. „Die sozialfürsorgerischen Maßnahmen müssen sich dem differenzierten Status der Problempersonen, der auch den differenzierten Status der Unterkünfte bestimmen soll, anpassen.“ Denn „bisherige Erfahrungen haben gezeigt, daß der überwiegende Anteil der Problempersonen sozialfürsorgerischen Maßnahmen durchaus zugänglich ist. Bevor gezielte Maßnahmen beginnen, muß deshalb der Kreis der Problempersonen nach den Ursachen der Obdachlosigkeit im einzelnen und dem Maß der Ansprechbarkeit für sozialfürsorgerische Maßnahmen aufgegliedert und unterteilt werden.“[10] –etwa nach dem Motto: die Guten ins Töpfchen, die Schlechten ins Kröpfchen:

Samstag/Sonntag, 27./28. Februar 1971 — ABENDZEITUNG

„Elend kann man nicht verwalten“

In München gibt es 7344 Obdachlose: Familie K. ist dabei

Von Hannelore Schütz

Vor 16 Jahren kündigte ein Schwabinger Hausbesitzer Edgar K. das Mietverhältnis. Edgar K. fand keine Wohnung mehr zu einem Preis, den er von seinem Verdienst als Mechaniker bezahlen konnte. Der damals dreifache Vater – Edgar K. hat inzwischen acht Kinder – ging zur Stadt und wurde registriert. Seitdem gilt er als obdachlos, als nicht mietfähig. Er wohnt im Hasenbergl-Nord und ist einer der 7344 Obdachlosen der Stadt München. 500 000 sind es, nach einer Statistik, die das Bonner Städtebauinstitut am vergangenen Donnerstag veröffentlichte, in der Bundesrepublik.

In 16 Jahren hat er sich daran gewöhnt, daß sich nichts mehr ändern wird. Und so ist Herr K. auch nicht davon überzeugt, daß nun, nachdem München als Sofortmaßnahme die Zahl der Sozialarbeiter in Hasenbergl-Nord von eins auf sechs erhöht hat, etwas anders wird. Frau K. dagegen hat noch Hoffnung. Sie gehört zu denen, die sich wehren wollen, seit sie sich ihrer Situation bewußt geworden sind. Eben durch „Sozialarbeit und so“.

Gleichzeitig erhielten das Sozial- und das Baureferat den Auftrag, auf der Grundlage dieser Vorstellungen ein konkretes Arbeitsprogramm zu entwickeln. Darüber hinaus sollte zur Koordinierung aller Maßnahmen im Obdachlosenbereich ein ständiger Arbeitskreis aus je einem Vertreter des IOA, des Sozialreferates, des Stadtjugendamtes, der Gesundheitsbehörde, des Schulreferates, des Baureferates und des Amtes für soziale Wohnungsfragen gebildet werden. Dieser „Arbeitskreis für die Behandlung von Obdachlosenfragen“ (zur Unterscheidung von örtlichen Arbeitskreisen in einzelnen Unterkunftsanlagen amtsintern Überörtlicher Arbeitskreis – ÜÖAK – genannt) konstituierte sich unter der Federführung des Baureferates am 19.7.67.

Am 26.8.1968 beschloß der Stadtrat dann das angeforderte „Arbeitsprogramm zur Unterbringung von obdachlosen Personen und zur verstärkten Wiedereingliederung dieses Personenkreises in die Gesellschaft“ (amtsintern kurz: Resozialisierungs-Programm). Die Zielsetzung war, „Maßnahmen aufzuzeigen, die

a) der Unterbringung von Obdachlosen Personen dienen, soweit sie in München ortsansässig sind;
b) bei konsequenter Durchführung geeignet sind, einen möglichst hohen Anteil der in Unterkünften der Landeshauptstadt München untergebrachten Personen wieder in normale gesellschaftliche Verhältnisse zurückzuführen.“[11]

Maßnahmekatalog des Resoz-Programms
(Auswahl)

1. Eine Art „Stufenplan“ durch
   a) Einteilung der Unterkünfte in „einfache“ und bessere“;
   b) Verstärkte Umsetzung von Unterkunftsnehmern
      – von schlechteren in bessere Unterkünfte und
      – von besseren Unterkünften in Sozialwohnungen.
2. Verstärkter Einsatz fürsorgerischer Maßnahmen und Einrichtungen, nämlich „die Anwendung moderner Methoden der Sozialarbeit, der Einzelfallhilfe, der Gruppenarbeit und der Gemeinwesenarbeit.
   Vordringliche Aufgabe der Gemeinwesenarbeit ist die soziale Aktivierung mit dem Ziel, die Eigeninitiative der Bewohner zu mobilisieren.“
3. Notwendige Einrichtungen:
   – Mehrzweckräume, die zu Gemeinschaftszentren ausbaubar sind;
   – Spielplätze für Kinder aller Altersgruppen;
   – Soziale Infrastruktureinrichtungen wie Krippen, Horte, Mütter- und Erziehungsberatungsstellen;

speziell für Hasenbergl-Nord

– eine Tagesheimschule;
– ein Jugendfreizeitheim und
– als Vorstufe des später geplanten Sozialzentrums „die Schaffung eines größeren Raumes für allgemeine Veranstaltungen im Rahmen der örtlichen Sozialarbeit (evtl. in Verbindung mit dem Jugendfreizeitheim), der zu einem Nachbarschaftsheim erweiterungsfähig sein sollte."

4. Erhöhung der Planstellen für sozialpädagogische Fachkräfte.
5. Aus- und Fortbildung der Fach- und Hilfskräfte.
6. „Koordinierung aller fürsorgerischen Bemühungen innerhalb der einzelnen Unterkunftsanlagen. Zu diesem Zweck ist es notwendig, in allen Unterkunftsanlagen, vordringlich aber in der Unterkunftsanlage Hasenbergl-Nord, ein Team (im Sinne der GWA) zu bilden, in das neben Kräften der öffentlichen und freien Wohlfahrtspflege auch Vertreter der Schulen, der Unterkunftsverwaltung und evtl. der Polizei aufgenommen werden sollten und das möglichst von einer außenstehenden, in der GWA erfahrenen Fachkraft zu leiten ist."

Fazit: Ein aufwendiges sozialpädagogisches Programm, das jedoch keinerlei Überlegungen im Hinblick auf Wohnungsmarkt und Wohnungsbau enthält. Gleichzeitig aber ist es das erste amtliche Dokument in München, in welchen ausdrücklich die GWA als neuer methodischer Ansatz Erwähnung findet – und zwar nicht als spezialisierte und unabhängige Funktion, sondern als integrierter Ansatz aller Beteiligten, als „entwickelte Form kommunaler Fürsorge" unter der Leitung einer „außenstehenden" Fachkraft.

Im Zuge der Realisierung dieses Programms entstand in den folgenden Jahren ein intensives „Ausschußwesen", das den Hauptgegenstand der beiden Fallberichte bildet. Zum besseren Überblick seien alle wichtigen Gremien hier kurz aufgeführt:

1. Der bereits 1967 gegründete „*Überörtliche Arbeitskreis für die Behandlung von Obdachlosenfragen*" (ÜÖAK) richtete nacheinander zur Behandlung konkreter Fragen ein:
   a) den „*Ausschuß Sozialzentrum*", der den Auftrag hatte, ein Raum- und Funktionsprogramm für das im Hasenbergl geplante Sozialzentrum zu erstellen;
   b) den „*Ausschuß Verbesserung der Wohnsituation in Unterkünften*", dessen Aufgabenstellung sich aus dem Namen ergibt und die

c) *„Projektgruppe Unterkunftssatzung"*, die einen liberalisierten Satzungsentwurf erarbeiten sollte.

Während der ÜÖAK sich neben Vertretern des Stadtrates nur aus Vertretern der oberen Verwaltungsebene zusammensetzte, gehörten den Ausschüssen neben Vertretern der oberen und mittleren Ebene auch Mitarbeiter der Fachbasis einschließlich des GWAT an.

2. Die *„Arbeitsgemeinschaft für soziale Fragen Hasenbergl-Nord"* konstituierte sich 1968 als Zusammenschluß aller im Unterkunftsbereich pädagogisch Tätigen, zunächst als „Arbeitskreis für Jugend- und Sozialarbeit" unter Federführung des Stadtjugendamtes, später unter dem gen. Namen ‚autonom'. Sie umfaßt neben den Mitarbeitern der städtischen und nichtstädtischen Fachbasis auch die zuständigen Vertreter der mittleren Verwaltungsebene. Parallel zu den Ausschüssen des ÜÖAK bildete sie ad-hoc Arbeitsgruppen zur Vorbereitung der Mitarbeit in diesen Ausschüssen, die (den)

2.1. Arbeitsgruppe (Ausschuß) *Sozialzentrum*

2.2. Arbeitsgruppe (Ausschuß) *Verbesserung der Wohnsituation*

Neben diesen für den Berichtszusammenhang wichtigen Arbeitsgruppen gab es noch weitere ad-hoc Gruppen, z.B. für Bewohnerarbeit, Öffentlichkeitsarbeit, Fortbildung.

3. Innerhalb des Sozialreferates befaßten sich mit Obdachlosenfragen:

3.1. der *„Referatsinterne Arbeitskreis"* der Amtsleiter,

3.2. der *„Arbeitskreis der in den Unterkünften tätigen Familienfürsorgerinnen"*, der im Zuge der Einrichtung von Außenstellen des Stadtjugendamtes / Abt. Jugendschutz in den Unterkunftsanlagen um die Mitarbeiter dieser Außenstellen erweitert wurde und die GWAT-Mitarbeiter als Gäste einlud.

Exkurs: Zur Entwicklung von GWA in München

Die „Arbeitsgemeinschaft für soziale Fragen Hasenbergl-Nord" erhob bereits kurz nach ihrer Konstituierung die Forderung nach Einführung von GWA in Hasenbergl. Im September 1969 stellte der Caritasverband der Erzdiözese München-Freising eine erste Gemeinwesenarbeiterin für die Unterkunftsanlage ein. Durch ihre Initiative entstand bereits Ende des Jahres die „Interessengemeinschaft Hasenbergl-Nord", ein Zusammenschluß von aktiven Bewohnern. Die Gruppe wollte sich für Verbesserungen der Situation in der Siedlung einsetzen. Seit Anfang 1969 laufen Kontakte zwischen der Victor-Gollancz-Stiftung, dem Caritasverband und der Stadt, vertreten vor allem durch das IOA und dem mit der Durchführung des Resoz-Programms betrauten Leiter der Abt. Jugendschutz. Als Ergebnis dieser Verhandlungen nimmt das GWAT-Hasenbergl als erste GWA-Projektgruppe in München und Bayern im Oktober 1969 seine Arbeit in der Unterkunftsanlage auf – in Abwandlung der Zielsetzung des Resozialisierungsprogramms als unabhängiges Team.

Im Dezember 1969 veröffentlicht C. Heil im Auftrag des IOA eine Studie „Über die Ursachen, Bedingungen und Notwendigkeit der Einführung der Gemeinwesenarbeit in der Landeshauptstadt München“[12] GWA ist für ihn ein Ansatz, der „das Ziel verfolgt, den Stadtbürger unter den soziologischen, wirtschaftlichen, gesellschaftlichen und politischen Bedingungen unserer Zeit stärker an der Gestaltung seines Lebensumfeldes im weitesten Sinne zu beteiligen; oder besser ihn – *subjektiv und objektiv* – zu einer solchen Beteiligung *in Stand zu setzen.*“[13] Er versteht dabei GWA „*nicht* als einen *bestätigenden,* kurzfristig Konflikte glättenden sondern als einen *kritischen* Ansatz mit dem Ziel gesellschaftlicher Veränderung.“[14] Er erwartet von einem solchen Ansatz gleichzeitig:

- die Überwindung von Isolation, Anonymität und politischem Desinteresse sowie die Förderung von Kommunikation und kritischem Engagement bei den Beteiligten und damit die Wiederherstellung einer funktionierenden Öffentlichkeit;
- einen Beitrag zur Lösung von lokalen Problemen und darüber hinaus zur Verbesserung der gesamtgesellschaftlichen Rahmenbedingungen;[15]
- Anstöße für den Abbau hierarchischer Strukturen in der Verwaltung auf dem Weg über ihre Verunsicherung: „gerade diese Verunsicherung jedoch ist eines der Ziele der Gemeinwesenarbeit – nicht um der Verunsicherung selbst willen, sondern weil sie eine wichtige Voraussetzung ist für eine Veränderung, d.h. *Verbesserung* überkommener Entscheidungsmuster.“[16]

Zur Realisierung eines solchen Konzepts von GWA als Instrument und Partner einer systemimmanenten Reformstrategie „von oben“ fordert er nunmehr deren „Unabhängigkeit und Weisungsgebundenheit von möglichen Betroffenen der Prozesse, die sie auslöst.“[17] und schlägt unter mehreren möglichen Modellen als geeignetestes die Gründung eines Trägervereins aller in München an GWA interessierten Institutionen vor.[18] Zur gleichen Zeit bemüht sich Weber (der spätere Vorsitzende des Vereins zur Förderung von GWA in München) bereits darum, die Wohlfahrtsverbände und die am Bau der Trabantenstadt Neu-Perlach beteiligten Bauträger für einen Zusammenschluß im Hinblick auf eine GWA in der Neubausiedlung zu gewinnen. Er ergänzte Heils Argumentation, indem er forderte, daß „Verbände und Behörden . . . sich darauf einlassen (müßten), daß Leute ihnen von Berufs wegen Schwierigkeiten machen. Solche Schwierigkeiten wären eine Chance, wenn Verwaltungsapparate schon gelernt hätten, sie als positive Anregungen aufzunehmen. – Diese Fähigkeit wird sich ebensowenig alleine einstellen, wie Bürger ohne Hilfe lernen, ihre Interessen effektiv und emanzipiert zu vertreten. Es ist also zu fragen, welche Anstrengungen die Stadtverwaltung unternehmen kann, den einzelnen Behörden das positive Eingehen auf kritische Bürgerinitiativen zu ermöglichen."[19]

In einer Auswertung der Vereinstätigkeit aus dem Jahre 1974 heißt es dazu: „Die kritische Variante von GWA wird hier der Verwaltung als ein Instrument angeboten, mit dem sie sich unter dem Problemdruck neuer sozialer Entwicklungen (Resozialisierung in Obdachlosensiedlungen und Entwicklung von Trabantenstädten) selbst von ‚oben nach unten' innovieren kann, ohne daß es deswegen anderer als der traditionellen Aufgabenbestimmungen bedürfte: Der gesellschaftskritische Impuls verwandelt sich unter der Hand in verwaltungsinterne ‚Innovationshefe', außerinstitutionell reduziert sich der Veränderungsimpuls auf die Einführung der üblichen, anderswo bereits erprobten Konzepte der integrativen Richtung."[20]

Im Januar 1970 findet zwischen Spitzenvertretern von IOA und Sozialreferat sowie Wohlfahrtsverbänden eine Vorbereitungstagung zur Gründung eines solchen Vereins statt. Am 29.5.1970 wird der Verein gegründet mit der Zielsetzung „in München, beginnend in Neu-Perlach, Gemeinwesenarbeit durchzuführen." (Protokoll der Gründungsversammlung); im Herbst 1970 beginnt dort die Arbeit. Obwohl die Stadt zu den treibenden Kräften bei der Vorbereitung und Gründung gehörte, wird sie selbst nicht Mitglied, finanziert den Verein aber zu etwa 2/3.[21]

Für die GWA im Obdachlosenbereich erbringt die Gründung des Vereins allerdings nicht viel. Schon Heil hatte in diesem Bereich ausschließlich eine sozialpädagogische Ansatzmöglichkeit für GWA gesehen, die „die Betroffenen instand setzt, ihre Geschicke selbstverantwortlich zu lenken."[22] Der Verein konzentriert sich bis 1973 ausschließlich auf die Arbeit in Neu-Perlach und ist an der ‚unpolitischen' Arbeit in Obdachlosensiedlungen nicht interessiert. Dies ändert sich auch dann nicht grundsätzlich, als der Verein 1973 sich mit einer Planstelle am Projekt Hasenbergl beteiligte. Die bei der Gründung in den Verein gesetzten Erwartungen, er könne sich zu einer Art Clearing-Stelle für GWA in München und zu DEM lokalen Träger entwickeln, konnten sich nicht erfüllen. Nicht zuletzt liegen die Ursachen dafür im Konkurrenzdenken der Wohlfahrtsverbände, die trotz ihrer Mitgliedschaft im Verein ihr eigenes ‚GWA-Süppchen kochen wollen'.[23]

3. Phase: Obdachlosigkeit als sozialpolitisches Problem

Obwohl die Tätigkeit des ersten GWAT-Hasenbergl nur in die 2. Phase fällt, soll der Vollständigkeit halber und um die Nachwirkungen dieser Tätigkeit einschätzen zu können, auch auf die letzte Phase eingegangen werden.

Das Resolialisierungsprogramm war nicht von großem Erfolg gekrönt. Bereits Ende April 1972 stellte das Stadtentwicklungsreferat in einer ersten ‚Erfolgskontrolle' fest, daß es „sein hauptsächliches Ziel, nämlich die Zahl der Obdachlosen zu verringern, wohl vollständig verfehlt" habe. Begründet wird diese Aussage damit, daß „die Zahl der Unterkünfte, die Zahl der Obdachlosen, die Zahl der Umsetzungen vor und nach Inkrafttreten des Programms (mit ganz unwesentlichen Abweichungen in beiden Richtungen) unverändert (blieb)".[24] Insbesondere Hasenbergl-Nord wurde nicht verkleinert. Als Hauptursache sah das Stadtentwicklungsreferat

- die enge Auslegung des Begriffs „Mietfähigkeit" durch das Amt für soziale Wohnungsfragen;
- die Organisationsstruktur dieses Amtes, das für die Betreuung der Unterkunftsnehmer zwar in erster Linie zuständig, hierfür aber weder funktionell noch personell geeignet sei;
- das Fehlen konsequenter Vorstellungen über die Umsetzung des Resozialisierungsprogramms in den Vollzug in diesem selbst;
- die mangelnde Effektivität der verschiedenen, aufgrund des Programms gegründeten Arbeitskreise. „Eine Abstimmung über den Vollzug des Arbeitsprogramms wurde in den Arbeitskreisen zwar jahrelang diskutiert, aber nahezu nie praktiziert."[25]

Diese Arbeitskreise sind zum größten Teil inzwischen eingeschlafen. Stattdessen setzt die Sozialverwaltung am 1.1.73 einen „Koordinator" für alle Resozialisierungsbemühungen bei der Grundsatzabteilung des Sozialreferates ein. Zum einzigen Koordinationsgremium der Obdachlosenarbeit auf *Entscheidungsebene* wird die „Arbeitsgruppe Resozialisierung" im Sozialreferat, die durch Hinzuhiehung von zuständigen Sachbearbeitern der mittleren Ebene aus dem „Referatsinternen Arbeitskreis" der Amtsleiter hervorgegangen ist. – Fachbasis und GWA sind damit out!

Von politischer Seite kommt dagegen allmählich eine Diskussion über eine umfassende, strukturelle Lösung des Obdachlosenproblems in Gang: Mit Beschluß vom 7.2.1973 fordert der für Hasenbergl zuständige 33. Bezirksausschuß (BA), „die städtischen Unterkünfte an der Winterstein und Stößenseestraße in Hasenbergl-Nord zu beiseitigen und dort Wohnungen des sozialen Wohnungsbaus zu errichten." 26) Als Reaktion darauf beauftragt der Stadtrat mit Beschluß vom 25.7.73 das Sozialreferat,

- einen Bericht über den bisherigen Ablauf des Resozialisierungsprogramms vorzulegen und
- im Benehmen mit den beteiligten Referaten einen „Gesamtplan zur Wiedereingliederung der Obdachlosen zu erstellen mit dem Ziel, in einem angemessenen Zeitraum alle städtischen Unterkünfte durch Sozialwohnungen zu ersetzen."27) (Sozialplan für Obdachlose)

Der Bericht wird Anfang 1974 fertig und am 12.2.74 vom Stadtrat zustimmend zur Kenntnis genommen. Dort heißt es u.a., daß „Faktoren, die zur Obdachlosigkeit führen, wesentlich in wirtschaftlichen und sozialen, also gesellschaftlichen Rahmenbedingungen (liegen): Niedrige berufliche Qualifikation, geringes Einkommen, Boden- und Mietrecht, Sanierungspolitik etc." . . . und „Abweichendes Verhalten ist in der Regel keine Ursache von Obdachlosigkeit sondern Resultat der Lebensbedingungen, denen Obdachlose in den Unterkünften ausgesetzt sind"28) Für die Erfolgslosigkeit des Programms nennt der Bericht als wesentliche Gründe, „daß das Arbeitsprogramm sowohl im Bereich der sozialpädagogischen Betreuung als auch im Maßnahmenbereich Wohnen ohne Finanzierungsgrundlage und Zeitplan verabschiedet wurde und außerdem *angesichts der Wohnungsmarktsituation keine besonderen Maßnahmen konzipiert wurden.*"29)

Den geforderten „Sozialplan" konnte das Sozialreferat nicht vorlegen. Der Stadtrat beschloß diesbezüglich auf der gleichen Sitzung, daß „das Sozialreferat beauftragt (wird),

a) im Benehmen mit dem Baureferat eine Überprüfung sämtlicher städtischer Notunterkünfte im Hinblick auf ihre Sanierbarkeit vorzunehmen; . . .
b) im Benehmen mit dem Baureferat Bezuschussungsmöglichkeiten für Ersatzbauprogramme bzw. Sanierungsprogramme des Bundes zu überprüfen bzw. Bezuschussungen des Landes anzuregen;
c) . . . (vorläufig) . . . die personellen und organisatorischen Voraussetzungen für die Erarbeitung eines ‚Sozialplanes für Obdachlose' zu schaffen. . . .;
d) in Zusammenarbeit mit dem Stadtentwicklungsreferat die sozio-ökonomischen Ursachen der Obdachlosigkeit zu erforschen und die exakten Daten über bestehende Fälle zu erfassen. . . .;30)

Von seiten der Stadtverwaltung geschieht jedoch vorerst *nichts* in dieser Richtung. Das Sozialreferat ist personell und von seinem Informationsstand her nicht in der Lage, einen Sozialplan zu erstellen; das Stadtentwicklungsreferat mit der Erarbeitung des neuen Stadtentwicklungsplanes ausgelastet; das Baureferat blockt ab.

An der „Basis“ hingegen hat sich inzwischen einiges getan: Das neue GWAT-Hasenbergl hatte seine Arbeit auf die umliegenden Sozialwohnungen ausgeweitet und dort eine Mieterinitiative ins Leben gerufen. Diese versuchte, sich gegen Mieterhöhungen zur Wehr zu setzen, was zu massiven Konflikten mit der Stadt führte, da der Fraktionschef der SPD im Stadtrat gleichzeitig Vorsitzender der Wohnungsbaugesellschaft ist, die die Sozialwohnungen im Hasenbergl verwaltet.

In den anderen Notunterkünften waren ebenfalls Initiativen entstanden:

- In der Anlage an der *Ludlstraße* (750 Einwohner) hatte 1972 die zweite Außenstelle des Jugendamtes mit Erwachsenenarbeit begonnen. Im Zusammenhang mit einem Film des Bayerischen Fernsehens über die Siedlung entstand später eine Bürgerinitiative, die den Einbau einiger Duschen in den Kellern erreichen konnte;
- in der Anlage an der *Balanstraße* (850 Einwohner) haben Studenten und Dozenten der Fachhochschule München 1973 ein Ausbildungsprojekt initiiert. Im Rahmen der Projektarbeit konnte u.a. ein Einweisungsstop erreicht werden;
- in drei Unterkunftsanlagen des *27. Stadtbezirks* (insges. 1.350 Einwohner) entstanden im Zusammenhang mit einer von Jusos initiierten Stadtteilarbeit und mit Unterstützung der jeweiligen Außenstellen des Jugendamtes ebenfalls Initiativen.

Ende 1973 schlossen sich die verschiedenen Initiativgruppen und die Mitarbeiter der Außenstellen des Jugendamtes zu einem „Initiativkreis Sozialarbeiter im Unterkunftsbereich“ zusammen. Als erste gemeinsame Aktion führte die Gruppe 1974 eine Wanderausstellung „Notunterkünfte weil Wohnungsnot“ durch. Auf Schautafeln, die in allen größeren Notunterkünften, im Stadtrat und auf einer Abschlußkundgebung gezeigt wurden, verwies die Gruppe auf den Zusammenhang zwischen Münchener Wohnungssituation und Obdachlosigkeit. Das Frankfurter Modell einer Lösung durch Sanierung wurde aufgezeigt. Eine Unterschriftensammlung unterstützte konkrete Forderungen im Zusammenhang mit dem angekündigten Sozialplan für Obdachlose.

Die Bezirksausschüsse des 33. Stadtbezirks (Hasenbergl), des 30. Stadtbezirks (Balanstraße) und des 27. Stadtbezirks (Hardt) drängten mit Anfragen bei der Sozialverwaltung auf die Durchführung der Beschlüsse zum Sozialplan und forderten die sofortige Sanierung ihrer Unterkünfte. Im September 1974 trafen sich alle Bezirksausschüsse, in deren Bezirken Unterkünfte liegen, zu einem Koordinationsgespräch.

Im Verlauf der Entwicklung setzen sich das Amt für Wohnungswesen und das für die bauliche Verwaltung der Unterkünfte zuständige

Liegenschaftsamt zusammen mit dem Koordinator in der Grundsatzabteilung des Sozialreferates verwaltungsintern immer stärker für eine Sanierung ein.

Es gelingt auch weiterhin, das „Eisen" Sanierung „heiß" zu halten, so daß der Stadtrat am 16.7.75 folgenden Grundsatz beschließt: „Die Unterkünfte sind, soweit modernisierbar, stufenweise dem Mindeststandard des sozialen Wohnungsbaus entsprechend zu sanieren, der Rest ist baldmöglichst abzubrechen."[31] Gleichzeitig stellt er aufgrund einer Untersuchung des Liegenschaftsamtes fest, daß außer zwei kleineren Unterkunftsanlagen und einigen Blöcken in Hasenbergl-Nord, die in Fertigbauweise errichtet wurden, alle Münchener Notunterkünfte sanierbar sind.

Das Sozialreferat erhält den Auftrag, alternative Sanierungsprogramme vorzulegen und eine Modellsanierung in ausgewählten Blöcken einzuleiten.[32]

In dem zweiten Zwischenbericht, der diesem Beschluß angefügt ist, wird festgestellt, daß die Zahl der Unterkunftsbewohner zwischenzeitlich von 7.500 (noch im Jahre 1972) auf ca. 5.200 reduziert werden konnte. Die Wirtschaftskrise hat diesen Rückgang inzwischen allerdings gestoppt.

Die Realisierung der Modellsanierung ist inzwischen angelaufen. Von ihr betroffen sind rd. 400 Personen in je einem Block der Unterkunftsanlagen Hasenbergl-Nord, Balanstraße und Schäufleinstraße. Konkreter Baubeginn ist voraussichtlich August/September 1976. Man wird sehen, ob dies den Beginn einer schrittweisen Realisierung eines Gesamtprogramms darstellt oder ob es ein eher symbolischer Akt, zur vorübergehenden Beruhigung der entstandenen Basisaktivitäten war . . .

Analyse der Münchner Obdachlosenpolitik, oder: die ständige Suche nach funktionalen Äquivalenten

Obdachlosigkeit ist zwar innerhalb der Probleme, die Kommunen heute bedrängen, ein Randproblem, da die betroffene Gruppe relativ klein und aufgrund ihrer psychischen und sozialen Lage kaum in der Lage ist, politisch relevanten Druck auszuüben und da das Problem, solange es keine größeren Ausmaße annimmt, zwar ein „Schönheitsfehler" des Systems ist, aber weder private noch staatliche Wirtschaftsinteressen in erheblichem Maße berührt.

Trotzdem sieht sich die Stadt auch in dieser Frage einigen widersprüchlichen Interessen gegenüber:

– einerseits das Interesse der Hauseigentümer an der Existenz von Notunterkünften als Auffangbecken für die aus einem „berechtigten Interesse", insbes. zum Zwecke einer „angemessenen wirtschaftlichen Verwertung" gekündigten Mieter,[33] die allerdings – im Interesse der Hauseigentümer selbst, des Handels und des Fremdenverkehrs möglichst nicht in ‚guten' Wohngegenden oder in der Innenstadt untergebracht werden sollten; andererseits das mögliche Interesse von Bauunternehmern und Wohnungsbaugesellschaften an einem Neubau- und/oder Modernisierungspgrogramm;
– einerseits das Interesse des ökonomisch-politischen Gesamtsystems an einem Disziplinierungs- und Anpassungsdruck, der von dieser Bevölkerungsgruppe auf die übrige arbeitende Bevölkerung ausgeht; andererseits aber das Interesse, das Ausmaß des Problems wegen der entstehenden Sozialkosten, der möglichen Gefährdung der Reproduktion der Arbeitskraft in Zeiten von Arbeitskräftemangel und wegen sonst evtl. auftauchenden Legitimationsproblemen, gering zu halten;
– das Interesse der Betroffenen selbst an menschenwürdigen Wohnungen, das zu einem gewissen Politikum werden kann, wenn u.a. die öffentliche Meinung sich seiner annimmt und vor allem den Zusammenhang mit dem allgemeinen Problem der Wohnungsversorgung aufzeigt.

Die Kommune selbst verfügt dabei gar nicht über die Möglichkeit, das Problem aus eigener Kraft zu lösen,

– da sie kaum Einfluß auf die unmittelbare Hauptursache, den Wohnungsmarkt und die Wohnungsbaupolitik, hat[34] und daher auch durch einen „Sozialplan", der durch Sanierung und/oder Abriß und Neubau versucht, den offiziellen Status der Obdachlosigkeit aufzuheben, das Problem im Grunde nur verschieben und umdefinieren oder höchstens etwas mildern kann und
– da sie auch für eine solche „Lösung" abhängig ist von staatlichen Zuschüssen, das staatliche Interesse daran jedoch gering ist, da andere, konjunktur und/oder öffentlichkeitswirksamere Investitionen meist Vorrang haben.[35]

Die Lösung des Problems wird jedoch schwieriger und teurer, je länger man es vor sich herschiebt, da die zunehmende Dissozialisierung und psychosoziale Schädigung in den Gettos die Reintegration in die übrige Bevölkerung immer mehr erschwert.

Insofern ist auch das Interesse der Stadt selbst, das an sich in einer möglichst billigen Lösung besteht, nicht eindeutig, da sich hierbei kurzfristige Haushaltsüberlegungen und längerfristige Kosten – Nutzen Erwägungen (mögliche Einsparung von Sozialhilfe, sowie von sozialpädagogischen Fachkräften und Einrichtungen) gegenüberstehen.

Was die konkrete Lage der Unterkünfte anbetrifft, so spricht die Berücksichtigung lokaler Wirtschaftsinteressen eher für eine Ansiedlung außerhalb von Wohngegenden und Innenstadt oder unauffällige Streuung innerhalb der Wohnbevölkerung, eine effektive polizeiliche Kontrolle für ihre Ballung in Innenstadtnähe, die sozialpädagogische Effektivität und das Disziplinierungsinteresse für eine Unterbringung in kleinen überschaubaren Einheiten innerhalb von Wohnsiedlungen. Den Ausschlag werden aber auch hierbei in der Regel fiskalische Überlegungen geben, insbesondere die Frage, wo die Stadt billige Grundstücke und Gebäude für diesen Zweck besitzt bzw. errichten kann. Auf dem Hintergrund dieser Interessenlage ist auch die Münchener Obdachlosenpolitik mit ihren drei Phasen zu sehen. Sie ist der ständige Versuch, die jeweils funktionalste, den widerstreitenden Interessen, der eigenen Situation und der gesamtgesellschaftlichen ‚Großwetterlage', am ehesten entsprechende Lösung zu finden.

Die Politik der *ersten Phase* (Auflösung der Barackenlager – Errichtung von Schlichtbauten – scharfe Disziplinierung innerhalb der Unterkünfte) war aus der Sicht der Stadt anfänglich insofern *funktional,* als sie

– auf relativ billige Weise einen Mindesstandard sichern konnte, der damals auch von der politischen Öffentlichkeit als sozialer Fortschritt angesehen wurde;
– einen verstärkten Druck auf mittelschichtorientierte, umzugswillige und -fähige Unterkunftsnehmer ausüben konnte, für die damals auch ausreichende Wohnungen zu tragbaren Preisen zur Verfügung standen (Phase des intensiven sozialen Wohnungsbaues in den 50er Jahren).

Sie war jedoch von Anfang an insoweit *disfunktional,* als sie die Ballung fast der Hälfte der Betroffenen in Hasenbergl-Nord verfestigte und dadurch erhöhte soziale Probleme und Nachfolgelasten erzeugte.

Sie wurde *insgesamt disfunktional,* als der soziale Wohnungsbau erheblich zurückging und durch Rezession (1966/67), Mietpreisentwicklung, Verkehrsausbau und wilde Sanierung die Zahl der Obdachlosen wieder ansteig.

Das Resozialisierungsprogramm der *zweiten Phase* war insofern eine *partiell funktionale* Antwort auf diese neue Situation, als es geeignet erschien:

– zumindest ein ausgeglichenes Verhältnis zwischen Neueinweisungen und Umsetzungen herzustellen, d.h. ein Anwachsen der Gesamtzahl zu verhindern, evtl. bei günstigen gesamtwirtschaftlichen Konstellationen diese sogar weiter zu senken,
– das Interesse der Stadt an einer umfassenden Lösung zu dokumentieren, ohne unmittelbar zu konkreten Maßnahmen zu verpflichten.

Die erste Funktion hat das Programm nur teilweise erfüllt; eine Senkung der Gesamtzahl konnte trotz insgesamt günstiger Wirtschaftslage nicht erreicht werden. Dem standen vor allem der anhaltende starke Zuzug nach München als äußerer Faktor und die Konflikte zwischen den befaßten Ämtern, insbesondere die Opposition des Wohnungsamtes, als innere Faktoren entgegen.

Umso wichtiger war die zweite Funktion, die das Programm bis 1972 hervorragend erfüllt hat: Alle mit dem Problem befaßten Stellen (Sozialausschuß des Stadtrates, Ämter der Sozialverwaltung, Fachbasis und GWA in den Unterkünften) waren intensiv und ineffektiv mit seiner Diskussion beschäftigt. Insofern kann das Resozprogramm geradezu als ein Musterbeispiel für die Entkoppelung von Ziel- und Maßnahmeplanung angesehen werden. Das Programm war jedoch insoweit von Anfang an *nicht funktional,* als es die bereits erfolgte Stigmatisierung und ihre Folgen nicht aufhalten konnte – es sei denn, man will es als funktional ansehen, daß das Programm diese Schwierigkeiten durch übersteigerte Hoffnungen in die Möglichkeiten von Sozialarbeit verdeckte und damit gleichzeitig von den eigentlichen, dem Problem angemessenen Lösungen im Bereich des Wohnungsbaus ablenkte.

Die massive Kritik an diesem Programm, die verstärkte Problematisierung in sozialpolitische Richtung und die Forderung nach einer baulichen Lösung, die die *dritte Phase* einleitete, führte (paradoxerweise) zu einer Effektivierung dieses Programms. Die Stagnation der Bevölkerungsentwicklung nach der Olympiade 1972 und die verbesserte Kooperation der zuständigen Behörden untereinander und mit der GWA (wobei insbesondere die verstärkte Übernahme von Mietschulden durch das Sozialamt und der Einstellungs-Wandel im Wohnungsamt von Bedeutung sind) brachten eine Reduzierung der Obdachlosenzahl um immerhin ein Drittel mit sich.

Diese Entwicklung zeigt sehr deutlich die begrenzten (für die unmittelbar Betroffenen immerhin nicht unerheblichen) Möglichkeiten einer konsequent betriebenen sozialpädagogischen Arbeit, die das Problem reduzieren, aber nicht lösen kann. Die Kritik am Resozialisierungsprogramm, die Einsicht in die Notwendigkeit baulicher Maßnahmen, der zunehmende Druck der Basis und der Bezirksausschüsse und das wachsende Verständnis für längerfristige Kosten-Nutzenüberlegungen erhöhen auf der oberen Ebene der Sozialverwaltung die Bereitschaft für eine längerfristige Gesamtlösung. In einer schrittweisen Sanierung bzw. Modernisierung der Unterkünfte wird nun eine funktionale Lösung gesehen, die gleichzeitig den Vorstellungen der Basis und dem begrenzten finanziellen Spielraum der Stadt entgegenkommt.

Die beschlossene Modellsanierung bietet der Stadt die Möglichkeit, erneut ihren „guten Willen“ unter Beweis zu stellen und gleichzeitig eine Weiterführung des Programms von ihren zukünftigen finanziellen

Dispositionsmöglichkeiten abhängig zu machen und damit legitimatorischen und ökonomischen Erfordernissen auf die unter gegebenen Verhältnissen bestmögliche Weise zu entsprechen. Was die Stadt dabei wirklich vorhat:

- ob sie unter einem langfristigen Aspekt eine im Rahmen der derzeitigen Systemgrenzen optimale Lösung für die Betroffenen anstreben und hierfür die beschlossene Zielplanung in einen konsequenten Maßnahmeplan umsetzen will, oder
- ob sie – nachdem sie auf einen vorübergehenden politischen Druck reagiert hat – wieder kurzfristigen fiskalischen Überlegungen den Vorrang einräumen und hierfür die beschlossenen Ziele von der konkreten Maßnahmeplanung möglichst abkoppeln will,

d.h. insbesondere, ob sie das Modernisierungsprogramm nach Abschluß der Modellsanierung fortsetzen, oder allmählich einschlafen lassen wird, ist noch offen.

Welche Tendenz sich endgültig durchsetzen wird, hängt dabei nicht so sehr von dem guten Willen zuständiger Personen im Rat und den befaßten Ämtern, sondern vor allem vom Kräfteverhältnis der verschiedenen vorne benannten Interessen ab.

Aus diesem Zusammenhang wird sich ergeben, welche der beiden derzeit zur Diskussion stehenden Alternativen, die langfristig-sozialpolitische oder die kurzfristig fiskalische, die für die Stadtverwaltung funktionalere Äquivalente ist.

Zielkonflikt der zweiten Phase

Für die Auswertung der Tätigkeit des ersten GWAT ist zusammenfassend festzuhalten:

- Die zweite Phase, in welche diese Tätigkeit fällt, war charakterisiert durch den Gegensatz zwischen der offiziell herrrschenden, im Resozialisierungsprogramm dokumentierten und von der Leitung des Sozialreferates sowie der Mehrheit seiner Ämter (insbesondere Familienfürsorge und Jugendamt) vertretenen sozialpädagogischen Auffassung und der zwar offiziell überwundenen, in Wirklichkeit aber vom Wohnungsamt als der für die Unterkünfte primär zuständigen Behörde nach wie vor vertretenen polizeilichen Position, die damit für die Praxis und vor allem für die Betroffenen weiterhin bestimmend blieb.
- Dieser Widerspruch zwischen sozialpädagogischer Programmatik und weitgehend repressiver Praxis war ein Ausdruck der tatsächlichen Rechtslage und des in ihr fixierten herrschenden Bewußtseins. Das Resozialisierungsprogramm entspricht mit seinem Forderungskatalog ohne konkrete Vollzugsbestimmungen in seiner Funktion dem Sozialstaatspostulat des Grundgesetzes und dem Programmsatz der Sozialhilfe, wonach jedermann „die Führung eines Lebens zu ermöglichen ist, das der Würde des Menschen entspricht“ (§ 1, Abs. 2, BSHG). Die Haltung des Wohnungsamtes dagegen stützte sich auf das unmit-

telbar geltende Recht, wonach Obdachlose, weil sie keine feste Wohnung haben, gegen § 361, Ziffer 8 Strafgesetzbuch verstoßen und damit zu Störern der öffentlichen Ordnung werden, was wiederum die Verwaltung verpflichtet einzugreifen, um diese Störung zu beseitigen.[36] Dieser Zielkonflikt und seine organisatorische Zementierung durch den Gegensatz Wohnungsamt – Familienfürsorge/Jugendamt waren ein weiterer Grund für das Scheitern der rein fürsorgerischen und pädagogischen Maßnahmen des Resozialisierungsprogramms.

2. Die Obdachlosenbehörden der Stadt München

Darstellung ihrer Aufgaben und ihres Selbstverständnisses

Vorbemerkung

Die folgende Darstellung beschreibt die Rollen, Aufgaben und Funktionen der städtischen Ämter insoweit, als sie für die in den beiden Fallberichten dargestellte Arbeit des GWAT relevant sind: die städtische Familienfürsorge (FF), die Abteilung Jugendschutz des Stadtjugendamtes (JSch), die Grundsatzabteilung des Sozialreferates (SR/GA), das Amt für soziale Wohnungsfragen, hier insbesondere die Unterkunftsverwaltung (UK-Verw.) und das Referat für Stadtforschung und Stadtentwicklung (Stadtentwicklungsreferat – SER).[37]

Familienfürsorge (FF)

Die Familienfürsorge, eine eigene Abteilung innerhalb des Sozialreferates, ist regional auf die fünf Ämter des Sozialamtes aufgeteilt (Nord, Süd, West, Ost und Mitte). Die Mitarbeiter sind in Gruppen von je sieben organisert, von denen wiederum einige zu einer Unterabteilung zusammengefaßt sind (z.B. UA-Hasenbergl). Jede Familienfürsorgerin hat einen ca. 8.000 Einwohner zählenden Bezirk von mehreren Straßenzügen zu betreuen; Unterkunftsbezirke haben eine geringere „Meßzahl", nämlich 800 Einwohner. Allerdings gibt es, mit Ausnahme von Hasenbergl-Nord, keine reinen Unterkunftsbezirke, sondern nur sogen. „Mischbezirke" (mit 4.000 „bürgerlichen" und 400 Unterkunftsbewohnern).

Sprechstunden finden dreimal wöchentlich statt, es gibt eine Abendsprechstunde. Soweit Räume vorhanden, wird die Sprechstunde im Bezirk durchgeführt; sonst im jeweiligen Dienstgebäude der Abteilung. Die Familienfürsorgerin befindet sich auf der untersten Ebene des hierarchischen Verwaltungsaufbaus. Die Aufträge in bezug auf den Einzelfall erhält sie von anderen Ämtern und Abteilungen (z.B. Jugendamt, Sozialamt, Gesundheitsamt) der kommunalen Verwaltung. Diese „Auftraggeber" sind ebenfalls weitestgehend auf der untersten Hierarchieebene angesiedelt. In München sind alle Dienststellen, die als Auftraggeber der FF infrage kommen, nach Buchstaben gegliedert, eine erhebliche Belastung für die regional gegliederte FF. Die Familienfürsorgerin ist in dieser Position zwar als einzige über das „spezifische und regionale Umfeld des Klienten (orientiert); sie hat aber wenig Möglichkeiten, aus diesen Zusammenhängen erwachsende Probleme für den Einzelfall bei den Entscheidungsinstanzen geltend zu machen, zumal sie selbst keine Entscheidungsbefugnisse besitzt."[38)]

Allgemein ist die Aufgabe der Familienfürsorge, dem „einzelnen Klienten oder einer Familie beim Auftauchen von wirtschaftlichen, gesundheitlichen, erzieherischen oder seelischen Problemen in stützenden und klärenden Beratungsgesprächen zu helfen, ihre Probleme zu erkennen und Wege zu finden, sie zu lösen. Dabei sind die Eigenkräfte zu mobilisieren, damit die Klienten allmählich fähig werden, ihre gewonnenen Einsichten selbständig zu realisieren."[39)]

Die konkreten Aufgaben der FF[40)] lassen sich aufteilen in wirtschaftliche und sozialpädagogische Maßnahmen, wobei die letzteren aufgrund des „ambulanten" Charakters der FF relativ eingeschränkt sind. Ein wesentliches Ziel der FF-Arbeit ist es, „die eigentliche Problematik des Hilfesuchenden festzustellen und im Gespräch mit dem Klienten an deren Aufarbeitung zu arbeiten."[41)]

Durch die genannte Koppelung der Maßnahmen und diese Zielsetzung entsteht der Grundkonflikt der Familienfürsorge: sozialpädagogische Betreuung auf der einen und öffentliche Kontroll- und Überwachungsfunktion auf der anderen Seite. Dieser Konflikt verschärft sich noch dadurch, daß die Familienfürsorge vorwiegend die „klassische" Methode der Einzelfallhilfe anwendet. Angelpunkt dieser Methode ist die Entwicklung einer sogenannten „helfenden Beziehung", innerhalb derer der Klient eine emotionale Stärkung des Selbstwertgefühls erfahren soll und „allmählich fähig wird, sich mit seinen Problemen ehrlich auseinanderzusetzen und sie aktiv anzugehen."[42)]

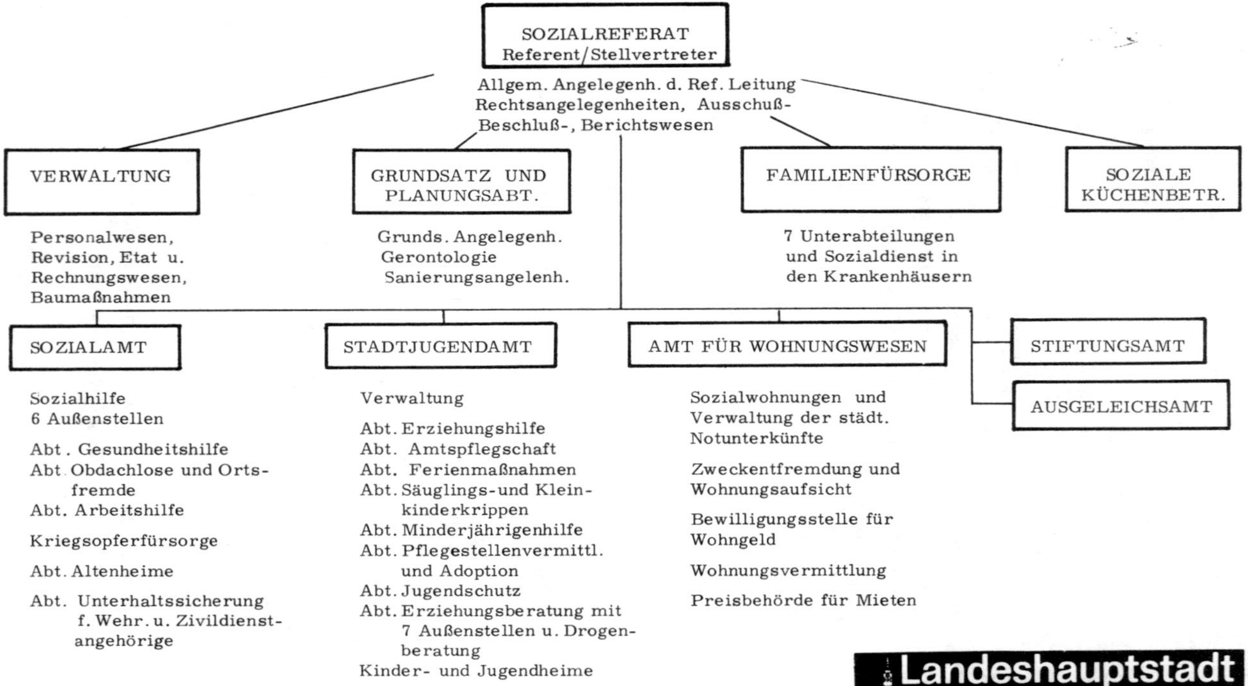

Landeshauptstadt München

Sozialreferat, Organ. plan Mai 75

Daß eine „helfende Beziehung“ einer „überwachenden“ oder im Auftrag anderer kommunaler Dienststellen „kontrollierenden“ Beziehung entgegensteht, liegt auf der Hand!

Problematisch wird die Einzelfallhilfe zusätzlich noch dadurch, daß „ihre Anwendung auf Verhaltens- und Reaktionsmuster der Mittelschicht und nicht der Unterschicht zugeschnitten ist.“43)

Die zu Beginn der Arbeit des GWAT in Hasenbergl-Nord tätigen Familienfürsorgerinnen galten als „revolutionär-progressive“ Gruppe innerhalb der übrigen Familienfürsorge! Sie bildeten ferner den harten Kern der bereits erwähnten „Arbeitsgemeinschaft für soziale Fragen Hasenbergl-Nord“ (AG).

Im Verlauf der Tätigkeit in der UK-Anlage waren die Fürsorgerinnen zu der Einschätzung gekommen, „daß mit der methodischen Einzelfallhilfe bei Problemfamilien (kein Erfolg erzielt werden kann), solange es an Möglichkeiten fehlt, gleichzeitig die materiellen Lebensumstände der Betroffenen umfassend und auf Dauer zu verbessern.

Die Entwicklung von Selbstbewußtsein, Realitätsbezug . . . die Fähigkeit zur positiven Gestaltung sozialer Kontakte – dies alles unter Lebensumständen zu erlernen wie sie konzentriert in Obdachlosensiedlungen herrschen, ist ein Ding der Unmöglichkeit. Das Schlagwort der ‚Hilfe zur Selbsthilfe‘ wird dort zum Zynismus, wo Realität jede Hoffnung auf Veränderung durch eigene Kraft absurd erscheinen läßt.“44)

Zu einer zielgerichteten und effektiven Zusammenarbeit zwischen den Familienfürsorgerinnen dieser Gruppe und dem GWAT ist es mit Ausnahme einiger partieller Bereiche nicht gekommen.

Die Konsequenz aus der Unmöglichkeit, die theoretische Einschätzung in der Praxis zu realisieren, war das geschlossene Ausscheiden der Gruppe aus dem Dienst im FaFü-Bezirk Hasenbergl (Mitte 1971).

Seit etwa drei Jahren werden in der Leitung der Familienfürsorge – in Reaktion auf entsprechende Vorstellungen des Jugendamtes (s. hierzu den nächsten Punkt) – Überlegungen zu einer grundlegenden Reform der Sozialverwaltung angestellt:

„Grundgedanke (dieser) Vorstellungen ist die Umwandlung der Familienfürsorge in eine Fachabteilung für soziale Dienste. (Es soll) . . . nicht nur eine Veränderung im formal-organisatorischen Bereich (angestrebt werden) . . . sondern . . . eine eindeutig klientorientierte Neuverteilung der sozialpädagogischen Funktionen kommunaler Sozialarbeit. (Es sei) . . . erforderlich, daß Hilfe- und Beratungsfunktionen im Rahmen der Jugendhilfe durch Aufhebung der Trennung von Innen- und Außendienstphase in einer Fachabteilung für soziale Dienste einheitlich wahrgenommen werden.“45)

Modellhaften Charakter in dieser Richtung könnten die für die erwähnte Modellsanierung vorgesehenen „Beratungsbüros" haben, in denen je ein Mitarbeiter der FF, des Jugendschutzes, des Wohnungsamtes und des Sozialamtes als *Team* für alle sich aus der Vorbereitung der Sanierung ergebenden Fragen weitgehend zuständig sind. Bei diesen Vorstellungen spielten, wenn auch uneingestanden, sowohl die kritischen Thesen der o.g. ehemaligen FF-Gruppe aus dem Hasenbergl eine Rolle, wie auch ein Konzept, welches das GWAT im Jahre 1971 zusammen mit einer Projektgruppe an der Fachhochschule München erarbeitet und der Leitung von Familienfürsorge und Jugendamt sowie der Grundsatzabteilung des Sozialreferates vorgelegt hatte [46] und das damals, nachdem es einigen „Wirbel" vor allem unter den Verwaltungsangestellten erzeugt hatte, in der Schublade verschwunden war.

Abteilung Jugendschutz des Stadtjugendamtes (JSch)

„Der Jugendschutz" ist eine eigene Abteilung innerhalb des Stadtjugendamtes. Die Abteilung ist in zwei Arbeitsbereiche („Fachgruppen") aufgegliedert:
- Vorbeugende Maßnahmen und gesetzlicher Jugendschutz,
- Sozialpädagogische Maßnahmen („Resozialisierung").

Im Verlauf der Entwicklung der letzten Jahre ist die Bedeutung des erstgenannten Arbeitsbereiches erheblich zurückgegangen. Der Schwerpunkt der Arbeit der Abteilung liegt heute eindeutig auf dem Gebiet der sozialpädagogischen Maßnahmen (wobei die sog. „Street-worker", die inhaltlich auch zu diesem Arbeitsbereich gehören, organisatorisch der anderen Fachgruppe zugeordnet sind.) Die Grundlagen der Arbeit bilden:

- das JWG (§ 5, Abs. 1, Nr. 8): „erzieherische Maßnahmen des Jugendschutzes und für gefährdete Minderjährige");
- das „Arbeitsprogramm zur Unterbringung von obdachlosen Personen und zur verstärkten Wiedereingliederung dieses Personenkreises in die Gesellschaft" von 1968, kurz: Resozialisierungsprogramm (Seite 8 ff. und Anlage II);
- das Mehrjahresprogramm des Stadtjugendamtes von 1971, das die Grundlage für die Dezentralisierung der sozialpädagogischen Maßnahmen und die Schaffung von Außenstellen des Jugendamtes ist und Unterkunftsanlagen explizit als Schwerpunkt nennt.

Die Außenstellen der Abteilung Jugendschutz in den Unterkunftsanlagen sind auf dem Hintergrund eines Beschlusses des Jugendwohlfahrtsausschusses vom 22.2.1973 (Errichtung von Bezirksjugendämtern) als Vorstufe eines dezentralisierten Modells integrierter sozialer Dienste unter Federführung des Jugendamtes zu sehen, das von der Leitung der Familienfürsorge mit äußerstem Mißtrauen beobachtet und schließlich mit einem Gegenvorschlag beantwortet wurde (s. o.). Die erste Außenstelle wurde 1969 in Hasenbergl-Nord eingerichtet. Weitere Außenstellen, in anderen Unterkunftsanlagen, aber auch in Neubaugebieten, waren geplant. Die Mitarbeiter der Außenstellen, Sozialarbeiter und Erzieher, sind wie die Familienfürsorge auf der untersten Ebene der Verwaltungshierarchie angesiedelt, aber im Gegensatz zu ihr nur mit sozialpädagogischen und nicht mit Kontrollfunktionen betraut.

Zu Beginn der Arbeit dieser Abteilung gab es kein Konzept. „Inhaltlicher Schwerpunkt war die sogen. „Sozialpädagogische Gruppenarbeit“. . . . Die Arbeit basierte weitgehend *auf den Initiativen* der eingesetzten Dienstkräfte.“47) Dies traf besonders für die 1969/70 im Aufbau befindliche Außenstelle Hasenbergl-Nord zu, die zunächst nur aus einer Sozialarbeiterin bestand. Ihre Tätigkeit war konkret: Arbeit mit Jugendgruppen, Lernhilfe zusammen mit Studenten des „Sozialpolitischen Arbeitskreises“, Erziehungsbeistandschaften, Elternarbeit, Ferienfahrten mit Kinder u.a.

Inzwischen gibt es bereits sieben Außenstellen der Abteilung Jugendschutz in allen größeren Unterkunftsanlagen. Die Arbeitsgruppe 2 „Resozialisierung“ ist mit ihren ca. 20 hauptamtlichen Mitarbeitern und vier wissenschaftlichen Beratern, zu einer relativ großen Unterabteilung innerhalb des Jugendamtes geworden, die dort aufgrund ihres Sonderstatus (Außendienst, freiere Arbeitsmöglichkeiten) und ihrem „progressiven“ Image teilweise als Beunruhigung empfunden wird.

Ein internes, noch nicht amtlich abgesegnetes Konzeptionspapier bildet eine vorläufige inhaltliche Arbeitsgrundlage:48)

„1. Teilnahme des Sozialarbeiters am politischen Prozeß: (Kommunalpolitik) mit dem Ziel, strukturell bedingte Sozialisationsbarrieren abzubauen.“

„2. Aufarbeitung der gravierendsten Sozialisationsdefizite. . . .“

„3. Konkretes Angebot an praktischen Hilfen . . .“

„4. Einübung in politisches Handeln. . . .“

Das erste Ziel soll durch Stellungnahmen gegenüber und Kontakten zu Mandatsträgern und politischen Gremien einerseits, durch Aufklärung und Aktivierung der Bewohner andererseits erreicht werden. Die Ziele 2 bis 4 werden nach Zielgruppen differenziert und in Handlungskatalogen konkretisiert:

–	für 4- bis 6jährige	(Vorschularbeit, z.B. Sprachförderung
–	für 6- bis 13jährige	(Hausaufgabenhilfe, Freizeitangebote, Kontakte zur Schule, Elternarbeit etc.)
–	für Jugendliche	(z.B. Berufsberatung, Lehrlingsgruppen)
–	für Erwachsene	(Beratungsdienste, Bewohnerversammlungen)

Aus diesem Konzept ergibt sich ein globaler „ökologischer" Ansatz, ein Verständnis von gemeinwesenorientierter, kooperativer und methodenintegrativer Sozialarbeit, das notwendigerweise mit dem traditionellen Verständnis der Familienfürsorge und dem Anspruch „freier" GWA-Teams in Konflikt geraten mußte und teilweise zu heftigen Diskussionen innerhalb der Fachbasis in den Unterkunftsanlagen führte. Die praktische Relevanz war trotzdem bisher gering, da nur in drei bis vier Außenstellen, in denen außerdem keine „freie" GWA besteht, neben der Kinder- und Jugendarbeit auch Erwachsenenarbeit betrieben wird, und alle Versuche der Mitarbeiter in den Außenstellen sich unter Umgehung des Dienstweges an Politiker oder die Öffentlichkeit zu wenden, bisher von der Abteilungsleitung ‚zurückgepfiffen' werden mußten.

Immerhin bietet sich dieses Konzept für Kräfte innerhalb der Sozialverwaltung an, die mehr an einer GWA unter städtischer Trägerschaft, als an einer „freien" GWA interessiert sind. Eine erste offizielle Diskussion hierüber im „Überörtlichen Arbeitskreis" Anfang 1975 hat zwar vorläufig zu der Feststellung geführt, daß GWA „im eigentlichen Sinn" nicht zu den Aufgaben der Außenstellen der Abteilung Jugendschutz gehören würde. Die Auseinandersetzung darüber erscheint aber, insbesondere auf dem Hintergrund der verschiedenen Überlegungen zur Reform der Sozialverwaltung, noch keineswegs abgeschlossen.

Grundsatzabteilung des Sozialreferates (SR/GA)

Die Grundsatzabteilung des Sozialreferates ist referatseigene Planungs- und Stababteilung; sie ist direkt dem Referenten unterstellt. Gegenüber den anderen Ämtern und Abteilungen des Referates hat sie kein unmittelbares Weisungsrecht und damit keine formalen Eingriffsmöglichkeiten.

Die Grundsatzabteilung entwickelte sich 1969/70 und war mehr oder weniger deutlich eine Konsequenz des Resoz.programms von 1968. Dem Jugendamt wurde die Federführung über die Ausführung des Programms übertragen. Die Leitung des Jugendamtes delegierte die konkrete Wahrnehmung dieser Aufgabe an den damaligen Leiter der Abteilung Jugendschutz, welcher sich bereits im Rahmen der sozialpädagogischen Maßnahmen mit der Obdachlosenproblematik befaßte. Es bestand also Personalunion zwischen ‚Federführungsaufgabe' (intern SR/GWA) und ‚Jugendschutzaufgabe' (S – II – JSch). Die Kürzelbezeichnung SR/GWA – Sozialreferat/Gemeinwesenarbeit beinhaltete bereits eine wichtige Aufgabenstellung dieser Abteilung: Einbeziehung von GWA in die Realisierungsbemühungen des Resoz.Programms 1970 wurde sie aus dem Jugendamt herausgelöst und als eigene Abteilung SR/GWA eingerichtet. Damit erweiterte sich gleichzeitig die Aufgabenstellung: Entwicklung von Sozialplanungsansätzen (z.B. Altenplan), Erfolgskontrolle bei der Durchführung von Programmen (z.B. Resoz.Programm), Entwicklung von Alternativvorstellungen, Koordinierungs- und Informationsfunktionen interner und externer Arbeitskreise und Fachgruppen, Kontakte zu GWA-Projekten anderer Träger und zu Bürgerinitiativen.

Obwohl die Grundsatzabteilung keine eigenen Entscheidungs- und Weisungsbefugnisse hat, besitzt sie eine Fülle von Fach- und sonstigen Informationen und durch die Möglichkeit, sozialpolitische Programmvorstellungen mit vorzubereiten und zur Entscheidungsreife zu entwickeln, gewisse Einflußchancen. Als SR/GWA und später SR/GA war sie direkter Ansprechpartner des GWAT. Neben einem prograssiven Image bewirkten gemeinsames Interesse an GWA gemeinsame historisch bedingte Entwicklungsgeschichte des GWAT und der Abteilung und daraus resultierende persönliche Beziehungen, eine relativ dichte Kommunikation zwischen den beiden Gruppen.

Inzwischen wurden der Grundsatzabteilung auch die allgemeinen Zuständigkeiten im Bereich der Sozialplanung und der GWA übertragen, die vorher beim Stadtentwicklungsreferat gelegen hatten (Abt. Planung und Soziologie). Allerdings geschah dies ohne nennenswerte personelle Ausweitung aber mit der Umbenennung in „Grundsatz- und Planungsabteilung".

Amt für soziale Wohnungsfragen – Unterkunftsverwaltung

Das Amt für soziale Wohnungsfragen (AfsW) war ein Amt des Sozialreferates (wie z.B. Jugendamt, Sozialamt) mit den Abt. Wohnungsaufsicht, Wohnraumüberwachung, sozialer Wohnungsbau, Wohnberechtigungsscheine, Wohnraumbenennung und Unterkunftsverwaltung. Die weiter vorne beschriebene Umorganisation – Ausgliederung aus dem Baureferat in das Sozialreferat – konnte natürlich nicht verhindern, daß das eingeübte und eingefleischte ordnungs- und polizeirechtlich orientierte Verwaltungsdenken in diesem Amt bestehen blieb. Damit war ein potentieller Konfliktpunkt, vor allen Dingen mit eher sozialpädagogisch orientiert arbeitenden Ämtern und Abteilungen des Sozialreferates gegeben. Diese Situation verschärfte sich noch zusätzlich dadurch, daß das AfsW als ehem. Teil des Baureferates eher ,CSU-orientiert', das übrige Sozialreferat eher „SPD-orientiert' war. Entsprechend dieser Situation galt das AfsW amtsintern als das konservativste, am strengsten nach klassischer Verwaltungshierarchie geführte Amt sämtlicher mit der Obdachlosenproblematik befaßten Dienststellen. Für die anderen Abteilungen des Referates, für die AG-Hasenbergl und für das GWAT war das AfsW ,automatisch' Gegner: Die Maßnahmen des Amtes betrafen die Obdachlosen direkt, waren obrigkeitlich orientiert und bar jeder sozialpädagogischen Sichtweise. So führte das Amt z.B. die „schlechten Sozialisationsbedingungen der Randgruppenangehörigen – insbesondere der Bewohner der Wohnanlage Hasenbergl-Nord – in erster Linie auf die in den letzten Jahren mehrfach erfolgten ungünstigen und psychologisch falschen Veröffentlichungen" zurück,[49] erwies einzelnen Unterkunftsnehmern Gnadenakte bei Satzungsverstößen („Wenn wir ausnahmsweise noch einmal Gnade vor Recht ergehen lassen . . .")[50], empfand die Einschaltung der Familienfürsorge bei Räumungsfällen als „Mehrbelastung" und sah deren Hauptaufgabe darin, die Klienten zu einer regelmäßigen Zahlung der Unterkunftsgebühren anzuhalten.

Eine Kooperation fand zwischen GWAT und AfsW nicht statt, vielmehr versuchte GWAT gezielt die Praktiken des AfsW aufzudecken und mit Unterstützung übriger Ämter des Referates auf Veränderung hinzuwirken. Diese Zielsetzung wurde allerdings erst 1973 von Erfolg gekrönt: Im Zusammenhang mit fragwürdiger Handhabung der Zweckentfremdungsverordnung erfolgte eine Umstrukturierung des AfsW und Umbenennung in „Amt für Wohnungswesen". Die von GWAT seinerzeit angegriffene Praxis der Unterkunftsverwaltung lieferte zusätzliche Argumente für diese Umorganisation. Sie bestand darin, daß das Amt durch Eingliederung von Zuständigkeiten aus anderen Ämtern und Referaten erweitert und daß der bisherige, besonders polizeirechtlich orientierte Leiter auf die Leitung der Abteilung „Unterkünfte und Sozialwohnungen" beschränkt wurde, während die Gesamtleitung dem SPD- und resozialisierungsorientierten bisherigen Leiter der Rechtsabteilung des Sozialreferates übertragen wurde.

Diese Umorganisation hat, wie bereits erwähnt, innerhalb der letzten zwei Jahre einen erheblichen Wandel in der Einstellung und Praxis des Wohnungsamtes in Obdachlosenfragen zur Folge gehabt.

Investitionsplanungs- und Olympiaamt –
später Referat für Stadtentwicklung und Stadtforschung
(Stadtentwicklungsreferat) (IOA bzw. SER)

Im Zuge allgemeiner Reformbestrebungen auch innerhalb der kommunalen Verwaltungen entwickelte sich in München Ende der 60er Jahre eine eigene städtische Planungs- und Stabstelle. Die Entwicklung wurde forciert durch die zur Durchführung der Olympischen Spiele notwendig werdenden Planungsvorhaben, vor allem im Infrastrukturbereich. Das zunächst verwaltungsmäßig dem Direktorium zugeordnete und damit unmittelbar dem OB unterstellte Amt übernahm zunehmend allgemeine Aufgaben der Stadtforschung und Stadtentwicklung. 1971 erfolgte die Ausweitung und Verselbständigung zu einem eigenen Referat.

Das Münchener SER ist durch verschiedene Arbeiten und Veröffentlichungen auf dem Gebiet der Stadtentwicklungsplanung über die Grenzen der Landeshauptstadt bekanntgeworden. In München selber allerdings fand diese Tätigkeit des Referates das geringste positive Echo.

Auf die für die Entwicklung der GWA in München wichtigen Impulse des IOA bzw. SER wurde bereits im Exkurs „Zur Entwicklung der GWA in München" eingegangen. Außer von der Grundsatzabteilung erhielt GWAT und AG-Hasenbergl vom SER neben einer Vielzahl von Informationen (aus Verwaltungs-, Planungs- und wissenschaftlichen Bereichen) konkrete Unterstützung, z.B. in der Ausschußarbeit. Diese Unterstützungsfunktion reduzierte sich zunehmend ab etwa 1971, als Mitarbeiter des SER nur noch sporadisch und in Form von Praktikanten Termine wahrnahmen.

Inzwischen ist ein vollständiger Wandel im SER eingetreten. Verstand es sich früher als kritisches Korrektiv, als langfristig angelegte und gesellschaftspolitisch engagierte *Alternativplanung* zu der mehr technokratischen Planung der anderen Referate (insbesondere Baureferate), so sieht das Stadtentwicklungsreferat heute seine Aufgabe nur noch darin:

- die technokratischen Planungsvorhaben der einzelnen Referate zusammenzufassen;
- ihre mögliche Verlängerung in eine weitere Zukunft aufzuzeigen und
- diese Planungsvorhaben durch nichtssagende Leerformeln zu verschleiern bzw. legitimatorisch abzusichern.

Der neue Stadtentwicklungsplan ist ein Musterbeispiel hierfür. Auch die Abgabe der Sozialplanung an das Sozialreferat ist Ausdruck und Folge dieses Wandels. Zur Zeit ist allerdings unbestritten, ob das SER, nachdem es mit der Erstellung des neuen Stadtentwicklungsplanes seine Hauptaufgabe erfüllt hat, unter Reduzierung seines Personals auf ein Drittel, wieder direkt dem OB unterstellt und zu einer bloßen Koordinationsstelle der referatsinternen Planungen zurückgestuft werden soll – oder ob es im Gegenteil, durch Wiedereingliederung der Sozialplanung und Hinzufügung der Bauleitplanung aus dem Baureferat, zu einer ‚Superplanungsbehörde' ausgebaut werden soll.[51)]

Dieser Streit spiegelt allerdings, nachdem gesellschaftskritische Alternativen von diesem Referat nicht mehr zu befürchten sind, nur noch den Widerspruch zwischen einer stärker an den langfristigen Kapitalinteressen (SPD-Mehrheit) und einer mehr an den örtlichen Einzelkapitalinteressen (CSU und FDP) orientierten Politik wider. Die Politik einer Veröffentlichung und Bewußtmachung der Konflikte zwischen Ziel- und Maßnahmeplanung, die auch eine Chance für eine stärkere Berücksichtigung breiter Bevölkerungsinteressen enthielt, ist jedenfalls in Zeiten leerer Kassen obsolet geworden.

Analyse ihrer Funktion im Zusammenhang kommunaler Sozialpolitik

Für die Sozialverwaltung insgesamt und damit auch für die mit dem Obdachlosenproblem befaßten städtischen Dienststellen sind folgende der bisher analysierten Probleme von zentraler Bedeutung:

- der ständige Nachrang der sozialpolitischen gegenüber den ökonomischen Erfordernissen;
- die zunehmende Differenzierung und Verrechtlichung des Systems sozialer Sicherung mit ihrer Spannung zwischen juristischer Typisierung und sozialpädagogischer Individualisierung, die sich in wachsenden Konflikten zwischen „Generalisten" (Verwaltungsfachleuten) und „Spezialisten" (sozialpädagogischen Fachkräften) innerhalb der Sozialverwaltung niederschlägt und die durch den hierarchischen Aufbau (in welchem die Spezialisten in der Regel die unteren Ränge einnehmen) sowie die Trennung zwischen Innen- und Außendienst verschärft werden.

Auf diesem Hintergrund sollen die oben dargestellten Ämter hinsichtlich ihrer Funktion und ihrem Selbstverständnis nochmals reflektiert werden.

VERWALTUNGSAUFBAU DER LANDESHAUPTSTADT MÜNCHEN

STADTRAT		OB	STADTVERWALTUNG	
PLENUM (80 Stadträte)	AUSSCHÜSSE	berufsmäßige Stadträte (Referenten)	Direktorium	Büro des 1.2.u.3. Bürgerm., Rechtsamt, Verw.amt Fremdenverkehrsamt, Presse- u. Inform.amt, Revisionsamt, Stadtarchiv, Stadtkanzlei (1)
			Baureferat	Bauverwaltung, Stadtplanung, Hochbau/Tiefbau, Lokalbaukommision, Stadtgärtendirektion
			Krankenhausreferat	Verwaltung der Städt. Krankenhäuser
			Kommunalreferat	Bewertungsamt (Preisbeh. f. Mieten u. Pachten, Ermittl. wie Grundstückswerte, kommunale Betriebe Großmarkthalle, Schlacht- u. Friedhof, Land- und Forst wirtschaftsamt, Veterinäramt, Liegenschaftsamt, Grundbesitz, Grundstücksverkehr
			Kreisverwaltungsreferat	Amt f. öffentl. Ordnung, Bezirksinspektionen, Gewerbeamt, Gesundheitsbehörde, Stadthygiene Müllabfuhr, Standesamt, Staatsangeh.k.wesen
			Kulturreferat	Städt. Bühnen, Konzerte, Büchereien, Galerien
			Personalreferat	Personalabteilung, Gehalts- und Lohnverr.amt
			Schulreferat	Schulwesen einschl. staatl. Schulamt
			Sozialreferat	(s. Verwaltungsgliederung Sozialreferat)
			Stadtentwicklungsrefer.	einschl. Amt f. Statistik und Datenanalyse
			U-Bahn-Referat	U-Bahn-Bau
			Werkreferat	Elektrizitäts-, Gas- und Wasserwerke, Städt. Verkehrsbetriebe

(1): bis zum 1.1.75 gehörte das Polizeipräsidium ebenfalls noch dem Direktorium an

Die einzelnen Ämter

Das *Wohnungsamt* ist die für die Bewohner zentrale Behörde, da sie durch die Zuweisung und Verwaltung der Unterkünfte und die Vergabe von Sozialwohnungen ihre Lebensverhältnisse am stärksten beeinflußt. Es ist reine Vollzugsbehörde, die sowohl über Macht (Satzung) als auch über Geld verfügt, wenngleich letzteres, aufgrund der Unbeliebtheit des Zuschußbetriebes „Notunterkünfte" bei den übrigen Verwaltungsstellen, immer knapp ist. Gleichzeitig ist das Amt, da es auch für Zweckentfremdungsanträge zuständig und Mietpreisbehörde ist, die Dienststelle des Sozialreferates, die am stärksten dem Druck örtlicher Kapitalinteressen ausgesetzt ist. Diesem mehrfachen Druck versuchte es in der *1. Phase* durch Repression der Betroffenen und Distanzierung von den sozialpädagogisch orientierten Ämtern, in der *2. Phase* durch den ständigen Hinweis auf die Unmöglichkeit einer Problemlösung ohne bauliche Maßnahmen und das dafür erforderliche Geld und in der *3. Phase* durch erhöhte Kooperationsbereitschaft und sozialem Engagement zu begegnen.

Familienfürsorge und *Jugendschutz* sind für die konkreten Alltagsprobleme der Betroffenen und dafür zuständig, ihre weitere Dissozialisierung im Getto aufzuhalten oder wenigstens zu bremsen. In der FF schlagen sich die eingangs angeführten Widersprüche – persönliche Hilfe versus soziale Kontrolle – daher am massivsten nieder und haben die schärfsten Rollenkonflikte bei ihren Mitarbeitern (vor allem an der Basis) zur Folge, die durch Supervision und ähnliche Techniken zwar in ihrer subjektiven Schmerzhaftigkeit gelindert, nicht aber gelöst werden können. Die Familienfürsorge erfüllt daher objektiv eine Art Sündenbock-Funktion für die zwangsläufige Erfolgslosigkeit kommunaler Sozialarbeit im allgemeinen und der Obdachlosenarbeit im besonderen.

Der *Jugendschutz* dagegen ist, als eine Abteilung des Jugendamtes mit rein sozialpädagogischen Funktionen, diesen Konflikten kaum ausgesetzt. Das Jugendamt insgesamt hat die Konflikte zwischen seinen verschiedenen Funktionen (Kontrolle und Repression, finanzielle und pädagogische Hilfen) für sich selbst relativ optimal gelöst, indem es der FF die unmittelbare Kontrolle delegiert hat, sozialpädagogische Hilfen über relativ selbständige, bürgernahe Außenstellen anbietet, sich die letzten Entscheidungen in der Zentrale vorbehält und sich damit ohne Machtverlust als bürgerfreundlich und sozial fortschrittlich darstellen kann. In diese Politik des Jugendamtes paßt es auch, daß seine Leitung ursprünglich die Koordination aller Maßnahmen nach dem Resoz.-

programm übernommen hatte, sie jedoch prompt an die Grundsatzabteilung abgab, als deren Erfolglosigkeit sichtbar wurde.

Das *Stadtentwicklungsreferat* hatte zu Zeiten des ersten GWAT die Aufgabe, planerische vorschläge auch für konkrete Einzelbereiche, wie Obdachlosigkeit, zu entwickeln (Zielplanung plus lose, offene Maßnahmeplanung) und gleichzeitig den beim Sozialreferat angesiedelten Vollzug beschlossener Pläne kritisch zu beobachten und auszuwerten. Inzwischen ist im Zuge der Harmonisierung von Ziel- und Maßnahmeplanung[52]) diese Aufgabe auf die Planungs- und Grundsatzabteilung übergegangen und dem SER nur noch die rein deklamatorische Einbeziehung des Obdachlosenproblems in die gesamte Stadtentwicklungsplanung verblieben.

Das SER ist damit primär Vertreter längerfristiger Systeminteressen – gleichzeitig allerdings, aufgrund seiner herausgehobenen Position, am stärksten dem politischen Druck von Parteien und Massenmedien ausgesetzt, in denen örtliche Kapitalinteressen ebenso wie Bewohnerinteressen in der Regel vermittelt zum Ausdruck kommen.

Die *Grundsatzabteilung* hatte zu Zeiten des ersten GWAT nur die Feinplanung im Maßnahmebereich vorzunehmen, zu der dann die Koordination des Vollzuges hinzukam; Aufgaben, die inzwischen in die Zuständigkeit für die gesamte Zielplanung im „Sozialen" Bereich eingebunden sind. Das ermöglicht ihr jetzt, ökonomische und legitimatorische Erfordernisse je nach Bedarf eher zu kombinieren oder zu entkoppeln – allerdings mit der entscheidenden Einschränkung, daß diejenigen Bereiche, welche Sozialpolitik und Sozialplanung im engeren Sinne bestimmen, wie Bau- und Verkehrsplanung, ihrem Einfluß entzogen sind. Damit erweist sich die Ausgliederung einer eng verstandenen Sozialplanung aus der SER selbst als eine spezielle Form der „Entkoppelung". Die Funktion der Grundsatz- und Planungsabteilung in bezug auf Sozialplanung ist daher in erster Linie eine legitimatorische, nämlich durch das Aufstellen von „Sozialplänen" die Bereitschaft zur Problemlösung zu dokumentieren – auch oder gerade dort, wo sie diese Probleme gar nicht lösen kann. In zweiter Linie besteht ihre Aufgabe darin, effektive Maßnahmepläne, wenn schon nicht zur Lösung, dann wenigstens zur Reduktion und Entschärfung von sozialen Problemen zu liefern – hiermit ist sie z. Zt. bei der Sanierung der Unterkünfte beschäftigt. Als Koordinationsstelle für die mit dem Obdachlosenproblem befaßten Ämter auf allen Ebenen und insbesondere für alle Maßnahmen, welche die Zuständigkeit mehrerer Ämter berühren, steht sie zwischen allen Konflikten innerhalb und zwischen diesen Ämtern. Als Kontaktstelle für die örtlichen Arbeitsgemeinschaften der Fachbasis sowie für Bürgerinitiativen, GWA und sonstige soziale Initiativ- und Projektgruppen, ist sie mit den Problemen an der Basis und z.T. mit organisierten und politisch artikulierten Interessen von Betroffenen konfrontiert. Einerseits ist sie damit allen Widersprüchen der kommunalen Sozialpolitik auf exemplarische Weise ausgesetzt und über deren Hintergründe am ehesten informiert, andererseits ist sie, als reine Planungs- und Koordinationsstelle ohne Vollzugsbefugnisse, davon nicht so unmittelbar und direkt wie etwa die FF betroffen. Von daher hat sie oft die Funktion eines Seismographen, welcher sensibel und frühzeitig auf neue Tendenzen und Entwicklungen in der kommunalen Sozialpolitik reagieren kann.

Die verschiedenen Ebenen innerhalb der Ämter

Innerhalb der Sozialverwaltung lassen sich in der Regel sechs hierarchische Stufen unterscheiden: 1. Referatsleitung, 2. Amtsleitung (bzw. Abteilungsleitung bei selbständigen Abteilungen), 3. Abteilungsleitung (innerhalb von Ämtern), 4. Unterabteilungs- bzw. Gruppenleitung, 5. Sachbearbeiter/Fachbasis, 6. Verwaltungsangestellte (Sekretärinnen).

Der „normale“ Sozialarbeiter steht dabei auf dem vorletzten Rang bzw. da ihm meist keine Sekretärin zur Verfügung steht, praktisch auf der untersten Stufe. Unter Zusammenfassung von jeweils zwei Stufen lassen sich *drei Ebenen* mit jeweils spezifischen Funktionen und Bewußtseinslagen erkennen:

Die oberste Ebene (Verwaltungsspitze) – Auf dieser Ebene werden die allgemeinen Ziele für die Arbeit der Behörde festgelegt und der Rahmen abgesteckt, in dem sie realisierbar sind. Hier interessieren globale Lösungen und entsprechende Strategien, die in ihrer Allgemeinheit zunächst einmal verbindlichen Charakter für alle Unterabteilungen annehmen können. Je verbindlicher und eindeutiger die Ziele und Durchführungsstrategien angegeben werden, desto rationeller kann der Einsatz der Sozialarbeit stattfinden. Diese müssen jedoch, um durchführbar zu sein, bereits einen funktionalen Kompromiß der widersprüchlichen Interessen darstellen, denen gerade die Mitarbeiter dieser Ebene ständig ausgesetzt sind.

Die mittlere Ebene ist der Knotenpunkt der widersprüchlichen Anforderungen an die Sozialpolitik. Einmal bestimmt diese Ebene im wesentlichen über die konkrete Verwendung der verfügbaren Mittel gemäß den Weisungen oder allgemeinen Zielsetzungen der oberen Ebene. Scheitern die weitreichenden Pläne der Spitze an den nicht vorhandenen finanziellen Ressourcen, so wird das hier zuerst festgestellt. Die

Verfügung über die knappen Mittel gebietet deren möglichst rationellen Einsatz. Verbunden hiermit ist allerdings der politische Auftrag, den Eindruck der Sorge für das Allgemeinwohl zu wahren und damit die Mängelverwaltung politisch zu legitimieren. Diese Gratwanderung muß auf alle Fälle durchgehalten werden. Angesichts dieser Priorität ist es einleuchtend, daß sehr häufig materielle Forderungen an die Sozialpolitik an dieser Stelle auf Widerstand stoßen, hinausgezögert oder gar abgelehnt werden. Auf der anderen Seite geht es jedoch nicht nur darum, den Eindruck der Sorge für das Allgemeinwohl aufrechtzuerhalten, sondern auch ernsthaft eine vernünftige Lösung der anstehenden Probleme anzusteuern. Das ist jedoch meist mit den vorhandenen knappen Mitteln nicht möglich. So kommt es, daß wiederum Forderungen, die von außen kommen, zunächst einmal bereitwillig aufgegriffen werden. Die objektiv widersprüchlichen Aufgaben dieser mittleren Behördenebene werden von einigen ihrer Angestellten mit einem zusätzlichen persönlichen Engagement aufgegriffen. Sie versuchen dadurch gewissermaßen, den Widerspruch aus der Behörde hinauszuverlagern, indem sie Initiativen außerhalb des Behördenapparates unterstützen. Dieser Gesichtspunkt ist hinsichtlich der Einschätzung der Beziehung des Verhältnisses zwischen den Mitgliedern der mittleren Ebene und dem GWAT wichtig.

Die Ebene der örtlichen Fachbasis – Die Angestellten auf der unteren Ebene der Sozialverwaltung sind am unmittelbarsten mit der Tatsache konfrontiert, daß die elenden Lebensbedingungen bestimmter Bevölkerungsgruppen durch die Maßnahmen der kommunalen Sozialpolitik nicht beseitigt bzw. wesentlich geändert werden können. Auf Grund ihrer objektiven Position innerhalb der Hierarchie des Staatsapparates (auf kommunaler Ebene), die sie weitergehend zu Empfängern und Ausführern von Anweisungen und gesetzlichen Bestimmungen macht, vertreten sie – im Gegensatz zu den Mitgliedern der mittleren Ebene, die in ihrer Arbeit auch auf einzelkapitalistische Interessen Rücksicht nehmen müssen – objektiv, ebenso wie ein Großteil ihrer Klienten, die allgemeinen Interessen aller Lohnabhängigen. Sie sind zwar durch ihre Verpflichtung auf das besondere Dienstrecht im öffentlichen Dienst gezwungen, in ihrer professionellen Tätigkeit Aufträge der staatlichen Verwaltung auszuführen, die *nicht* im Interesse der Betroffenen sind, lernen jedoch die Probleme und Interessen der Klientengruppen durch den unmittelbaren Kontakt am intensivsten kennen. Dem Klienten erscheinen sie als staatliche Angestellte oder Beamte und damit als Ausübende von Herrschafts- und Kontrollfunktionen, die – wenn sie auch im Einzelfall helfen können – im allgemeinen jedoch andere Interessen vertreten müssen.

Die Sozialarbeiter der örtlichen Fachbasis sind – sofern sie noch nicht resigniert oder sich völlig mit ihrer Institution identifiziert haben – auf Grund dieser widersprüchlichen Lage bereit, nach jedem Versuch zu greifen, der ihnen geeignet scheint, den Widerspruch wenigstens erträglich zu machen. Neue Formen der Sozialarbeit sind ihnen daher meist willkommen, wenn sie helfen, ihren Spielraum auch gegenüber den Vorgesetzten zu erweitern. Gerade mit diesem experimentellen Interesse sind sie oftmals gezwungen, die Zusammenarbeit mit freien Gruppen wie z.B. dem GWAT, in ihre knappe Freizeit zu verlagern, um nicht während der Arbeitszeit mit den Dienstvorschriften in Konflikt zu geraten.

Sie gehen also mit jedem Interesse für experimentelle Sozialarbeit ein Risiko ein und sind deshalb auch hinsichtlich der Zusammenarbeit mit relativ unabhängigen Sozialarbeitergruppen bei freien Verbänden etc. nicht primär an der Diskussion von globalen Problemen und deren Lösungen interessiert, sondern an praktischen Hinweisen und konkreten Unterstützungen.

Ausschüsse und Arbeitskreise

Den zur Durchführung des Resoz.Programmes gebildeten Gremien lassen sich vornehmlich drei Funktionen zuordnen:

– *Koordination* von Plänen und Maßnahmen,
– *Innovation* der Verwaltungsorganisation,
– *Integration* von Kritik innerhalb und außerhalb der Institutionen.

Für die beiden letzten Funktionen erscheint eine Zusammensetzung quer zu dem hierarchischen Aufbau unter Einbeziehung von Mitarbeitern aller Ebenen (wie in der zweiten Phase in München praktiziert) sinnvoll. Für die erstgenannte Funktion erweist sie sich eher als Hemmnis. Hierfür sind getrennte Kooperationsgremien auf den verschiedenen Ebenen mit Vertretern der mittleren Ebene als Verbindungsglieder, wie sie heute bestehen, wohl effektiver.

Eine Öffnung für außenstehende, nicht der Verwaltung angehörende Mitglieder (z.B. Bürger, GWA) kann sowohl für Funktion zwei (GWA als „Innovationshefe‘) wie für Funktion drei bedeutsam sein (sofern es sich um ein integrierbares, grundsätzlich kooperationsbereites Konfliktpotential handelt).

Der Wandel im Münchner ‚Obdachlosen-Ausschußwesen‘ von Gremien, die alle hierarchischen Ebenen der Verwaltung sowie außenstehende umfaßten, zu geschlossenen Arbeitskreisen (zumindest auf der oberen Ebene) entspricht der Verlagerung von der primär legitimatorischen Funktion des Resoz.Programms in der zweiten Phase zum Versuch einer technokratischen, im Rahmen vorgegebener Systemgrenzen effektiven Lösung in der dritten Phase – wobei allerdings in der allerletzten Zeit, aufgrund der für einen reibungslosen Ablauf der Modellsanierung notwendigen Veränderung von Verwaltungsstrukturen wieder eine Öffnung nach unten und außen – einschließlich der Einbeziehung von GWA als „Innovationshefe“ – erfolgt ist.

Bewußtseinslage der Mitarbeiter der Sozialverwaltung und ihre Einstellung zur GWA[53])

Die widersprüchliche Funktion kommunaler Sozialpolitik spiegelt sich auch in Aussagen der Vertreter der Münchener Sozialverwaltung wider. Nur einer von ihnen war der Meinung, Obdachlosigkeit sei ausschließlich auf Selbstverschulden der Betroffenen zurückzuführen. Er hielt es für richtig, daß diese „Asozialen“ abgesondert werden und bedauerte lediglich, daß um sie überhaupt soviel Aufwand getrieben wird. Alle übrigen machten auch oder überwiegend *gesellschaftliche Gründe für das Entstehen von Obdachlosigkeit* verantwortlich – je konkreter die Definition der Gründe war, desto eher erschienen dabei allerdings auch wieder Hinweise auf ‚Selbstverschulden‘. Diese Unsicherheit in der Beurteilung der Ursachen ist ein Ausfluß der noch größeren Unsicherheit bei der Lösung der Probleme. Obwohl die meisten der Ansicht waren, daß Obdachlosigkeit letztlich nicht verhindert werden könne, machten sie doch eine Reihe von ‚Vermeidungsvorschlägen‘ (intensive Betreuung, Änderung der Sozialisationsbedingungen, Veränderung der Bausubstanz, Vermeidung von Ghettos in der Stadtplanung etc.), an deren Effektivität sie allerdings nicht so recht glauben konnten. Dieser Widerspruch, ‚systemimmanente‘ Lösungsmöglichkeiten für das Obdachlosenproblem suchen zu müssen, sich jedoch bewußt zu sein, daß Obdachlosigkeit mit diesen Maßnahmen nicht aus der Welt zusschaffen ist, ist die gesellschaftliche Grundlage aller Sozialarbeit; gleichgültig von welcher Ebene der Sozialverwaltung aus sie praktiziert wird. Eine Position, die jeden praktischen Schritt, jeden möglichen Teilerfolg mißt an der prinzipiellen Unmöglichkeit, das Problem zu lösen, würde den Widerspruch zwischen Anspruch und Wirklichkeit ins Unerträgliche steigern und damit auch die Ausübung des Berufes praktisch unmöglich machen. Daher ist es verständlich und die einzig sinnvolle berufspolitische Konsequenz, konkret über Verbesserungsmaßnahmen zu reflektieren und sie in Angriff zu nehmen.

Bei den *Meinungsäußerungen zur Gemeinwesenarbeit* ist folgendes zu berücksichtigen: Selbst bei Mitarbeitern der Verwaltung, die mit GWAT-Hasenbergl unmittelbaren Kontakt hatten, ist eine differenzierte Reflexion über Gemeinwesenarbeit nicht zu erwarten. Theoretische Grundsätze und Überlegungen wurden lediglich in der Grundsatzabteilung des Sozialreferats geäußert, die sich auftragsgemäß auch damit zu befassen hat. Dieser Mangel an grundsätzlichen Einsichten ist nicht den einzelnen Personen zuzuschreiben, sondern ist Ausdruck von deren objektiven Arbeitsbedingungen.

Neun der zehn Behördenvertreter bezeichnen GWA als für die Verwaltung nützlich; die Begründungen sind vielfältig. Es fällt auf, daß die Vertreter der mittleren und oberen Ebene die Funktion des Gemeinwesenarbeiters als Ideenproduzent positiv bestimmen, ja sogar fordern, diese Möglichkeit solle institutionalisiert werden; die Vertreter der Fachbasis darin jedoch keinen Vorteil sehen. Auch erscheint bemerkenswert, daß alle Vertreter der mittleren Ebene besonders die Gesichtspunkte: Beschleunigung von Planungsprozessen, Kostenersparnis und Alibifunktion nennen. Sie sehen z.B. die Langsamkeit, mit der die Mühlen der Ämter mahlen und gehen davon aus, daß Kritik von außen die verwaltungsinternen Prozesse oft beschleunigt. Kostensparend sind z.B. die Untersuchungsarbeiten, die ein GWA-Team von sich aus anstellt und deren Ergebnisse die Verwaltung verwenden kann. Nur eine Sozialarbeiterin der Fachbasis äußerte von sich aus die Nützlichkeit der Gemeinwesenarbeit für die Obdachlosen selbst. Die meisten Befragten sahen zunächst einmal den möglichen Nutzen von Gemeinwesenarbeit für ihre eigene Arbeit, etwa im folgenden Sinne: Gemeinwesenarbeit kann Aufgaben wahrnehmen und auch Entwicklungen innerhalb der Verwaltung vorantreiben, denen die Mitarbeiter in der Verwaltung zunächst ratlos gegenüberstehen. Gemeinwesenarbeit wird weniger als eine Reform der Handlungsansätze von Sozialarbeit verstanden, sondern eher als eine Reform der Entscheidungsfindung und Planung innerhalb der Verwaltung.

Von dieser Position aus sehen sich die Angestellten der Verwaltung als erste und wichtigste Bündnispartner von GWA-Teams und gehen auch von der Möglichkeit und Notwendigkeit aus, deren Arbeit zu beeinflussen bzw. zu kontrollieren. Einige dieser Angestellten fordern jedoch zur gleichen Zeit (so z.B. alle Vertreter der Fachbasis), daß GWA-Teams unabhängig von der Behörde arbeiten sollen. Vertreter der mittleren Ebene sind sowohl für eine Kooperation zwischen GWA-Teams und Verwaltung als auch für eine mögliche Konfrontation. Wenn auch die Möglichkeit und Notwendigkeit einer Gemeinwesenarbeit gegen die Verwaltung und im Bündnis mit politischen Gruppen mehrfach genannt wurde, so doch nie ohne Einschränkungen. Sie werden z.B. formuliert als Gefahr des ‚Linksrutsches' von GWA-Teams, des ‚Ablenkens von den eigentlichen Aufgaben' sowie der Gefahr der Manipulation

In diesen zum Teil in sich widersprüchlichen Meinungsäußerungen spiegelt sich sowohl die Widersprüchlichkeit der beruflichen Rolle der Befragten, als auch die objektive Funktion von GWA als Instrument der Koordination und Kooperation und damit der Effektivierung und Innovierung von Verwaltungsstrukturen und -abläufen einerseits und als Möglichkeit der Auslagerung von Konflikten andererseits wider (vgl. Teil I, Kap. 2). Gleichzeitig kommt darin das zentrale strategische Problem der GWA zum Ausdruck, welches wir hier diskutieren.

Es fragt sich, inwieseit hier, neben der objektiven Bedeutung von GWA als funktionaler Ergänzung und Korrektiv der Verwaltung und der subjektiven Erwartungshaltung der meisten Befragten, die sich von innerinstitutionellen Reformen eine Verbesserung ihrer teilweise ‚frustrierenden' Arbeitssituation erhoffen, auch die Praxis des GWAT selbst, mit seiner Betonung der Arbeit in und mit Institutionen (sein sog. ‚funktionaler' Ansatz) diese Sichtweise mitgeprägt hat. Exemplarisch dafür kann folgende Aussage gelten:

„In der Verwaltung wurde während der ganzen Zeit bezweifelt, ob das GWAT einen Rückhalt in der Bevölkerung hat. Man meinte, GWAT würde die Interessen *für* die Obdachlosen, aber nicht *der* Obdachlosen vertreten, d.h. ohne sie. – GWAT wurde eher als Machtfaktor angesehen als die Obdachlosen. In der Verwaltung konnte man die freischwebende Existenz des GWAT nicht einschätzen; daher die Befürchtung, daß dahinter noch sehr viel mehr steckt. Auf Grund seiner *fachlichen Kompetenz* hätte das GWAT Möglichkeiten gehabt, die Verwaltung zu disqualifizieren. Natürlich hätte es dann auch als *politische pressure-group* agieren und außerdem auf jeden Fall Bündnisse mit den fortschrittlichen Vertretern der Verwaltung suchen müssen, um Druck von unten möglichst effektiv weiterzuleiten."[54]

Anmerkungen

1) Landeshauptstadt München – Baureferat/Wohnungsamt, interne Vorlage: Betr.: Entstehung der städtischen Wohnanlagen und Entwicklung bei der Unterkunftsverwaltung vom 7.5. 65, S. 22.
2) Baureferat-Wohnungsamt, a.a.O., S. 1.
3) ebd.

4) ebd., S. 23.
5) Baureferat-Wohnungsamt, a.a.O., S. 2.
6) Graf/Zalfen, Gutachten zu einer Unterkunftssatzung, a.a.O.
7) Baureferat-Wohnungsamt, a.a.O., S. 2.
8) Landeshauptstadt München – Investions-planungs- und Olympiaamt, Wohnungen für Obdachlose, München 1966.
9) ebd., S. 3.
10) Landeshauptstadt München, Stadtratsbeschluß v. 22.2. 67, S. 4 und 5.
11) Landeshauptstadt München, Resoz.programm, S. 3.
12) Heil, C. Titel w.o., Cambridge/USA 1969.
13) ebd., S. 1.
14) ebd., S. 2.
15) ebd., S. 36/37.
16) ebd., S. 32.
17) ebd., S. 35.
18) Heil, a.a.O., S. 43.
19) Weber, G., Informationen über Gemeinwesenarbeit, Manuskript, München 1969, zit. in: Marbach, J./Tüllmann, G., „Auswertung der Tätigkeit des Vereins zur Förderung von GWA in München e.V. unter Berücksichtigung der Interessen der Sozialverwaltung an diesem Modell“, im Auftrag des Münchener Stadtrat, München 1974, S. 18.
20) Marbach/Tüllmann, a.a.O., S. 18/19 *
21) Gründungsmitglieder waren u.A. der Caritasverband, die Innere Mission, der Deutsche Paritätische Wohlfahrtsverband, die Neue Heimat Bayern.
22) Heil, a.a.O., S. 16.
23) Eine ausführliche Darstellung der Problematik des Vereins gibt die Untersuchung Marbach/Tüllmann, a.a.O.
24) Landeshauptstadt München–Stadtentwicklungsreferat (SER) Betr.: Resozialisierungsprogramm, interne Vorlage v. 27.4. 1972, S. 2.
25) ebd., S. 5/6 (ff).
26) BA 33, Sitzungsprotokoll der Sitzung v. 7.2.73.
27) Landeshauptstadt München – Stadtratsbeschluß vom 25.7. 73.
28) Landeshauptstadt München – Sozialreferat, (Erster) Zwischenbericht zum Vollzug des Stadtratsbeschlusses vom 26.8. 1968, S. 2.
29) Sozialreferat – Zwischenbericht, a.a.O., S. 13/14.
30) Landeshauptstadt München – Stadtratsbeschluß v. 12.2. 74, S. 3.
31) Landeshauptstadt München – Stadtratsbeschluß v. 16.7. 75, S. 9.
32) Landeshauptstadt München, 16.7. 75, a.a.O., S. 15/16.
33) Vgl. § 564 b Abs. 1 BGB. Der Münchener Haus- und Grundbesitzerverein hält daher auch die Forderung, Obdachlosenunterkünfte zu sanieren für „lebensfremd“, denn: „In aller Regel handelt es sich . . . um Personen, die den Problemgruppen zuzurechnen sind – für diese aufwendig zu bauen, heißt das Geld zum Fenster hinauswerfen“ (Süd. Zeitung vom 28.2. 75).
34) Sie kann das bedauern und die Wohnungsversorgung in der BRD kritisieren (oder auch, wie die Münchner SPD die Kommunalisierung des Wohnungsbaus fordern) – oder aber diese Situation selber rechtfertigen,

wie im neuen Münchner Stadtentwicklungsplan geschehen, in dem steht, daß „im Gegensatz zur Auffassung weiter Bevölkerungskreise die Wohnung kein ‚billiges Gut' sein kann", weil es auf Grund „(der) beschränkten öffentlichen Mittel und dem insgesamt steigenden Wohnungsstandard ... unehrlich – weil gegen die wirtschaftliche Vernunft – (wäre), Mieten zu fordern, die unter 20 v.H. des Nettoeinkommens des Mieters liegen." (vgl. Münchner Stadtanzeiger vom 13.8. 75)

35) In diesem Zusammenhang besonders aufschlußreich: Die Stadt hatte die Finanzierung der Modellsanierung zunächst über das Konjunkturförderungsprogramm des Bundes beantragt, hierfür aber von der für die Verteilung zuständigen Landesregierung keine Mittel erhalten. Diese wurden nur für den Strassenbau sowie den Aus- und Umbau eines Museums gewährt.

36) Diese Regelung ist allerdings im Zuge der großen Strafrechtsreform am 1.1. 1975 außer Kraft getreten. Damit sind Obdachlose wenigstens keine Kriminellen mehr. „Störer" im Sinne des Polizeirechts sind sie allerdings nach wie vor, womit die Gemeinden – auch ohne Strafandrohung – weiterhin befugt sind, Obdachlose zwangsweise unterzubringen.

37) Die formale Zuordnung zur gesamten Stadtverwaltung ist der schematischen Darstellung am Ende des Kapitels zu entnehmen.

38) Kurowski, Langer, Schlicht, Schmitt-Karhoff, Zänker, Erfahrungsbericht der in der OL-UK HbN von 1967–70 tätigen Familienfürsorgerinnen, Hrsg. Sozialreferat der Landeshauptstadt München 1971, S. 19.

39) Die Familienfürsorge in ihrer heutigen Form – kurze Darstellung für die Abteilung Jugendschutz im Arbeitskreis für Resozialisierung, München 1972, S. 1.

40) nach: Kurowski, u.a., Erfahrungsbericht a.a.O., S. 20 ff.

1. Bereich Sozialhilfe, sonstige wirtschaftliche Maßnahmen
   - Durchführung von Erhebungen und Unterbreitung von Vorschlägen bei der Bearbeitung von Anträgen auf Hilfen nach dem BSHG: Hilfe zum Lebensunterhalt (laufend/einmalig)
     Hilfe in besonderen Lebenslagen (Altenhilfe, Ausbildungshilfe, Behinderungshilfe etc.)
   - Prüfung der Unterhaltsfähigkeit bei Unterhaltspflicht und Kostenersatz
   - Mitwirkung bei Anträgen auf Beihilfen oder Darlehen nach dem BVG, bei der Kriegsopferfürsorge, beim Ausgleichsamt, aus Stiftungsmitteln
2. Bereich Jugendhilfe (gesetzl. Grundlagen JWG, JGG, BGB)
   - Beratung und Betreuung bei Pflegekinderschutz und Adoptionen
   - Amtspflegschaft, Mündelbetreuung, Stellungnahme für die Eignung zum Pfleger/Vormund, Ehemündigkeits- und Volljährigkeitserklärungen
   - Erziehungshilfe: Mitwirkung bei der Durchführung von FEH und FE, Jugendgerichtshilfe, Regelung der elterlichen Gewalt und Verkehrsrechtsregelungen nach Ehescheidungen, sämtliche vormundschaftsgerichtlichen Maßnahmen

- Minderjährigenhilfe (Kostenfrage bei Heimunterbringung)
- Kinder- und Jugenderholung
- Unterbringung in Kinderkrippen, Kindergarten, Hort, Tagesheimschule sowie Feststellungen des Eigenanteils

3. Bereich Gesundheitshilfe (gesetzl. Grundlage, z.B. Bundesseuchenschutzgesetz, Mutterschutzgesetz)
   - Säuglings- und Kleinkinderbetreuung
   - Mitwirkung bei Mütterberatung und Impfungen
   - Hilfe für psychisch Kranke (Suchtkranke, Geisteskranke)
   - Behindertenfürsorge
4. Verschiedenes
   - Mitwirkung bei Wohnungsfragen, Räumungsklagen
   - Hilfe für Nichtseßhafte und Gefährdete.

41) Die Familienfürsorge in ihrer heutigen Form, a.a.O., S. 2.

42) Die Familienfürsorge . . . , a.a.O., S. 5.

43) Kurowski u.a., a.a.O., S. 23.

44) Kurowski u.a., a.a.O., S. 26.

45) Sozialreferat, Familienfürsorge-Leitung: Überlegungen zu einem Organisations- und Funktionsplan zur Umwandlung der Familienfürsorge in eine Fachabteilung für soziale Dienste vom 28.8. 1973. Einzelheiten aus diesem Plan siehe im Anhang.

46) Vorstellungen über die Neuorganisation der Familienfürsorge im Bereich München-Hasenbergl-Nord, München 23. März 1971.

47) Konzeptionsentwurf der Gruppe 2/S.–II–JSch (Arbeitsgruppe in der Abt. Jugenschutz), Manuskript, München o.D., (ca. 1974) S. 1.

48) a.a.O., vgl. Fußn. 47.

49) Landeshauptstadt München, Amt f. soziale Wohnungsfragen Stellungnahme zum Antrag des GWAT Hasenbergl auf raschere Umsetzung vom 7.12. 1971.

50) Amt für soziale Wohnungsfragen, Schreiben an eine UK-Nehmerin.

51) AfsW, Notizen, 20.7. 1970.

52) vgl. hierzu insbes. Grauhan/Linder, a.a.O., S. 108 ff.

53) Dieses Unterkapitel stützt sich vor allem auf die Ergebnisse einer Befragung, die im Rahmen einer „Fremdbildanalyse" des GWAT von der Victor Gollancz Stiftung als Teil der Projektauswertung in Auftrag gegeben wurde und 1972 mit dem Obdachlosenproblem befaßten Mitarbeitern der Sozialverwaltung aus allen drei Ebenen der Hierarchie durchgeführt wurde.

54) Protokoll des Auswertungsseminars über die Arbeit des GWAT, 26. bis 28. April 1973.

DRITTER TEIL

ZIELVORSTELLUNGEN VON GEMEINWESENARBEIT IM OBDACHLOSENBEREICH

1. Die Widersprüche der kapitalistischen Gesellschaft und die Funktionen staatlicher Politik

Der gemeinsame *theoretische Ausgangspunkt* der unterschiedlichen Positionen, die Mitglieder der Auswertungsgruppe hinsichtlich der Einschätzung der Rolle und der Funktion des Staates in der kapitalistischen Gesellschaft im Allgemeinen und in der aktuellen Entwicklungsphase im Besonderen haben, läßt sich folgendermaßen kurz charakterisieren:

Grundprinzip des kapitalistischen Wirtschaftssystems ist die Orientierung des einzelnen Kapitalisten am Profit. In der Marx'schen Terminologie, die versucht, die Gesetzmäßigkeit der Grundstrukturen dieses Wirtschafts- und Gesellschaftssystem auszudrücken, heißt dies: „Verwertung von Kapital zur Schöpfung von Mehrwert." Seine Realisierung bringt folgende Gegensätze und Widersprüche innerhalb der wirtschaftlichen und gesellschaftlichen Entwicklung hervor, die eng miteinander zusammenhängen:

a) *Der Widerspruch zwischen Lohnarbeit und Kapital*
Der kapitalistische Produktionsprozeß stellt den Widerspruch zwischen Lohnarbeit und Kapital her. Die Besitzer der Produktionsmittel stehen als Klasse

den Lohnabhängigen, die nur ihre Arbeitskraft besitzen, gegenüber. Die Existenz der ersteren als Kapitalisten, d.h. als Interessenten an der Schöpfung von Mehrwert, ist nur möglich, indem die letzeren im Produktionsprozeß ‚ausgebeutet' werden, d.h.: als Lohn nicht den vollen Gegenwert der von ihnen geschaffenen Werte erhalten. Das bedeutet, daß unsere Gesellschaft im wesentlichen in zwei große Klassen aufgeteilt ist: in Unternehmer und ‚Unternommene'.

b) *Der Widerspruch zwischen gesellschaftlicher Produktion und privater Aneignung*

Die im Zeitalter der Industrialisierung begonnene Zusammenfassung von vielen Arbeitern und Maschinen in großen Produktionsstätten wächst mit zunehmender Konzentration des Kapitals in der Verfügungsgewalt von einzelnen Kapitalisten. Das bedeutet, daß viele Lohnabhängige gemeinsam den gesellschaftlichen Reichtum produzieren und nur wenige Kapitalisten darüber bestimmen, wie produziert und der Reichtum verwendet wird.

c) *Der Widerspruch zwischen einzelkapitalistischen und gesamtkapitalistischen Interessen*

Die Gesetzmäßigkeit der kapitalistischen Ökonomie zwingt den einzelnen Kapitalisten, in erster Linie auf die Höhe des Profites und dessen weitere Realisierung zu achten. Gleichzeitig aber gerät durch dieses Verhalten der einzelnen Kapitalisten, durch die anarchische Konkurrenz der Einzelkapitale, das kapitalistische System selbst in Gefahr, drohen sich die Kapitalisten durch ihr kapitalistisches Verhalten selbst die Grundlage ihrer Existenz als Kapitalisten zu zerstören.

20-Stunden-Tag und Kinderarbeit im Frühkapitalismus, Umweltverschmutzung und Zerstörung des ökologischen Gleichgewichtes heute, sind deutliche Beispiele für diesen Zusammenhang. An dieser Stelle muß der Staat eingreifen, um gegenüber den blinden, bornierten Einzelkapitalinteressen, das ‚gesamtkapitalistische Interesse' an der Aufrechterhaltung der Produktion und des Kapitalverhältnisses zu vertreten.

Alle Versuche, eine Analyse und Einschätzung der Funktion und Aufgaben staatlicher Politik vorzunehmen, sollten sich auf diese Grundtatbestände beziehen.

Die *erste Position* versucht die Frage nach der Funktion des Staates in unserer Gesellschaft folgendermaßen zu beantworten: In der jüngsten historischen Entwicklung ist ein Anwachsen der staatlichen Steuerungsaufgaben sowohl im wirtschaftlichen als auch im politischen Bereich zu beobachten. Dieser Aufgabenzuwachs bringt zugleich eine Tendenz zu relativer Eigenständigkeit staatlicher Politik gegenüber den vorherrschenden ökonomischen Interessen mit sich. Die kapitalistische Ökonomie – vorne in ihren wesentlichen Strukturen knapp gekennzeichnet – bildet zwar den harten Kern des gesellschaftlichen Systems, macht aber nicht das Gesamtsystem selber aus. Dieses nämlich produziert kontinuierlich Widersprüche, die die Herausbildung von neuen Instrumenten staatlicher Politik erfordern. Diese enthalten in sich die Möglichkeit, daß sie auch gegen die Interessen des Kapitals an Profitmaximierung und für die Interessen der Bevölkerung eingesetzt werden. Es gilt die offenen Stellen zu erkennen und in den staatlichen Organen eine Politik der „antikapitalistischen Strukturreformen“ zu entwickeln, die auf eine allmähliche Transformation der Gesellschaft zusteuert. Die parlamentarisch demokratische und rechtsstaatliche Verfassung der BRD enthält die Chance, die Interessen der Bevölkerung gegen die Interessen des Kapitals auf friedlichem Wege durchzusetzen. Der Staat selber wird also als Motor und Instrument gesellschaftlicher Veränderung angesehen.

Es kommt dabei wesentlich auf den Ansatzpunkt, den Charakter und die Stoßrichtung staatlicher Reformen an, ob sie zu einer grundsätzlichen Transformation der Gesellschaft beitragen können. Entscheidende Kriterien sind hierbei:
– Druck von Initiativen aus der Bevölkerung
– Aufbau von Gegenmachtpositionen
– Besetzung von staatlichen Positionen durch die Vertreter der Politik der antikapitalistischen Strukturreformen.

Dabei wird davon ausgegangen, daß ohne einen entschiedenen Basisdruck antikapitalistische Strukturformen im Rahmen staatlicher Politik nicht durchsetzbar sind.

K. Voigt hat diese Auffassung von der Funktion und den Möglichkeiten staatlicher Politik in der augenblicklichen historischen Situation folgendermaßen zusammengefaßt: „Die Rolle des Staates ist dadurch bestimmt, daß er eine Vermittlungsinstanz gesamtgesellschaftlicher Kräfteverhältnisse und gleichzeitig ein Instrument ist, daß von den Klassen und Gruppen in unserer Gesellschaft beeinflußt und im Rahmen der kapitalistischen Produktionsverhältnisse benutzt werden kann, um den Kapitalismus und antikapitalistische Traditionen abzusichern, oder um zumindest die Gesellschaft partiell im Interesse der abhängig Beschäftigten und einer Demokartisierung zu verändern. Er ist weder eine völlig selbständige Institution noch ein autonomes Subjekt gesellschaftlicher Veränderung, sondern abhängig von der Macht der Unternehmer im Verhältnis zur Macht der abhängig Beschäftigten.“1)

Die *zweite Position* geht von der Einschätzung aus, daß alle Politik des kapitalistischen Staates in der bisherigen Geschichte an den vorne genannten Grundstrukturen der kapitalistischen Ökonomie: Ausbeutung des Menschen durch den Menschen, Widerspruch von Lohnarbeit und Kapital etc. nichts verändert hat. Im Gegenteil, daß das kapitalistische System ganz offensichtlich des Staates als Institution zur Absicherung eben dieser Grundstrukturen bedarf. Das bedeutet u.a. auch, daß der kapitalistische Staat die ökonomische Herrschaft des Kapitals über diese Lohnarbeit in seinen Maßnahmen politisch zum Ausdruck bringt. Es wird daher bezweifelt, ob es antikapitalistische Strukturreformen im Rahmen staatlicher Politik erreichen können, zu einer Veränderung der Grundstrukturen des kapitalistischen Systems zu führen. Ein solches Ziel kann nur von der lohnabhängigen Bevölkerung selbst in Angriff genommen werden. Sie wird dieses Ziel erreichen, wenn sie sich auf ihre eigenen Kräfte und Möglichkeiten der politischen Organisierung verläßt.

Im Gegensatz zu der ersten Position, die ihre Einschätzung in erster Linie auf aktuelle Veränderungstendenzen staatlicher Politik stützt, beruft sich die zweite Position auf die prinzipielle Funktionsbestimmung und behauptet, daß von dieser auch aktuelle Veränderungstendenzen nicht entscheidend abweichen können. Was laufenden Veränderungen unterworfen ist, sind die Kräfteverhältnisse in der Auseinandersetzung zwischen lohnabhängiger Bevölkerung und Kapital, die dann jeweils entweder repressive oder reformerische Maßnahmen des Staates hervorrufen.

Der ausschließliche Bezug auf aktuelle historische Erscheinungsformen, etwa auf die Reformphase der letzten 10 Jahre, als Grundlage für die Bestimmung der Rolle und Möglichkeiten des kapitalistischen Staates ist dann unzureichend, wenn die aktuellen Erscheinungsformen nicht eingeordnet werden in die gesamte Entwicklungsgeschichte und -gesetzmäßigkeiten des kapitalistischen Systems. Der grundsätzliche Widerspruch zwischen lohnabhängiger Bevölkerung und profitorientierter Produktion des Kapitals ist nicht durch den Wunsch, der Staat möge die Funktion der Vermittlung gesamtgesellschaftlicher Kräfteverhältnisse übernehmen, aufzuheben.

Diese beiden unterschiedlichen Tendenzen in der Betrachtungs- und Einschätzungsweise staatlicher Politik in unserem Gesellschaftssystem drücken sich nun auch darin aus, daß gesellschaftliche Probleme, mit denen sich Gemeinwesenarbeiter in ihrer beruflichen Praxis befassen, unterschiedlich in ihrer Bedeutung und ihren Auswirkungen gewichtet werden. Solche Probleme sind z.B.:

– Die Bedeutung von Bevölkerungsinitiativen im Reproduktionsbereich im Verhältnis zu Organisationen der werktätigen Bevölkerung im Produktionsbereich.

- Das Verhältnis von Aktivitäten der Bürgerinitiativen zu Reformmaßnahmen der staatlichen Verwaltung.
- Die Bedeutung der Begrenzung des Aktionsradius von Bürgerinitiativen auf die politische Entscheidungsbefugnis von den kommunalen Organen der staatlichen Verwaltung.
- Die Bedeutung der verschiedenen Träger staatlicher Politik auf den verschiedenen Ebenen der staatlichen Verwaltung als Bündnispartner oder Gegner von Initiativen der Bevölkerung.
- Die Frage, ob der kurz- und/oder langfristigen Zusammenarbeit zwischen Initiativen der Bevölkerung und den Institutionen kommunaler Verwaltung grundsätzlich strategische oder eher taktische Bedeutung beigemessen wird.

Im Folgenden wird versucht, die unterschiedlichen Antworten, die Vertreter der beiden Positionen in bezug auf die Bedeutung der GWA im Rahmen der dargestellten Probleme geben, einander gegenüberzustellen.

Literatur:

Für Leser, denen die knappen Thesen des vorangegangenen Abschnittes nicht ausgereicht haben, stellen wir kurz dar, auf welche Autoren u.a. sich die Vertreter der beiden Positionen berufen.

Position I

- A. Gorz, Zur Strategie der Arbeiterbewegung im Neokapitalismus, Frankfurt a.M. 1969
- F. Vilmar, Strategien der Demokratisierung, Darmstadt/Neuwied 1973
- C. Offe, Tauschverhältnis und politische Steuerung in: ders. Strukturprobleme des kapitalistischen Staates, Frankfurt a.M., 1973
- W. Abendroth, Antagonistische Gesellschaft, Aufsätze zur politischen Soziologie, Neuwied/Berlin 1964

Position 2

- S. Flatow/F. Huisken, Zum Problem der Ableitung des bürgerlichen Staates, in: Probleme des Klassenkampfes 7/73
- E. Altvater, Thesen zum Staatsinterventionismus, in: Probleme des Klassenkampfes 3/72
- V. Ronge/G. Schmieg, Restriktionen politischer Planung, Frankfurt a.M.1973

2. Zwei verschiedene Positionen zur GWA im allgemeinen und im Obdachlosenbereich im besonderen

Die erste Position (Pedro Graf)

Zum Doppelcharakter von Reformen und zu einer Strategie systemverändernder Reformen

Im ersten Teil wurde die widersprüchliche Lage der Kommunen im Spannungsfeld zwischen Bürgeransprüchen, lokalen Einzelkapitalinteressen und staatlich vermittelten Interessen des Gesamtkapitals, in der Zwickmühle zwischen legitimatorischen und ökonomischen Systemerfordernissen, dargestellt.

Gleichzeitig wurde aufgezeigt, wie die Kommunen versuchen, mit verschiedenen Techniken der Problemlösung auf diese Konfliktlage zu reagieren, um die Probleme, die sie nicht lösen können, wenigstens so ‚klein zu kriegen', daß sie weder ihre eigene Existenz, noch die des Gesamtsystems bedrohen.

Zu diesen Techniken gehört in Zeiten beschleunigter gesellschaftlicher Veränderungen, vor allem im Bereich der Produktivkräfte (Automation, Energie etc.) und im Bewußtsein der Bevölkerung, auch die Durchführung bestimmter *Reformen.* Obwohl diese Reformen an sich dazu gedacht sind, das jeweilige System an die genannten gesellschaftlichen Veränderungen anzupassen, die dadurch bedingten Funktionsstörungen zu beseitigen und die gefährdete Stabilität wieder herzustellen, enthalten sie u.U. auch gewisse ‚subversive', systemverändernde Elemente und Tendenzen. Diese Ambivalenz, dieser „*Doppelcharakter*" von Reformen, zeigt sich vornehmlich unter zwei Aspekten:

- Der erste ist der *objektive, strukturelle* Aspekt. Genauso, wie auf gesamtgesellschaftlicher und staatlicher Ebene bestimmte vornehmlich der Sicherung des Produktions- und Kapitalverwertungsprozesses dienende Strukturreformen (z.B. Verbesserung des Instrumentariums der Konjunktur- und Struktursteuerung, Investitionslenkung, Reform der Berufsausbildung) gleichzeitig einen Zuwachs an staatlichen Lenkungs- und Eingriffsmöglichkeiten bedeuten, können auch auf kommunaler Ebene bestimmte vor allem ökonomisch und fiskalisch begründete Reformen (wie der Ausbau kommunaler Planungsinstrumente, stärkere Einbeziehung der privaten Sozialhilfeträger in die kommunale Planung und vor allem Ausbau von Infrastruktur und sozialen Diensten) den allgemeinen Prozeß der *Vergesellschaftung* auch im Reproduktionsbereich vorantreiben;

– der andere ist der *subjektive* Aspekt der *Bewußtseinsveränderung*. Bestimmte Reformstrategien, die vorrangig der sozialen Befriedung, der Integration und Entschärfung von Kritik, z.T. aber auch der Unterstützung bestimmter, nur von Teilen des Systems für notwendig erachteter struktureller Reformen, dienen sollen (wie Partizipation und Gegenplanung, Bürgerforen, Jugendzentren etc.) können unter gewissen Umständen gerade zu einer Aktivierung und Ausweitung dieses kritischen Potentials führen. Außerdem können die Widersprüche und Konflikte, denen die Kommunen ausgesetzt sind, vor allem wenn sie durch Strategien, wie die eben genannten bewußt gemacht und verdeutlicht werden, auch das kritische und subversive Potential in den eigenen Reihen, in Rat und Verwaltung, erhöhen.

Zwar wird das jeweilige System dann immer wieder *Gegenstrategien* entwickeln und anwenden, um diese disfunktionalen Aspekte an sich notwendiger Reformen aufzufangen und zu entschärfen, ihre subversiven Tendenzen zu neutralisieren und notfalls zu eliminieren. Aber es ist nicht von vornherein ausgemacht – und theoretisch gar nicht auszumachen – was sich jeweils durchsetzen wird, der funktionale, systemerhaltende, oder der disfunktionale, systemverändernde Aspekt. Anders ausgedrückt: Sowohl unser ökonomisch-politisches Gesamtsystem, wie auch die kommunalen Subsysteme sind in ihrem Bemühen um Reduktion der Komplexität ihrer Umwelt des öfteren gezwungen, deren Konflikte und Widersprüche über Maßnahmen wie Vergesellschaftung, organisatorische Differenzierung, Partizipationsangebote und Institutionalisierung von Kritik, in sich aufzunehmen (was seinerseits zu Reibungen und Konflikten sowie zu Gegenpositionen und damit zu erhöhter Instabilität inerhalb des Systems selbst führen kann) – fraglich ist dann aber, ob und inwieweit das jeweilige System immer in der Lage ist, durch Gegenstrategien, wie Entkoppelung, Wiederauslagerung von Konflikten, Neutralisierung und Unterdrückung von innerer und äußerer Opposition, die eigene Stabilität zu sichern *und* gleichzeitig seine Grundstrukturen zu bewahren sowie seine Funktion in einem größeren Zusammenhang zu erfüllen, oder ob es sich in diesem Prozeß nicht auch allmählich selbst qualitativ verändern könnte.

Diese Frage ist keine theoretische, sondern eine *praktische*. Sie hängt ab von den jeweiligen Umständen (z.B. Wirtschaftslage, Bewußtseinsstand und Organisationsgrad von Betroffenen) sowie vom politischen Willen, von den Zielen und Strategien derer, die Veränderung für notwendig erachten.

Hier ist der Punkt, an dem eine Strategie antikapitalistischer, systemverändernder Reformen ansetzen kann. Ausgehend von der obigen Analyse wird sie sich dabei immer als *„Doppelstrategie“* verstehen, d.h. versuchen, Initiativen von außerhalb der Institutionen (wie Bürgerinitiativen, Stadtteilarbeit etc.) mit kritischen und reformbereiten Kräften innerhalb derselben zu verbinden, um eine an den realen Bedürfnissen der Bevölkerung orientierte und auf die schrittweise Veränderung des Systems ausgerichtete Politik durchzusetzen.

Eine solche Strategie begegnet allerdings auf kommunaler Ebene einer doppelten Schwierigkeit. Das eine ist das Dilemma, vor dem alle im kommunalen Bereich stehen: Ihre Ansatzpunkte sind konkrete Mißstände im Bereich von Wohnen und Freizeit, deren Behebung formalrechtlich Aufgabe der Gemeinden ist. Ihre Hauptadressaten sind daher die Kommunalverwaltungen und -parlamente. Die Lösung dieser Probleme ist jedoch nur über gesamtgesellschaftliche Reformen (wie Finanzreform, Bodenreform, Investitionskontrolle und verbessertes Planungsrecht) zu erreichen. Für diesen Bereich sind jedoch der Bund und die Länder zuständig. Auf diese haben aber Bürgerinitiativen keinen unmittelbaren Einfluß. Dieses Dilemma hat ein weiteres zur Folge: Solange die Rahmenbedingungen der Kommunalpolitik nicht verändert werden und sich insbes. die Finanzsituation der Gemeinden nicht bessert, begeben sich solche Initiativen zwangsläufig in Konkurrenz zueinander. Mit anderen Worten: Sie können ihre Forderungen nur auf Kosten anderer Bürger und anderer ebenso wichtiger kommunaler Aufgaben durchsetzen. Eine Strategie systemverändernder Reformen auf kommunaler Ebene muß daher versuchen, *gleichzeitig* die Kapitalinteressen vor Ort zu bekämpfen (z.B. Drängen auf strenge Handhabung von Zweckentfremdungs- und Umweltschutzvorschriften, Kampf gegen eine bevölkerungsfeindliche Sanierung und Industrieansiedlung) und sich über Gewerkschaften, Parteien und überregionale Zusammenschlüsse von Initiativen für die notwendigen gesamtgesellschaftlichen Veränderungen einzusetzen.

Die zweite Schwierigkeit liegt darin, daß die Aufgaben und Zuständigkeiten der Kommunen vorwiegend im Reproduktionsbereich angesiedelt sind und damit den harten ökonomischen Kern des Gesamtsystems, das Kapitalverhältnis selbst, nur mittelbar berühren (z.B. über Infrastrukturausbau, Bauaufträge etc.) Dem steht allerdings die Tatsache gegenüber, daß in hochentwickelten und -differenzierten westlichen Industriegesellschaften wie der BRD der Grundwiderspruch zwischen Lohnarbeit und Kapital nicht mehr der alleinbestimmende Faktor ist und daß die verschiedenen gesellschaftlichen Subsysteme (Wirtschaft, Bildung, Gesundheitsversorgung, soziale Sicherung) sich gegenseitig bedingen und in Wechselwirkung zueinander stehen. Von daher könnte eine Strategie der gleichzeitigen Demokratisierung in verschiedenen Teilbereichen, zu der auch die Kommunalpolitik beitragen kann, einen Prozeß in Gang setzen, der schließlich auch vor einer Demokratisierung der Wirtschaft nicht halt macht. „An die Stelle der offenbar aussichtslosen Ein-Front-Strategie Arbeit kontra Kapital tritt die Viel-Fronten-Strategie der Demokratisierung in allen gesellschaftlichen Subsystemen.“2)

Die augenblickliche ökonomische und politische Lage ist für eine solche Strategie zwar nicht gerade günstig. Aber es bleibt die Hoffnung, daß aufgrund des kapitalistischen Konjunktur- und Krisenzyklus einer Rezession auch wieder ein Aufschwung folgt, daß ein solcher strukturelle Reformen erfordert, wie z.B. Investitionslenkung, die das System zwar kurzfristig stabilisieren, langfristig aber verändern und die vom Staat als Vertreter des gesamtkapitalistischen Interesses nur durchgesetzt werden können, wenn in der Öffentlichkeit eine neue Reformbereitschaft entsteht. Und es bleibt die Chance, gerade in Zeiten finanzieller Knappheit, aus dem Zwang zur Rationalisierung und Effektivierung von Verwaltungsabläufen, innerinstitutionelle Reformen mit Doppelcharakter durchzusetzen.

Im Folgenden soll in Thesenform dargestellt werden, daß und wie auch GWA sich als einen – wenn auch sicherlich begrenzten und bescheidenen – Beitrag zu einer solchen Strategie der Demokratisierung und der systemverändernden Reformen verstehen kann.

Thesen zur GWA (im allgemeinen)

These 1: GWA ist eine kommunale Reformstrategie mit Doppelcharakter.

Einerseits hat sie aus der Perspektive der Kommunen und insbesondere der Kommunalverwaltungen die Doppelfunktion der *Effektivierung* und *Konfliktregulierung:*

a) Sie leistet einen Beitrag zur Effektivierung kommunaler Sozialpolitik, indem sie

- verschiedene Angebote, Träger und methodische Ansätze kommunaler und ‚freier‘ Sozialarbeit koordiniert und insbes. die Kooperation zwischen den zuständigen Mitarbeitern vor Ort fördert;
- Planungsdaten liefert und dazu beiträgt, Planungsbetroffene durch Bedürfniserforschung und Beteiligung möglichst reibungslos in den Planungsprozeß zu integrieren.

b) Sie dient der Konfliktregulierung, indem sie

- Konflikte außerhalb des Verwaltungsapparates, sozusagen ins Vorfeld des kommunalen Systems, verlagert und damit für die Verwaltung rechtzeitig signalisiert („Frühwarnsystem") sowie selektiert und entschärft („Ventil);[3]
- Protest und Kritik durch Diskussions- und Partizipationsangebote besänftigt und evtl. zur Unterstützung funktional erforderlicher Reformen nutzt.

GWA ist damit aus der Sicht der Kommunen in der Regel ein Versuch, kritisches Potential in der Gesellschaft funktional zu nutzen, ‚auf die Mühlen des Systems zu lenken' – eine Strategie der „Integration durch Aktivierung", in welcher kleinere Auseinandersetzungen in Kauf genommen, oder sogar erzeugt werden, um größere zu vermeiden.[4]

Andererseits kann GWA u.U. auch dazu führen:

a) im Hinblick auf die Betroffenen,

- daß sie die in den ökonomischen und politischen Strukturen des Systems liegenden Ursachen ihrer Probleme erkennen;
- daß sie durch Zusammenschluß und gemeinsame Aktion wenigstens partiell den Teufelskreis von Isolation, Anpassung und Resignation durchbrechen, der die Fähigkeit zu solidarischem Handeln behindert;
- und daß sie schließlich aus der Erkenntnis der wirklichen Ursachen und der Erfahrung von Solidarität weitergehende organisatorische Konsequenzen ziehen und sich (in Gewerkschaften und Parteien) für systemverändernde Ziele engagieren.

b) im Hinblick auf die Institutionen,

- daß sie sich anhand der erfahrenen Konflikte und einer Reflexion der eigenen Arbeitssituation auch die Mitarbieter an der Fachbasis stärker politisieren;
- daß sich Strukturformen mit Doppelcharakter innerhalb der Institutionen durchsetzen, die im Rahmen einer Strategie der Demokratisierung nicht ohne Bedeutung sind (wie z.B. stärkere Bürgernähe, Teamarbeit etc.).

These 2: GWA kann daher als eine besondere (allerdings eingeschränkte) Form der Doppelstrategie begriffen und praktiziert werden.

Sie ist der Versuch, mittels professioneller Sozialarbeit besonders benachteiligte Bevölkerungsgruppen im Reproduktionsbereich zu mobilisieren und ihre Forderungen gemeinsam mit ihnen in die staatlichen Institutionen hineinzutragen und gleichzeitig Verbündete in dieser Institution zu gewinnen und zu unterstützen, die bereit sind, sich für die Realisierung dieser Ziele einzusetzen.

Dabei muß allerdings berücksichtigt werden, daß GWA eine grundlegende Veränderung der Lebenssituation unmittelbar nicht erreichen kann, da ihre Hauptadressaten, die Kommunen, dazu selbst nicht in der Lage sind. Der Schwerpunkt der Strategie muß daher, neben der Beseitigung unmittelbarer Notstände, in der Aufklärung, Aktivierung und Befähigung zu politischem Handeln liegen (s. These 1).

GWA ist außerdem eine *eingeschränkte* Form von Doppelstrategie, da sie im Rahmen eines Berufes betrieben wird. Der Gemeinwesenarbeiter untersteht einem Anstellungsträger, der an grundlegenden gesellschaftlichen Veränderungen in der Regel nicht interessiert ist. Von daher ist seine Konfliktfähigkeit begrenzt und insbes. verbietet sich für ihn jegliche Werbung und jede direkte Stellungnahme für eine bestimmte politische Partei. Hier liegt der entscheidende Unterschied zwischen GWA und politischer Stadtteilarbeit.[5])

These 3: Ein solches Konzept von GWA als einer besonderen Art von Doppelstrategie versteht sich – trotz diesbezüglicher Erwartungen von seiten der Verwaltung – *nicht als Vermittlung zwischen Verwaltung und Betroffenen sondern als Unterstützung und Vertretung der Letzteren und ist damit parteilich.*

Eine gewisse Einschränkung einer konsequenten Parteilichkeit ergibt sich dabei allerdings nicht nur aus der Tatsache, daß GWA ein professioneller Ansatz ist, sondern auch aus dem hier vertretenen Verständnis als Doppelstrategie. Eine radikale Vertretung der Interessen von Betroffenen kann u.U. dort ihre Grenze finden, wo jegliche Chance für eine Kooperation mit reformbereiten Verwaltungskräften verbaut und/oder die Position solcher Verbündeter schwer gefährdet würde. (Gerade in diesem Punkt scheint mir ein Unterschied zur Gegenposition zu liegen).

These 4: Dieses Konzept von GWA als parteilicher Doppelstrategie *steht in einem Spannungsverhältnis, aber nicht in einem unüberbrückbaren Gegensatz zu einem primär an der Kooperation der Fachbasis orientierten Konzept,* wie es der Hauptverwaltung der Kommunalverwaltungen entspricht.

Es ist möglich, einen solchen Ansatz in ein Konzept von Doppelstrategie zu integrieren, indem versucht wird, die Fachbasis selbst zu aktivieren, zu politisieren und insbes. gewerkschaftlich zu organisieren, um damit gleichzeitig

- die Unterstützung der Fachbasis bei der Vertretung der Interessen der Betroffenen und bei Konflikten mit der Verwaltung zu gewinnen und
- selbst Reformbestrebungen in Richtung auf Verbesserung der Arbeitsbedingungen und mehr Mitbestimmung der Fachbasis sowie auf mehr Beteiligung der Betroffenen zu unterstützen und damit einen Beitrag zur Demokratisierung der Verwaltung zu leisten.

Dieser doppelte Ansatz von Bevölkerungsaktivierung und Kooperation der Fachbasis setzt ein doppeltes Verständnis von GWA voraus:

- GWA im weiteren Sinne als globaler, stadtteilbezogener Ansatz integrierter Sozialarbeit, an dem die gesamte Fachbasis beteiligt sein sollte und
- GWA im engeren Sinne als spezialisierte Funktion im Rahmen eines solchen Ansatzes, mit koordinierenden und aktivierenden Aufgaben. Die Wahrnehmung dieser Aufgaben setzt relative Autonomie voraus und kann daher schlecht von Mitarbeitern der kommunalen Verwaltungen wahrgenommen werden.

These 5: *GWA im dargestellten Sinne versteht sich als ein (bescheidener) Beitrag zu einer Strategie der allgemeinen Demokratisierung.*

„Demokratisierung" sollte für den Gemeinwesenarbeiter, neben der Verbesserung der konkreten Lebensverhältnisse der Betroffenen sowie ihrer Aufklärung und Politisierung, die entscheidende Richtschnur seines Handelns sein. So sollte z.B. ein Kindergarten nicht nur erkämpft werden, sondern es muß der Versuch folgen, ein emanzipatorisches pädagogisches Konzept im Interesse der Kinder durchzusetzen, den Eltern mehr Mitbestimmung einzuräumen. So dürfte eine Reform der Sozialverwaltung nur unterstützt werden, wenn sie nicht nur der Effektivierung der Arbeit dient, sondern gleichzeitig ein Mehr an Einfluß- und Entscheidungsmöglichkeiten für Fachbasis und Betroffene mit sich bringt.

Mag der Gemeinwesenarbeiter Inhalt und Funktion der Reformen, für die er sich einsetzt, kaum in der Hand haben, mag sein Beitrag zur gesellschaftlichen Veränderung wegen dem „Nebenkriegsschauplatz" auf dem er sich bewegt und wegen seiner eingeschränkten Handlungsspielräume auch nur ein bescheidener sein, dessen Qualität und Reichweite letztlich von anderen Faktoren (wie Wirtschaftslage, politische Kräfteverhältnisse, Kampfbereitschaft der Lohnabhängigen) abhängt, so sollte er deshalb doch keineswegs auf eine politische Perspektive seines beruflichen Handelns verzichten. Der Begriff der „Demokratisierung" könnte ihm dabei eine Zielrichtung angeben und ein Unterscheidungskriterium dafür bieten, für welche Reformen er sich engagiert und wie.

These 6: Das skizzierte Verständnis von GWA *führt zu einer differenzierten Einschätzung der Verwaltung als Teil des Staates:*

Sie ist nicht nur Gegner oder gar Gegner schlechthin sondern es finden sich in ihr, je nach Ebene und Zuständigkeit, nach politischer und personeller Besetzung und Positionen und je nach anstehenden Fragen, Gegner und Koalitionspartner. Die Gewinnung von Bündnispartnern wird damit zwar nicht Hauptzweck aber doch zu einem wichtigen Ziel von GWA. Einmal und in erster Linie, um Unterstützung bei der Durchsetzung von Bevölkerungsinteressen zu gewinnen und um die eigenen Arbeitsmöglichkeiten abzusichern, zum anderen aber auch, um die Position fortschrittlicher Vertreter in den Institutionen zu stärken und damit einen, wenn auch kleinen Beitrag zu einer allmählichen Veränderung des Staatsapparates zu leisten. Die Kontakte zur Verwaltung und die Einflußnahme auf diese, haben daher für das hier vertretene Konzept von GWA nicht nur taktische sondern auch strategische Bedeutung.

Thesen zur GWA mit Obdachlosen

1. Obdachlose sind kein ‚revolutionäres Subjekt'.

Ihre objektive Lage:
- Machtlosigkeit
- inhomogene Klassenlage (Arbeiter, Fürsorgeempfänger, Arbeitslose etc.)
- viele alleinstehende Frauen
- Wohnbereich als alleiniger Ansatzpunkt (von GWA)

vor allem aber ihre subjektive Lage, bedingt durch ihre Ghettosituation und charakterisiert durch psychische und physische Deformation wie:
- Häufung organischer und psychischer Erkrankungen
- emotionale Labilität (Schwanken zwischen unkontrollierter Aggressivität und erhöhter Ängstlichkeit und Anpassung)
- Tendenz zu Fatalismus und Resignation
- Planungsschwierigkeiten und Realitätsverlust

lassen sie als *Subjekt* politischer Prozesse zumindest kurz- und mittelfristig ungeeignet erscheinen. Geeignet wären sie nur als *Objekt* für putschistische Aktivisten.

2. Arbeit mit Obdachlosen entbehrt daher für sich gesehen, jeder systemverändernden Perspektive.

Sie kann höchstens eine ergänzende und unterstützende Funktion in einer antikapitalistischen Gesamtstrategie haben. Ansatzpunkt hierfür wären:

- Obdachlosigkeit wird von den übrigen Lohnabhängigen als Bedrohung empfunden – ihr Abbau entzöge der herrschenden Klasse daher ein gewisses Disziplinierungsinstrument;
- Obdachlose werden wie alle Randgruppen von den übrigen Lohnabhängigen meist abgelehnt und als Ventil für angestaute Agressionen benutzt – ein Abbau dieser Mechanismen unterstützt daher die notwendige Solidarisierung aller Lohnabhängigen;
- Obdachlose sind für faschistische Tendenzen besonders anfällig – ihre gesellschaftliche Reintegration baut diese Gefahr ab;
- das Phänomen Obdachlosigkeit weckt moralische Empörung und verweist auf gesellschaftliche Widersprüche. Es eignet sich daher gut als Aufklärungsthema, besonders bei Angehörigen lohnabhängiger Mittelschichten, nicht zuletzt bei Sozialarbeitern selbst! (Die Politisierung derer, die Obdachlosenarbeit machen, erscheint manchmal als der einzige gesicherte Erfolg von GWA im Unterkunftsbereich!!)
- Das Problem Obdachlosigkeit wird, wenn es gewisse Ausmaße erreicht hat, dysfunktional für das System. Die gesellschaftlichen Kosten wie Verluste und Disqualifikation von Arbeitskräften, Resozialisierungsmaßnahmen, übersteigen den Nutzen. Damit wird es zu einem geeigneten Gegenstand für eine Kooperation mit progressiven Vertretern in den Institutionen. Sie sind wichtig für eine weitergehende, systemverändernde Reformstrategie in anderen Bereichen. Ihre Position kann durch Kooperation u.U. gestärkt werden.

3. Hauptziel von GWA im Obdachlosenbereich kann daher auch unter antikapitalistischen Perspektiven nur *die volle objektive und subjektive Integration der Obdachlosen in die Klasse der Lohnabhängigen sein.*
Objektive Integration meint dabei die Angleichung des sozio-ökonomischen Status an den der übrigen Lohnabhängigen und insbes. die Verbesserung der Wohnsituation. Subjektive Integration bedeutet:

- daß die Obdachlosen begreifen, daß ihre Situation nur ein extremer Ausdruck der gesellschaftlichen Lage aller Lohnabhängigen ist
- und daß sie von den übrigen Lohnabhängigen, insbes. von denen, die ihnen am Arbeitsplatz und im Wohnbereich begegnen, akzeptiert werden.

4. Weitere Ziele von GWA im Obdachlosenbereich sind:

a) *Aufklärung anderer Lohnabhängiger* über die Ursachen von Obdachlosigkeit und Abbau ihrer Vorurteile gegenüber Obdachlosen;
b) *Aufklärung und Politisierung* der für Obdachlose zuständigen Mitarbeiter an der *fachlichen Basis* und in den Institutionen und Gewinnung von Verbündeten unter ihnen.

5. Die einzig realistische Strategie zur Erreichung des Hauptzieles ist nach allen bisherigen Erfahrungen:

- *Abbruch* von nicht sanierbaren Unterkünften sowie schrittweise und gruppenweise Umsetzung der betroffenen Bewohner in den sozialen Wohnungsbau;
- *Auflockerung* und Umwandlung sanierbarer Unterkunftsanlagen in Normalwohnungen;
- *Einweisungsstop* und vorbeugende Maßnahmen (insbes. Übernahme von Mietrückständen nach § 15 a BSHG) zur Verhinderung neuer Obdachlosigkeit, als flankierende Hilfen.

Die Umwandlung der sanierbaren Unterkünfte bei Verbleib der Betroffenen hat dabei überall dort wo sie möglich ist den Vorrang gegenüber dem Abbruch von Unterkünften weil:

- die dadurch entstehenden Wohnungen billiger sind, als Neubauwohnungen, die von der Mehrheit der Bewohner nicht mehr zu verkraften sind,
- dadurch gewachsene Kommunikationsstrukturen erhalten und gefördert werden können,
- eine begonnene Politisierung von Bewohnern fortgesetzt und aktive Bewohnergruppen stabilisiert werden können.

Dabei muß klar sein, daß diese Maßnahmen das Problem nicht wirklich lösen sondern nur verschieben, solange keine grundlegenden Reformen im Bodenrecht, Mietrecht und Wohnungsbau erfolgen. Trotzdem sind sie notwendig, da sie immerhin zusätzliche Diskriminierung und zusätzliches Leid von vielen Menschen mildern – das gering zu achten wäre zynisch!

6. Das einzig erfolgversprechende Vorgehen zur Verwirklichung dieser Ziele ist eine *modifizierte Doppelstrategie:*

a) Arbeit mit den Bewohnern der Unterkünfte, nicht um sie unmittelbar und kurzfristig zu aktivieren und mobilisieren sondern um sie allmählich aufzuklären, zu ermutigen und zu befähigen, ihre Interessen zumindest mitzuvertreten. Dabei müßte auf die verschiedenen Gruppen von Bewohnern gemäß ihren unterschiedlichen Bedürfnissen eingegangen werden, d.h.

   - Unterstützung bei dem Versuch, aus der Siedlung herauszukommen für diejenigen, die wollen und können,
   - Kampf für eine Verbesserung der Wohnverhältnisse am Ort mit denen, die nur in der Siedlung eine realistische Perspektive für sich sehen,
   - therapeutische Angebote für die Kranken und schwer Geschädigten.

   Von der romantischen Vorstellung, die Obdachlosen selbst, von ihrer Integration in die Arbeiterklasse, zu aggressiven Interventionen und zum aktiven Widerstand zu bewegen, sollte klar Abstand genommen werden!

Die Arbeit auf dieser Ebene ist daher nicht primär eine politische sondern eine *sozialpädagogische.*

b) Arbeit mit Institutionen, um die Interessen der Bewohner gemeinsam mit einigen aktiven Sprechern von ihnen und gestützt auf die wenigstens passive Unterstützung der übrigen, wirksam zu vertreten und Verbesserungen für sie zu erreichen. Dies bedeutet gleichzeitig eine Verbesserung der Ausgangsposition für das o.g. Ziel. Die Arbeit auf dieser Ebene ist die eigentlich *politische.* Dieser doppelte Ansatz wird ergänzt durch:
c) Zusammenarbeit mit der Fachbasis, um die sozialpädagogische Arbeit am Ort zu effektivieren und eine Unterstützung bei der Vertretung der Interessen der Bewohner zu gewinnen.
d) Ansprechen der Bevölkerung im Umfeld, um sie an Hand gemeinsamer Probleme (z.B. Schul-, Verkehrssituation) zu einer Solidarisierung mit den Bewohnern der Notunterkünfte zu bewegen.

7. GWA im Obdachlosenbereich unterscheidet sich daher von GWA in anderen Bereichen dadurch, daß neben die Arbeit *mit* den Betroffenen in stärkerem Maße auch die Arbeit *für* sie im Sinne einer Advokatentätigkeit tritt. Der entscheidende Unterschied zu einer fürsorgerischen Betreuung besteht darin, daß die Betroffenen laufend informiert und sobald wie möglich aktiv einbezogen werden, in der Hoffnung, daß ihnen die Tätigkeit allmählich ganz übertragen werden kann und die Funktion der GWA dann nur noch die der Beratung ist.

Die 2. Position (Christine Raiser)

Das Konfliktfeld, in dem sich GWA bewegt

Die 1. Position hat sich bei ihrer Darstellung des Konfliktfeldes, in dem GWA sich bewegt, im wesentlichen auf die unmittelbar kommunalpolitischen Kräfte und deren Interessen und Konzeptionen beschränkt. Das ist notwendig, aber nicht ausreichend; denn auch das kommunalpolitische Kräftefeld ist unmittelbar und unmittelbar bestimmt durch den unserer Gesellschaft zugrundeliegenden Widerspruch zwischen Lohnarbeit und Kapital, d.h. alle Konflikte müssen auf die ihnen zugrundeliegenden Interessenwidersprüche zwischen diesen beiden Klassen untersucht werden.

Die gesellschaftlichen Probleme und Konflikte, für die sich GWA in den vergangenen Jahren als Lösungsansatz angeboten hat, gehören dem Reproduktionsbereich an, d.h. dem Bereich der materiellen und sozialen Infrastruktur als Rahmen für die Reproduktion des Kapitals. Die Konfliktlage im Reproduktionsbereich unterscheidet sich von derjenigen im Produktionsbereich in mehrfacher Hinsicht:

Im *Produktionsbereich* gibt es in der Regel auf der einen Seite die Geschäftsleitung, die Herren in den Chefetagen und ihre Sprachrohre in den Werkhallen und den Büros; auf der anderen Seite die Masse der Arbeiter und Angestellten. Letztere haben die Möglichkeit, sich in der Gewerkschaft zu organisieren, um ihre Interessen gegenüber der Geschäftsleitung zum Ausdruck zu bringen. Die Auseinandersetzungen spielen sich in der Regel immer zwischen den gleichen Fronten ab, wenn auch immer wieder mit unterschiedlichem Ausgang. Bei Tarifauseinandersetzungen geht das Konfliktfeld über den einzelnen Betrieb hinaus; es stehen sich die Organisationen der Geschäftsleitung und die Organisationen der Arbeitnehmer gegenüber. Mehr Parteien gibt es nicht. Auch die staatlichen Organe, die gelegentlich als Schlichter auftreten, können nur auf der einen oder anderen Seite stehen.

Im *Reproduktionsbereich* sieht die Lage anders aus. Es ist auf den ersten Blick oft nicht ganz einfach zu bestimmen, welche Gruppe welche Interessen vertritt, wer auf welcher Seite steht und entlang welcher Fronten die Auseinandersetzungen geführt werden. Da sind es z.B. einzelne Kapitalisten, wie etwa Spekulanten, die die Miete erhöhen, oder Betriebe, die die Umwelt verschmutzen. Da sind ganze Kapitalistengruppen, die an einer Konzentration der Banken und Dienstleistungsbetriebe in den Zentren der großen Ballungsgebiete interessiert sind und damit die Vertreibung größerer Bevölkerungsgruppen aus ihren Wohnungen sowie ein menschengefährdendes Verkehrschaos in ‚Kauf' nehmen. Da sind schließlich die kommunalen Verwaltungen mit ihrer Wirtschaftsförderungs-, Bau-, Sozial- und Infrastrukturpolitik, die entgegen ihrem Anspruch, kommunale Daseinsvorsorge zu betreiben, kommunale Mängel produzieren.

Auf anderer Seite ist die städtische Bevölkerung, die Mieter, die Hausfrauen, die Autofahrer, die Kleingärtner, die Lehrlinge, die Kinder . . . Sie alle sind irgendwann einmal von einem dieser Mängel betrof- daß es zu wenig Kindergärten gibt, daß die Mieten, die Gaspreise, die Straßenbahntarife erhöht bzw. teurer werden, daß sie keine Lehrstelle finden, der Berufsschulunterricht ausfällt . . . . Manche dieser Gruppen haben sich in den vergangenen Jahren zu Initiativgruppen zusammengeschlossen, um sich ihrer Haut zu wehren, um das Schlimmste abzuwenden, um gerechte Forderungen öffentlich zu vertreten und durchzusetzen. Gemeinsam ist diesen Initiativen, daß sie an irgendeinem Punkt die Verschlechterung ihrer Lebensbedingungen nicht mehr hinnehmen wollen. Gemeinsam ist ihnen auch weitgehend die Erfahrung, daß sie sich auf die existierenden politischen Interessenvertretungen meist nicht verlassen können. Daraus folgt die Einsicht, daß nichts hilft, als die Dinge selbst in die Hand zu nehmen.

Ziele, Aktions- und Organisationsformen dieser Initiativen sind bunt und vielfältig. Sie variieren je nach der aktuellen Konfliktlage und Zusammensetzung der Gruppen und sind meist gebunden an den jeweiligen Konflikt, d.h. inhaltlich und räumlich begrenzt. Wenn auch um ein gemeinsames Problem zusammengeschlossen, so unterscheiden sich die Mitglieder dieser Gruppen meist hinsichtlich der langfristigen politischen Perspektive erheblich voneinander. Eine gemeinsame, überregionale, quasi-gewerkschaftliche Vertretung mit übergreifenden politisch-programmatischen Zielen ist erst in wenigen Ansätzen zustandegekommen.

Können diese Initiativen überhaupt etwas ausrichten, und was? Diese Frage hat in den vergangenen Jahren viele engagierte Sozialreformer, Sozialpolitiker und -wissenschaftler beschäftigt. Einige der in dieser Zeit formulierten Positionen sollen hier exemplarisch dargestellt werden, um die Ansatzpunkte der eigenen Position besser herausbilden zu können.

Claus Offe vertritt die Ansicht, daß dieses Konfliktfeld der „disparitären Lebensbereiche“, das im Kern auf ein ungeheures Ansteigen der gesellschaftlichen Reproduktionskosten der Arbeitskraft zurückzuführen ist, heute der eigentliche Kulminationspunkt systemtranszendierender Initiativen ist und damit im Verhältnis zu den unmittelbaren Auseinandersetzungen zwischen Lohnarbeit und Kapital im Produktionsbereich aktuell enorm an Bedeutung gewinnt. „Das stellt uns vor eine paradoxe Situation. Denn obwohl der Widerspruch zwischen Lohnarbeit und Kapital und die Dominanz kapitalistischer Verwertungsinteressen die Wurzel aller Erscheinungsformen gesellschaftlicher Konflikte darstellt, – im Produktions- wie im Reproduktionsbereich gleichermaßen – so hat doch dieser Widerspruch, sofern er nur als Lohnkonflikt ausgetragen wird, eine allenfalls untergeordnete Bedeutung für die Veränderungen der Institutionen und Lebensbedingungen, die die Reproduktion der Arbeitskraft regeln und sich den Erfordernissen der kapitalistischen Produktionssphäre unterordnen."[6] Um die durch die Vielfalt der Probleme im Reproduktionsbereich gegebene Zersplitterung der Initiativen zu überwinden, ist es nach Offe notwendig, daß die Initiativen in jedem einzelnen Fall den Nachweis führen, daß „das Kapital und die von ihm getragene gesellschaftliche Entwicklungsdynamik den gemeinsamen Nenner aller disparitären Einschränkungen und Belastungen darstellt," und deutlich machen, „daß das immanente Ziel solcher Bürgerinitiativen schließlich auf die Abschaffung der Herrschaft des Kapitals hinausläuft."[7]

Helga *Faßbinder* zog dagegen – in Auseinandersetzung mit der Position von Offe – zunächst aus den oben kurz charakterisierten Momenten der Begrenztheit von Bürgerinitiativen den Schluß, daß sie in der Regel lediglich die Funktion eines politischen Frühwarnsystems für die planende Verwaltung erfüllen, die somit in die Lage versetzt wird, flexibler auf die kurz- und langfristigen Interessen der Kapitalverwertung zu reagieren. In einer zweiten Runde der Auseinandersetzung über die Rolle von Bürgerinitiativen kommt sie jedoch zu dem Schluß, *daß sich deren Aktivitäten nicht ausschließlich auf der Ebene kommunaler Planung bewegen,* sondern häufig darüber hinausgehen, weil sie sich zunächst einmal generell gegen die Verschlechterung der Lebensbedingungen zur Wehr setzen, gleichgültig wer Verursacher oder Adressat ist. Sie zieht dann folgende Bilanz: „Bürgerinitiativen, die sich gegen die Verschlechterung der Lebensbedingungen zur Wehr setzen, setzen damit, wohl in den meisten Fällen ohne daß es ihnen bewußt ist, auf außerbetriebliche Ebene indirekt die betrieblichen Kämpfe um das Lohnniveau fort."[8] Ihre Abschlußthese lautet dann: „Der aufgezeigte Zusammenhang macht deutlich, daß der inzwischen erreichte Verflechtungsgrad der Produktion mit den gesellschaftlichen Lebensbedingungen nicht mehr erlaubt, städtische Struktur- und Umweltprobleme und innerbetriebliche Bewegungen als zwei getrennte Sachen zu behandeln, vielmehr die Bürgerinitiativen und der gewerkschaftliche Kampf um das Reproduktionsniveau der Lohnabhängigen in ihrem Zusammenhang begriffen werden und sich selbst begreifen müssen."[9]

Die *Jungsozialisten in der SPD* betrachten die Aktivitäten von Bürgerinitiativen in erster Linie unter dem Gesichtspunkt, ob sie dem von ihnen formulierten Ziel nutzen, die kommunale Politik zu demokratisieren und darauf hinzuwirken, daß deren Politik den Interessen und Bedürfnissen der Bevölkerung weitestgehend gerecht wird.[10] Sie gehen bei der Einschätzung der politischen Bedeutung von Bürgerinitiativen davon aus, daß es nicht Sache der Initiativen ist, ihre räumliche und politische Begrenztheit zu überwinden. Dies ist die Aufgabe der Doppelstrategie in Partei und Verwaltung „Die Doppelstrategie stellt den JUSOS die Aufgabe

- auf der einen Seite: Punktuelle Selbstorganisation von fallweise Betroffenen zu initiieren und deren Effektivität und Kontinuität zu gewährleisten,
- auf der anderen Seite: durch den so entstandenen Druck die Partei und die Institutionen zu zwingen, die Bevölkerungsinteressen wirksam zu vertreten und durchzusetzen."[11]

Veränderungen im Bereich der Rahmenbedingungen der Kommunalpolitik[12] müssen nach Auffassung der JUSOS außerhalb des unmittelbaren kommunalpolitischen Kräftefeldes initiiert und durchgesetzt werden. Die Jungsozialisten – und in ähnlicher Weise die in diesem Bericht vertretene Position 1 – bauen also ihr Konzept auf die von ihnen für unabänderlich gehaltene Tatsache, daß der politische Aktionsradius von Bürgerinitiativen begrenzt ist und daß die entscheidenden sozialpolitischen Veränderungen nur durch die Verwaltungen und politische Großorganisationen zu erreichen sind.

Dagegen interpretieren Offe und Faßbinder – und die hier vertretene Position schließt sich ihnen *in dieser Hinsicht* an – die Auswirkungen von Aktivitäten der Bürgerinitiativen sehr viel umfassender: Es reicht nicht aus, die Bedeutung von Bürgerinitiativen im Reproduktionsbereich lediglich nach ihrem Verhältnis zu den Institutionen staatlicher Verwaltung zu bestimmen, auch wenn dies Verhältnis häufig das den Konflikt an der Oberfläche bestimmende ist. Vielmehr müssen die Maßnahmen kommunaler Politik in jedem konkreten Fall abgeklopft werden auf direkte oder indirekte Einflußnahme kapitalistischer Interessen. Ebenso wichtig ist es, in jedem einzelnen Fall zu untersuchen und herauszuarbeiten, wo sich die Aktionen von Bürgerinitiativen und ihre Forderungen, auch wenn sie an staatliche Instanzen gerichtet sind, letztlich beziehen auf die Folgen kapitalistischer Profitwirtschaft. Die Gruppen unterscheiden sich in bezug auf die Eindeutigkeit und Bewußtheit, mit der sie diese Perspektive verfolgen, und dies in zweierlei Hinsicht:

- inwieweit sie durch ihre Tätigkeit die gesellschaftlichen Hintergründe ihrer „fallweisen Betroffenheit" deutlich machen, und das eine Ziel, das sie verfolgen, in den Zusammenhang der allgemeinen Konflikte im Reproduktionsbereich stellen;
- inwieweit es ihnen gelingt, sich selbständig und ohne sich auf „Advokaten" in welchem Gewand auch immer zu verlassen, für den von ihnen verfolgten Zweck zusammenschließen und das Bündnis mit anderen Betroffenengruppen suchen.

Wem nützt GWA?

In den Darlegungen der Position 1 ist davon ausgegangen worden, daß sowohl bei den oberen als auch bei den unteren Ebenen der Institutionen der kommunalen Sozial- und Infrastrukturpolitik ein Interesse an der Einführung von GWA bestanden hat. GWA sei danach eine Reformbestrebung von unten und oben. Es hat sich jedoch – insbesondere in der jüngsten Zeit – als unrealistisch erwiesen, von einer generellen „Reformbereitschaft" auszugehen, die gewissermaßen alle Stürme des „typischen Kreislaufs der kapitalistischen Verwertung" überdauert. Vielmehr hängt die „Reformbereitschaft" der Vertreter der staatlichen Institutionen wesentlich ab von der wirtschaftlichen Entwicklung, den gesamtgesellschaftlichen Kräfteverhältnissen und damit dem finanziellen und politischen Handlungsspielraum, den sie haben. Es kann Situationen geben, in denen die Reforminteressen von unten auf keinerlei ‚Gegenliebe' bei den ‚Oberen' stoßen und letztere sehr schnell zu der Einsicht kommen, daß ihnen die ‚Verbindungsangebote' der GWA nichts nutzen; im Gegenteil, derartige Initiativen zurückgedrängt werden müssen. Ausgangspunkt der Beantwortung der Frage in der Überschrift ist also die Feststellung eines *Interessenkonfliktes*. Daraus folgt, daß der Charakter der GWA widersprüchlich ist. Viele sozialpolitische Maßnahmen haben und hatten diesen widersprüchlichen Charakter. Ein bekanntes Beispiel: Die von der Arbeiterbewegung hart erkämpfe Bismarck'sche Sozialgesetzgebung diente einerseits der Absicherung der vom Elend bedrohten arbeitenden Bevölkerung, andererseits der notdürftigen Erhaltung der Arbeitsfähigkeit dieser Menschen, um im Produktionsprozeß weiterhin ausgebeutet zu werden sowie ihrer politischen Befriedung.

Die Bezeichnung „widersprüchlicher Charakter", die bewußt als Abgrenzung zur Bezeichnung „Doppelcharakter" der Position 1 verwandt wird, soll deutlich machen, daß, selbst wenn beide Seiten von einer solchen Reform einen Nutzen haben, dieser dennoch unterschiedlichen Charakter haben kann. Und daß dahinter entgegengesetzte Interessen stehen können. So nutzt GWA einerseits kapitalistischen Interessen: Es kann für die wirtschaftlichen Ziele von Spekulanten und Konzernen von Nutzen sein, wenn eine flexibel organisierte Verwaltung relativ frühzeitig potentiellen Widerstand der Bevölkerung gegenüber Planungen, die sich am Wirtschafts- und Ertragswachstum und an der Absicherung der Profite orientieren, erkennt und in Konflikten mit einem variablen Instrumentarium von Interventionen in der Spannweite zwischen reformerischen Zugeständnissen bzw. offiziösem Wohlwollen und starrem Zurückdrängen von Aktivitäten der Bevölkerung reagieren kann. Daß andererseits die Einführung von GWA in manchen Kommunen dazu geführt hat, die Veraltungen aus ihrer bürokratischen Erstarrung herauszubrechen und ihre Maßnahmen gelegentlich an den Interessen der betroffenen Bevölkerung auszurichten, kann für letztere von Nutzen gewesen sein. So wird etwa in dem Maße, wie Politiker und Vertreter der Verwaltung von solchen selbständigen Initiativen der Bevölkerung zur Rechenschaft gezogen werden über das, was sie zur Vertretung der Interessen der Bevölkerung getan haben, die bürokratische Abkapselung dieser Instanzen zunehmend abgebaut.

Drei Ebenen der Konflikte im Reproduktionsbereich und die widersprüchliche Funktion der GWA

Es ist notwendig, sich den Charakter des Konfliktfeldes möglichst genau anzuschauen, um eine realistische berufliche Vorgehensweise in der GWA entwickeln zu können. Da sind drei Ebenen objektiver Interessen zu unterscheiden:
– die der ‚materiellen“ oder ‚ökonomischen‘ Interessen
– die der ‚politischen‘ Interessen
– die der ‚ideologischen‘ oder Bewußtseinsinteressen,
die Gruppen der Bevölkerung einerseits und kommunale Verwaltungen mit dem kapitalistischen Profitinteresse im Nacken andererseits vertreten.

Die *Interessen der Bevölkerungsgruppen* lassen sich folgendermaßen charakterisieren:
– Sie wollen eine Verschlechterung ihrer Lebensbedingungen verhindern. Im Gegenteil: Sie wollen eine ihren Bedürfnissen entsprechende infrastrukturelle Versorgung;
– sie wollen nicht von staatlichen Instanzen gegängelt und bevormundet werden. Im Gegenteil: Sie sind im Hinblick auf die sie selbst betreffenden Probleme daran interessiert, selbständig zu entscheiden und ihre Angelegenheiten eigenverantwortlich in die Hand zu nehmen;
– sie wollen Art und Weise, wie sie die Probleme und Konflikte sehen und interpretieren und welche Ziele sie sich setzen, sich nicht vorschreiben lassen. Sie wollen selbst bestimmen, was sie für richtig halten und was nicht.

Aktivitäten von Bürgerinitiativen sollten danch beurteilt werden, auf welcher dieser drei Ebenen sie Fortschritte machen und wo sie nicht weiterkommen. Zur Illustration ein Beispiel: Eine Mieterinitiative setzt mit Unterstützung eines Gemeinwesenarbeiters gegenüber der Wohnungsbaugesellschaft die Rücknahme einer Mieterhöhung durch, erklärt sich jedoch zugleich bereit, in einen an die Gesellschaft angebundenen Mieterbeirat umgewandelt zu werden. Sie erzielt damit zwar einen Erfolg auf der materiellen Ebene, verzichtet aber zugleich auf die organisatorische und politische Selbständigkeit. Diese ist im Zweifelsfalle eine wichtige Voraussetzung dafür, daß gegen die nächste mit Sicherheit folgende Mieterhöhung vorgegangen werden kann.

Die drei genannten Ebenen gelten auch für die Einschätzung des *Nutzens, den Verwaltungen* aus dem Einsatz von GWA erzielen:

- die Ebene des ökonomischen Nutzens, d.h. der Einsparung von Folgekosten, wenn GWA als Frühwarnsystem wirkt und zugleich die Bevölkerung zu billiger ‚Selbsthilfe' anregt;
- die Ebene des politischen Nutzens, d.h. die Möglichkeit, durch GWA rebellische Gruppen von Bürgerinitiativen zur Partizipation an der Planung hinzuführen;
- die Ebene des ideologischen Nutzens, d.h. die Möglichkeit, auf das Bewußtsein von Bevölkerungsgruppen Einfluß zu nehmen.

Auch die Maßnahmen der kommunalen Verwaltung sollten jeweils danach beurteilt werden, auf welchen der drei Ebenen sie erfolgreich sind. Ein Beispiel: Eine Elterninitiative versucht auf Anregung eines Gemeinwesenarbeiters mit eigenen Mitteln und Spenden den fehlenden Kindergarten selbst aufzubauen. Zugleich treten ihre Mitglieder mit weiteren Forderungen öffentlich selbstbewußt auf und vertreten ein Erziehungskonzept, daß dem der staatlichen Kindergärten überhaupt nicht entspricht. Die kommunale Verwaltung steht vor der Alternative, selbst einen Kindergarten zu bauen und Ruhe zu haben, oder die Kosten zu sparen und ständig die lästigen Kritiker am Hals zu haben.

Die Unterscheidung in die drei genannten Ebenen ist analytisch. In der Realität wird es oft nicht einfach sein zu beurteilen, auf welcher der drei Ebenen eine Initiative Fortschritte erzielt oder sich Vorteile für die kommunale Politik ergeben. Generell wird sich der widersprüchliche Charakter von GWA in folgenden Tendenzen äußern:

Ökonomische Ebene: Der Einsatz von GWA kann *einerseits* zur Folge haben, daß sozialpolitische Maßnahmen und infrastrukturelle Planungen rationeller vorgenommen werden und die Einrichtungen den Bedürfnissen der Bevölkerung besser angepaßt und damit aufwendige

Folgemaßnahmen vermieden werden. Eine solche Entwicklung wird *andererseits* auch eine Verbesserung der materiellen Lebensbedingungen der Bevölkerung in verschiedenen Bereichen zur Folge haben.

Politische Ebene: Politischer Druck von Bürgerinitiativen auf die Verwaltung kann *einerseits* durch die Anwendung von GWA besser in die kommunale Planung integriert werden (durch verschiedene Beteiligungsmodelle). Der Einsatz von GWA kann *andererseits* dazu führen, daß Bevölkerungsinitiativen angeregt und unterstützt werden, die politische Macht des herrschenden parlamentarischen Systems mit neuen Formen politischer Willensbildung und -durchsetzung zu konfrontieren, indem sie eigenständige politische Organisationsformen der Interessendurchsetzung entwickeln.

Ideologische Ebene: Die Begriffe ‚Demokratisierung der Planung', ‚Partizipation', bürgernahe Verwaltung' etc. waren in den vergangenen Jahren als Zielvorstellung von GWA für die kommunalen Verwaltungen *einerseits* nützliche Mittel, um eine Form der Demokratie zu legitimieren, in der nur auf dem Papier alle Gewalt vom Volke ausgeht, es in Wirklichkeit aber nur in sehr eingeschränkter Form etwas zu sagen hat. Die praktischen Erfahrungen von Initiativen, die auf Anregungen von Gemeinwesenarbeitern entstanden sind, bringen *andererseits* Bewußtseinsprozesse bei den Beteiligten in Gang, die eine Befragung des herrschenden Verständnisses von Demokratie auf die ihm zugrundeliegenden Interessen herbeiführen können.

Hinweise für eine Strategie der GWA[13)]

Die Ausgangslage

Das hier vertretene Konzept von GWA geht – nach dem was bisher gesagt wurde – von folgenden Grundannahmen aus:

- Zwischen Kapitaleignern und der in ihrem Interesse handelnden staatlichen Politik und der lohnabhängigen Bevölkerung besteht in dieser Gesellschaft ein tiefgreifender Interessenwiderspruch;
- es ist in allererster Linie die Sache der lohnabhängigen Bevölkerung selbst, diese Situation in ihrem Interesse zu ändern. Sie kann dieses Ziel nur erreichen, wenn sie sich zusammenschließt und ihre Sache selbst in die Hand nimmt;

Nach diesem Konzept kann es also nicht Sache der GWA sein, das Hauptgewicht der Aktivitäten in die stellvertretende Interessenwahrnehmung (Advokatenrolle) der Bevölkerungsgruppen, mit denen sie zu tun hat, zu legen. Stattdessen muß sie ihre Arbeit konzentrieren auf eine Unterstützung von Bevölkerungsgruppen in die Richtung, daß diese ihre Interessen selbst wahrnehmen und vertreten!

Konkretes Vorgehen: Verbinden der drei Ebenen – Vorne ist angedeutet worden, daß GWA unter bestimmten Umständen für die Bevölkerung auf drei Ebenen von Konflikten im Reproduktionsbereich nützlich sein kann. Es ist klar, daß der Nutzen am größten ist, wenn die Initiativen auf allen drei Ebenen vorwärts kommen. In vielen Situationen ist das nicht der Fall (vgl. w.o., Bsp.). Das liegt einerseits an den guten oder weniger guten Ausgangsbedingungen, die eine Initiative hat, aber auch an den Zielvorstellungen und Strategien, die sie aufgrund dieser Bedingungen entwickelt. Für Gemeinwesenarbeiter ist es wichtig, den Entwicklungsstand des Konfliktes auf allen drei Ebenen einzuschätzen sowie sich den Zusammenhang, in dem diese drei Ebenen stehen, vor Augen zu halten. Ein Beispiel: Erst auf der Grundlage eines klaren Bewußtseinsstandes über ihre gemeinsamen Ziele kann eine Initiative politische Aktionsformen entwickeln, die wirklich zu materiellen Verbesserungen führen und zugleich zur Stärkung der politischen Selbständigkeit. Andererseits bildet sich die Klarheit des Bewußtseins erst heraus und fort durch die Erfahrungen in den praktischen Aktivitäten. Materielle Verbesserungen, die nicht zugleich der Stärkung der politischen Selbständigkeit nützen und in solcher Weise erzielt werden, können sich langfristig als unhaltbare Bastionen erweisen.

Andererseits nutzt es gar nichts, wenn man etwa mit Hilfe von sozialpädagogischen Lernmethoden die Entwicklung emanzipatorischen Bewußtseins bei der Bevölkerung fördern will, *ohne* diesem Prozeß durch die konkret-praktische Auseinandersetzung um die Verbesserung der Lebensbedingungen in dieser Gesellschaft eine politische Stoßrichtung zu geben.

Diese drei Ebenen von Konflikten sind die entscheidenden Kriterien an denen eine Strategie der GWA ausgerichtet sein sollte. Für ihre Verknüpfung gelten folgende allgemeine Hinweise:

- Der Gemeinwesenarbeiter sollte versuchen, seine Unterstützung von Initiativen der Bevölkerung inhaltlich auszurichten auf die Verbindung von Forderungen nach materieller Verbesserung mit Perspektiven und Aktivitäten, die darauf abzielen, die politische Selbständigkeit von Initiativen zu gewährleisten.
- Der Gemeinwesenarbeiter sollte versuchen, innerhalb der kommunalen Institutionen solche Bündnispartner zu gewinnen, die bereit sind, sich den Anforderungen von Initiativen zu stellen und sie zu unterstützen. Dabei sollte er nicht die Illusion haben, daß von den Bündnispartnern entscheidende Schritte zur Durchsetzung der Forderungen unternommen werden können.

- Der Gemeinwesenarbeiter sollte versuchen, die sozialpädagogischen Theorien und Ideologien, die er gelernt hat, kritisch zu überprüfen. Sind es die Interessen und Ansichten der betroffenen Bevölkerung, die in diesen Theorien zum Ausdruck kommen, oder dienen sie in erster Linie zu deren Bevormundung und Gängelung? Sofern es sich um Theorien handelt, die die zugrundeliegenden gesellschaftlichen Konflikte verschleiern oder die bürokratische Regelung der ‚Daseinsvorsorge' rechtfertigen, ist es Aufgabe des Gemeinwesenarbeiters, auch in seiner bewußtseinsbildenden sozialpädagogischen Arbeit die Erfahrungen der betroffenen Bevölkerung zum Maßstab zu nehmen. Für Gemeinwesenarbeiter, die überwiegend Mittelschicherfahrung haben, erfordert dies eine bewußte Anstrengung.

Zum Verhältnis zwischen Institutionen – Basisbein bei GWA

Eine Schlußfolgerung aus dem bisher gesagten muß besonders hervorgehoben werden: Das hier vertretene Konzept von GWA setzt die Priorität der sozialarbeiterischen Interventionsformen in das ‚Basisbein'. Die Schritte hinsichtlich des ‚Institutionsbeins' sind von komplementärer Bedeutung!

Dies ist auch gerade deshalb wichtig zu sagen, weil nicht nur die Auswertung dieses GWA-Projektes in München sondern auch die Erfahrungen in anderen GWA-Praxisfeldern zeigen, daß trotz ausdrücklich auf die Aktivierung der Bevölkerung ausgerichtetem Konzept die Gemeinwesenarbeiter sich oft in der Praxis – sei es ohne Bewußtsein oder gegen ihren ausdrücklichen Willen – verausgaben im Verhandeln und Taktieren mit Institutionen der kommunalen Verwaltung. Es wird gelegentlich daraus geschlossen, daß GWA sich im wesentlichen auf eine Strategie gegenüber den Institutionen beschränken muß. Damit wird dieses Verhältnis zwischen Institutionen- und Basisbein als ein quantitatives angesehen. Das ist nicht richtig! Es geht bei dieser Frage nicht in erster Linie darum, ob ein Gemeinwesenarbeiter den überwiegenden Teil seiner Arbeitszeit für die Arbeit in Gremien, fürs Antichambrieren, fürs Absichern seiner Arbeitsbedingungen verwenden muß oder aber im freien Feld herumlaufen kann.

Nach der hier vertretenen Konzeption ist ein taktisches Gewicht auf dem Institutionenbein dann vertretbar, wenn

- entweder bereits aktive Gruppen der Bevölkerung im entsprechenden sozialen Feld tätig sind und die Unterstützung des Gemeinwesenarbeiters in der Weise benötigen, daß sie Bündnispartner in der Verwaltung brauchen;
- oder der Gemeinwesenarbeiter aufgrund der innerinstitutionellen Kräfteverhältnisse zu einer stärkeren Absicherung seiner Position gezwungen ist, um sich die Handlungsfähigkeit zu erhalten.

Wichtig ist, daß der Gemeinwesenarbeiter ausgehend von einer Einschätzung der Auseinandersetzungen in seinem Arbeitsfeld festlegt, in welche *Richtung,* auf welchen *Ebenen* und mit welchen Mitteln er selbstorganisierte Bewegungen der Bevölkerung unterstützen kann. Dabei wird es Phasen geben, in denen er überwiegend inneristitutionell arbeiten muß (etwa, um seine Position unter den Kollegen zu vertreten und zu stärken) und wieder andere, in denen er die Möglichkeit hat, seine Arbeitszeit zu einem größeren Teil dafür zu verwenden, Gruppen in der Bevölkerung anzuregen und zu unterstützen.

GWA mit Obdachlosen

Die objektive und subjektive Situation von Obdachlosen unterscheidet sich in einiger Hinsicht von der anderer Gruppen der lohnabhängigen Bevölkerung. Dadurch verschieben sich die Gewichte für eine Strategie des GWA, wie sie zunächst allgemein bestimmt wurde. Auf den vorne benannten drei Ebenen lassen sich folgende besonderen Probleme der Situation von Obdachlosen feststellen:

Ökonomische Ebene:
äußerst beengte und ungesunde Wohnverhältnisse, mangelhafte Schall- und Feuchtigkeitsisolierung . . ., häufig unsichere Arbeitsverhältnisse, schlechte infrastrukturelle Versorgung . . .

Politische Ebene:
Einschränkung der Bewegungs- und Entfaltungsfreiheit durch obrigkeitsstaatliche Reglementierungen, Abhängigkeit von den Gewährungen kommunaler Sozialpolitik.

Bewußtseinsebene:
Isolation von den Kommunikationszusammenhängen der übrigen lohnabhängigen Bevölkerung, Resignation, mangelndes Vertrauen in den Erfolg eigener Initiativen.

Eine GWA, die Fortschritte für diese Randgruppen auf allen drei Ebenen initiieren und unterstützen will, sollte in erster Linie das Ziel verfolgen, die Obdachlosen sowohl was ihre Lebensverhältnisse als auch ihre Bewußtseinslage betrifft in den Lebens- und Kommunikationszusammenhang und die bereits entwickelten Organisationsformen der Interessenvertretung der übrigen lohnabhängigen Bevölkerung zu integrieren. Zur Errichtung dieses Ziels ist es zunächst wichtig, die Isolation der Obdachlosen zu überwinden und mit ihnen gemeinsam Organisations- und Aktionsformen zu entwickeln, die an den bestehenden Kommunikationsformen anknüpfen und diese weiterführen in gemeinsame Aktivitäten mit anderen Gruppen der Bevölkerung zur Überwindung der schlechten Lebensbedingungen. Anknüpfen an den bestehenden Kommunikationsformen heißt, die subkulturellen Formen der Solidarität aufzugreifen und mit den Obdachlosen gemeinsam an der Überwindung von Neid, Mißtrauen usw. zu arbeiten, die Ergebnis der beengten Wohnbedingungen sind. Die zu entwickelnden Organisationsformen müssen geeignet sein, die Selbständigkeit dieser Gruppen gerade gegenüber den bevormundenden Maßnahmen der kommunalen Verwaltung zum Ausdruck zu bringen und sie müssen konkret das Ziel verfolgen, diese zu beseitigen. Schließlich wird es nötig sein, den Kampf um die Verbesserung der Wohnverhältnisse gemeinsam mit anderen Organisationen der Interessenvertretung im Miet- und Wohnbereich zu führen. Hinter diesem Konzept steht u.a. die Überzeugung, daß es nicht erfolgversprechend im Sinne der o.g. Zielsetzung ist, für die Obdachlosen in Wahrnehmung einer wie auch immer gearteten Advokatenrolle eine Verbesserung der sozialpolitischen Maßnahmen zu erreichen. Die Zusammenarbeit mit den Institutionen, die für die Obdachlosen verantwortlich sind, mit den Kollegen an der Fachbasis hat auf den bereits entwickelten Aktivitäten der Obdachlosen aufzubauen. Hätte sie den Vorrang, so würde sich im Prinzip nichts an der Situation der Obdachlosen ändern: Sie werden weiter in Abhängigkeit verwaltet, wenn auch nicht mehr in so krasser Form.

Zusammenfassung und Gegenüberstellung beider Positionen

Die wichtigsten, für die Einschätzung der beiden folgenden Praxisberichte relevanten Unterschiede zwischen beiden Positionen seien hier zusammenfassend einander nochmals gegenübergestellt:

- *Ausgangspunkt ist eine grundsätzlich verschiedene Einschätzung des Staates und staatlicher Reformen*

  Position 2: Der Staat vertritt als ideeller Gesamtkapitalist die langfristigen, Interessen des Kapitals, d.h. der Kapitalistenklasse als Ganzes.
  Position 1: Der Staat vertritt nicht ausschließlich Kapitalinteressen. Vielmehr ist er als Ausdruck „gesamtgesellschaftlicher Kräfteverhältnisse" in seinem Handeln selbst widersprüchlich. Auf dem Hintergrund dieser Kräfteverhältnisse strebt er jeweils mögliche Kompromisse in der Klassenauseinandersetzung an (die allerdings in der konkreten historischen und ökonomischen Realität der BRD bisher meist zugunsten der Kapitalinteressen ausfallen).
  Position 2: Die Funktion des Staates besteht nicht darin, Kompromisse zwischen Kapital und Arbeit zu schließen, sondern Kompromisse zwischen verschiedenen Kapitalfraktionen in deren eigenem wohlverstandenen Interesse. Diesem Interesse entspricht es auch, wenn der Staat zur Erhaltung des Systems und zu dessen laufender Anpassung an die Veränderung der Produktivkräfte

notwendige Reformen durchsetzt. Solche Reformen können dabei u.U. gleichzeitig für die Masse der Lohnabhängigen von unmittelbarem, materiellem Nutzen sein.

Position 1: Bestimmte staatliche Reformen haben einen „Doppelcharakter", d.h. sie sind unter dem Aspekt der Systemerhaltung als ambivalent einzuschätzen, weil sie neben den stabilisierenden auch ‚subversive', systemverändernde Aspekte enthalten.

- Aus dieser unterschiedlichen Grundeinschätzung ergeben sich die folgenden unterschiedlichen *Konsequenzen für Bürgerinitiativen, GWA und ähnliche Initiativen an der Basis im Reproduktionsbereich:*

Position 2: Die Kooperation mit staatlichen Institutionen hat nur *taktische* Bedeutung, um

– die eigenen Arbeitsmöglichkeiten und Bewegungsspielräume abzusichern und legal auszuweiten;
– die Interessen der Betroffenen wirksam durchzusetzen.

Position 1: Die Kooperation mit staatlichen Institutionen hat auch strategische Bedeutung. Sie dient neben den von Position 2 genannten Zielen auch dazu

– Reformkräfte in der Verwaltung zu unterstützen;
– Bestrebungen in Richtung auf eine Demokratisierung von politischen Strukturen und Entscheidungsprozessen zu fördern,

um auf diese Weise einen Beitrag zu einer allmählichen Transformation des Staates in ein Instrument der breiten Masse der Bevölkerung zu leisten.

Position 2: Die entscheidende Stoßrichtung zu einer gesellschaftlichen Veränderung kann nicht von den staatlichen Institutionen, sondern muß von den Betroffenen selber ausgegeben und in der Regel gegen den Widerstand dieser Institutionen durchgesetzt werden. Die Betroffenen müssen den Kampf für Ihre Interessen selbst in die Hand nehmen.

Position 1: Die Initiativen der Betroffenen müssen von fähigen Sprechern derselben aufgegriffen, in die Institutionen hineingetragen und dort mit Unterstützung von aufgeschlossenen Vertretern innerhalb derselben durchgesetzt werden.

- Aus diesen unterschiedlichen Einschätzungen resultieren auch die *unterschiedlichen Haltungen hinsichtlich der Möglichkeiten und Grenzen von GWA.*

Position 2: Verbindet eine größere Skepsis hinsichtlich der Reformbereitschaft und der Reformfähigkeit staatlicher Institutionen (die sie durch den Kapitalkreislauf und die Kapitalinteressen notwendig begrenzt ansieht) mit einem größeren Optimismus in bezug auf die Aktivierbarkeit und Organisierbarkeit von Betroffenen – auch im Reproduktionsbereich; auch bei der gesellschaftlichen Randgruppe der Obdachlosen.

Position 1: Ist umgekehrt relativ optimistisch hinsichtlich der Reformbereitschaft und -fähigkeit bei Teilen der staatlichen Institutionen (die teils bewußt, teils unbewußt fortschrittliche und selbst systemverändernde Reformen fördern, um Systemprobleme zu lösen), und skeptischer im Hinblick auf die Möglichkeit, Betroffene im Reproduktionsbereich und vor allem unter Bewohnern von Notunterkünften zu mobilisieren und zu organisieren.

- Aus dem Dargestellten ergeben sich wiederum folgende unterschiedliche, strategische *Konsequenzen für GWA im Obdachlosenbereich*

Für *Position 2* liegt der Schwerpunkt der Arbeit eindeutig auf dem ‚Basisbein', bei der Arbeit mit den Bewohnern selbst. Ziel ist es, sie zur Selbstorganisation und zum selbständigen Kampf für ihre Interessen in Verbindung mit der breiten Masse der Lohnabhängigen zu befähigen. Das ‚Institutionenbein', die Arbeit in Richtung Institutionen ist demgegenüber von sekundärer, komplementärer Bedeutung und dient vor allem dazu

– die eigene Arbeitsmöglichkeit abzusichern,
– materielle Verbesserungen mit den Betroffenen durchzusetzen.

Für *Position 1* dagegen liegt, zumindest kurz- und mittelfristig, der Schwerpunkt der Arbeit beim ‚Institutionenbein' und zwar bei einer anwaltschaftlichen Vertretung. Sie hat das Ziel, die Interessen der Betroffenen in die Institutionen hineinzutragen und dort Veränderungen zu erreichen, die gleichzeitig die Voraussetzung für eine langfristige Aktivierung und Organisierung verbessern. Die Arbeit mit Bewohnern ist demgegenüber zumindest vorläufig komplementär und dient dazu

– einen klaren Arbeitsauftrag zu erhalten,
– einen Rückhalt bei der Arbeit gegenüber und in den Institutionen zu haben.

- Während *Position 1* daher eine *Advokatenrolle* Gemeinwesenarbeiters bejaht, sofern sie nicht ‚Kraft eigener Vollmacht', sondern im erkennbaren Auftrag der Betroffenen wahrgenommen wird, lehnt *Position 2* eine solche Rolle grundsätzlich ab, bzw. kann sie nur ausnahmsweise aus taktischen Gründen akzeptieren.

Anmerkungen

1) Voigt, K. Zur Strategie systemüberwindender Reformen, in: Wege zur veränderten Gesellschaft, Frankfurt a.M. 1971, S. 84.
2) F. Vilmar, Strategien der Demokratisierung, S. 23.
3) Studie Ellwein/Zoll, S. 39 f. und S. 48 f.
4) Marbach/Tüllmann, Arbeitshypothesen für die Auswertung der Tätigkeit des Vereins zur Förderung von GWA.
5) Der Verzicht auf politische Werbung ist dabei nicht nur als Einschränkung, sondern auch als Chance zu sehen. Es wird leichter, auch unpolitische oder gegenüber Parteipolitik mißtrauische Betroffene anzusprechen. Andererseits wird die Versuchung erschwert, sie zu manipulieren, statt sie zu befähigen, die aus ihrer Sicht richtige politische Entscheidung zu treffen.)
6) Offe, C., Strukturprobleme des kapitalistischen Staates, S. 159.

7) ders., a.a.O., S. 167.
8) Fassbinder, H., Thesen zu Bürgerinitiativen und Stadtsanierung, Juli 1973.
9) diess.: Bürgerinitiativen zwischen Wohnbereich und Betrieb in: Hessische Blätter für Volksbildung 2/74, vgl. auch: Hering, S., Bürgerinitiativen und Gewerkschaftsarbeit als Strategien zur Durchsetzung v. Forderungen, Tübingen (1975).
10) Kommunalpolitik – für wen? a.a.O., S. 21.
11) Thesen zur politischen Ökonomie und Strategie, Außerordentl. Bundeskongreß der Jusos in Hannover, Dez. 1971, These 53.
12) Kommunalpolitik – für wen, a.a.O., S. 29.
13) Vgl. hierzu auch Abschnitt 4: Zur Strategie von GWA im: Reader zur Strategie und Theorie von GWA, Victor-Gollancz-Stiftung, 1974.

VIERTER TEIL

DIE ARBEIT DES GWA-TEAMS IN DEN AUSSCHÜSSEN

1. Einleitung

Institutionelle Voraussetzungen

Wie bereits erwähnt, begann das Projekt Gemeinwesenarbeit in Hasenbergl-Nord im Herbst 1969. Alle 6 Projektmitglieder (5 Sozialarbeiter, 1 Soziologe) waren Berufsanfänger und hatten nur geringe theoretische Kenntnisse in GWA und so gut wie keine praktischen Erfahrungen. Die beiden Träger Victor-Gollancz-Stiftung (VGSt) und der Caritasverband (CV) teilten sich die Personalkosten, die Landeshauptstadt München (Sozialreferat) übernahm die Sachkosten. Darüber hinaus finanzierte die VGSt die fachliche Beratung der Projektgruppe durch drei Berater am Ort (Psychologe, Soziologe, Jurist/Politologe) und durch zwei Experten aus den Niederlanden.

Die Intention des CV war: „. . . durch Partizipation an diesem Projekt der örtlichen Problematik mit der Methode GWA gezielter als bisher begegnen und an der Entwicklung der Methode teilhaben zu können."1)

Das Interesse der VGSt galt:

„1. Der Erprobung neuer Arbeitsformen: Erprobung neuer Arbeitsformen meint: Teamarbeit (Voraussetzungen, Bedingungen, Formen). Arbeitsformen meint: Projektarbeit (intrainstitutionelle Kooperation, interinstitutionelle Kommunikation, Veränderung im Arbeitsfeld);
2. Der Fortbildung in der Praxis für Mitarbeiter (Stipendiaten und Berater) in Projekten;
3. Der Erarbeitung eines Beitrages zur Theoriebildung/Hypothesenbildung in bezug auf neue Arbeitsformen und Fortbildung in der Praxis;
4. Der Inanspruchnahme der Projekte als Datenquelle zur Entwicklung von Lehrgängen zur GWA."[2]

Die Anfangsschwierigkeiten im Projekt lagen im wesentlichen auf drei Ebenen:

- Suczessive Bildung des Teams über die Dauer eines halben Jahres und dadurch bedingte Schwierigkeiten im Gruppenprozeß (auf die hier nicht näher eingegangen werden kann),
- völlig ungenügende organisatorische Voraussetzungen während der ersten sechs Monate (fehlende Büroräume, Stipendienhöhe knapp über dem Sozialhilfesatz, Projektverlängerung nur immer für 12 Monate);
- das Fehlen eines Konzepts bzw. einer klaren Aufgabenstellung durch die Träger und damit verbunden die Notwendigkeit einer Konzeptions- und Strategiefindung durch die Arbeitsgruppe selbst, womit sie aufgrund ihrer Ausbildung anfänglich überfordert war.

Konzeptionelle Voraussetzungen

Außer den bereits genannten Trägerinteressen war dem Team keinerlei Auflage oder Bedingung gemacht worden; Formulierung von Arbeitsansätzen und Entwicklung einer Konezption waren die wichtigsten Aufgabenstellungen zu Beginn des Projektes. Aufgrund mangelnder Erfahrung und fehlender theoretischer Ausbildung waren die Projektmitarbeiter jedoch weitgehend überfordert. So wurde auf einem Auswertungsseminar festgestellt, daß „die Bedürfnisse nach einer vollständigen Konzeption unterschiedlich vorhanden (waren)",[3] was den mühsamen Prozeß der Findung eines Minimalkonsensus umschreibt. Dieser Minimalkonsensus, „Abbau von materiellen Mangelsituationen zur Einleitung von Emanzipationsprozessen" – er war auch durch Praxis vermittelbar – wurde ausgeweitet. Folgende Ansätze bildeten Anfang 1970 das theoretische Gerüst für GWAT:

„– Arbeit mit Institutionen (funktionale GWA) mit dem Ziel der strukturellen Veränderung, z.B. Vorschlag einer Neuorganisation der kommunalen Sozialarbeit in Hasenbergl-Nord.
- Vertretung von Bewohnerinteressen (advocacy function) bei den Institutionen, z.B.

* Abbau des obrigkeitlichen Verhaltens des Amtes für soziale Wohnungsfragen gegenüber den Bewohnern (. . .)
* vertretende Teilnahme an Planungsprozessen . . .
– Kooperation mit der örtlichen sozialberuflichen ‚Fachbasis': der Arbeitsgemeinschaft für soziale Fragen Hasenbergl-Nord (AG)
  * Anregung von Zusammenarbeit
  * Erarbeitung und Praktizierung gemeinsamer Teilkonzepte, . . .

– gezielte Zusammenarbeit mit Bewohnern."[4)]

In Verbindung mit der Einschätzung, daß wesentliche Ursachen von Obdachlosigkeit wie z.B. Leistungsprinzip, Produktionsbedingungen, ungerechte Profitverteilung und Wohnungsmarktsituation von lokal orientierter GWA nicht unmittelbar angegangen werden können, ergaben sich für das GWAT folgende Arbeitsschwerpunkte:

„– Qualifikation und Ausweitung von Erziehungsangeboten in Hasenbergl-Nord.
– Abschaffung materieller Hindernisse, z.B. enge Wohnverhältnisse,
– Verbesserung der familiären Erziehungssituation, z.B. Beratung, gezielte Arbeit mit Elterngruppen, Familienplanung etc.
– Förderung der praktischen Anwendung neuer Erziehungstheorien."[5)]

Konkret bedeutete dieser Arbeitsschwerpunkt eine Auffächerung der GWAT-Aktivitäten, die von der „Verbesserung der sozialpädagogischen Infrastruktur" mit dem Schwerpunkt „Kinder und Jugendliche" . . . über Mitarbeit in relevanten städtischen Gremien bis „zur Zusammenarbeit und Kontakten mit Gruppen, die an der Vermeidung von Obdachlosigkeit arbeiten"[6)] reichte.

Dieses ‚theoretische Gerüst' wurde – beeinflußt durch die praktische Arbeit – in sogenannten Zieldiskussionen fortentwickelt. Es gelang dem Team jedoch nicht, eine Prioritätensetzung zu finden. Es bestand zwar Konsens, daß „mit Basis und Institutionen nebeneinander" gearbeitet werden sollte, „Konsens besteht jedoch nicht über die Prioritäten, ob von oben nach unten, ob von unten nach oben."[7)] Der Versuch, mit Institutionen und Basis gemeinsam *ohne* eindeutige Prioritätensetzung zu arbeiten, führte über eine schwerpunktmäßige Verlagerung auf die ‚funktionale Arbeit' zu einer zunehmenden „Außensteuerung des GWAT durch die Institutionen", Verminderung der Eigeninitiativen und zur Feststellung, daß die „Arbeit mit den Betroffenen unter der funktionalen Arbeit" leidet.[8)]

Zwar übte GWAT bereits in einem Reflexionsgespräch mit den niederländischen Konsulatoren im Juni 1970 Selbstkritik („GWAT ist bei den Behörden bekannter als bei den Bewohnern!"), eine konkrete Schwerpunktverlagerung fand jedoch erst Ende 1971 statt: Die

Zusammenarbeit mit Institutionen sollte eingeschränkt und die Aktivität stärker auf die Bewohnerarbeit verlagert werden.

In den beiden folgenden Falldarstellungen „*Planung Bürgerzentrum Hasenbergl*" und „*Verbesserung der Wohnsituation in Notunterkünften*" wird die Arbeit des GWAT konkret dargestellt. Es handelt sich dabei um Tätigkeiten, aus dem Bereich der sogenannten ‚funktionalen GWA'.[9] Diese beiden Fälle wurden ausgewählt, weil sie für diesen Arbeitsansatz des GWAT exemplarisch sind und das vorhandene Rohmaterial (Aktennotizen, Schriftwechsel, Berichte, Arbeitspapiere) relativ lückenlos vorhanden und damit eine Rekonstruktion und Auswertung der Arbeit möglich war. Die Auswahl des Materials unterlag in erster Linie folgender Fragestellung: Welche inhaltlichen, strategischen und taktischen Überlegungen und Schritte des GWAT führten zu welchen Aktionen bzw. Reaktionen der beteiligten Gruppen und Institutionen?

Die Falldarstellung „Planung Bürgerzentrum" ist chronologisch gegliedert, die der „Verbesserung der Wohnsituation in Notunterkünften" dagegen erfolgt überwiegend nach inhaltlichen Gliederungspunkten. Die teilweise recht ausführliche Wiedergabe der Arbeit ist bewußt gewählt, um die Entscheidungs- und Meinungsbildungsprozesse authentisch wiederzugeben und um einem von der Auswertungsgruppe im Hinblick auf die Verwertbarkeit als Lehrmaterial formuliertem Dokumentationsanspruch zu genügen. Nicht zuletzt soll die Ausführlichkeit ein Votum dafür sein, daß in GWA-Projekten eine gute „Aktenführung" zur Auswertung von Prozessen unbedingt notwendig ist.

Die im Text abgehobenen Anmerkungen sind zum Teil ex post Einschätzungen, die mit ein Ergebnis der Auswertung sind.

Der Stadtteil München-Hasenbergl[10]

a) Lage
Münchener Norden, unmittelbar an der Stadtgrenze; Entfernung zur City ca. 12–15 km; Fahrtzeit mit öffentlichen Verkehrsmitteln ca. 30 Minuten; angrenzende Stadtteile Harthof (östlich), Milbertshofen (südlich), Feldmoching (westlich); Hauptzufahrtsstraße: Schleißheimer Straße; in Sichtweite: Olympiapark; geographisch-historisch bedingte Wohnquartierbezeichnungen: Hasenbergl-Süd, Hasenbergl-Mitte, Hasenbergl-Nord, Hasenbergl-Nord-Ost;

b) Charakter

Hasenbergl-Süd:	Einfamilienhäuschen „im Grünen“ mit Kleingärten, erbaut in der Aufbauphase nach dem 2. Weltkrieg (Aussiedler);
Hasenbergl-Mitte:	Großsiedlung mit typischem Trabantenstadtcharakter, erbaut 1955–59, überwiegend Sozialer Wohnungsbau, später ergänzt durch Eigentumswohnungen (geringer Anteil);
Hasenbergl-Nord-Ost:	Fertigstellung 1969, Sozialer Wohnungsbau, genau wie HbM 4 bis 6stöckige Wohnblocks (Zeilen/Punkthäuser);
Hasenbergl-Nord:	Größte städtische Notunterkunftsanlage, bis 1960 Barackenlager „Frauenholz“; Abriß der Baracken und Bau von 5stöckigen Steinhäusern (10 Blöcke) in den Jahren 1960–1966, konzipiert als Übergangswohnheime.

c) Wohnbevölkerung

Gesamteinwohnerzahl des Stadtteils Hasenbergl:	ca. 32.000,
davon in Hasenbergl-Mitte (Neubaugebiet):	ca. 18.000 (1970)
darunter in Hasenbergl-Nord (Obdachlose):	ca. 3.000 (1970)

insgesamt überdurchschnittlich hoher Anteil von Kindern und Jugendlichen bei geringem Anteil von über 65jährigen.

Ausgewählte Daten zu Hasenbergl-Nord
(Quelle: GWAT-Bericht 70/71, S. 8 ff.)

1. Dauer der Obdachlosigkeit*)

	Anzahl der Haushalte	
Dauer	absolut	%
0– 5 Jahre	198	31,3
6–10 Jahre	205	32,7
11–15 Jahre	136	21,7
16–20 Jahre	90	14,3
	629	100

*) Die Dauer der Obdachlosigkeit bezieht sich auf das Jahr der Ersteinweisung in eine Münchener Notunterkunft.

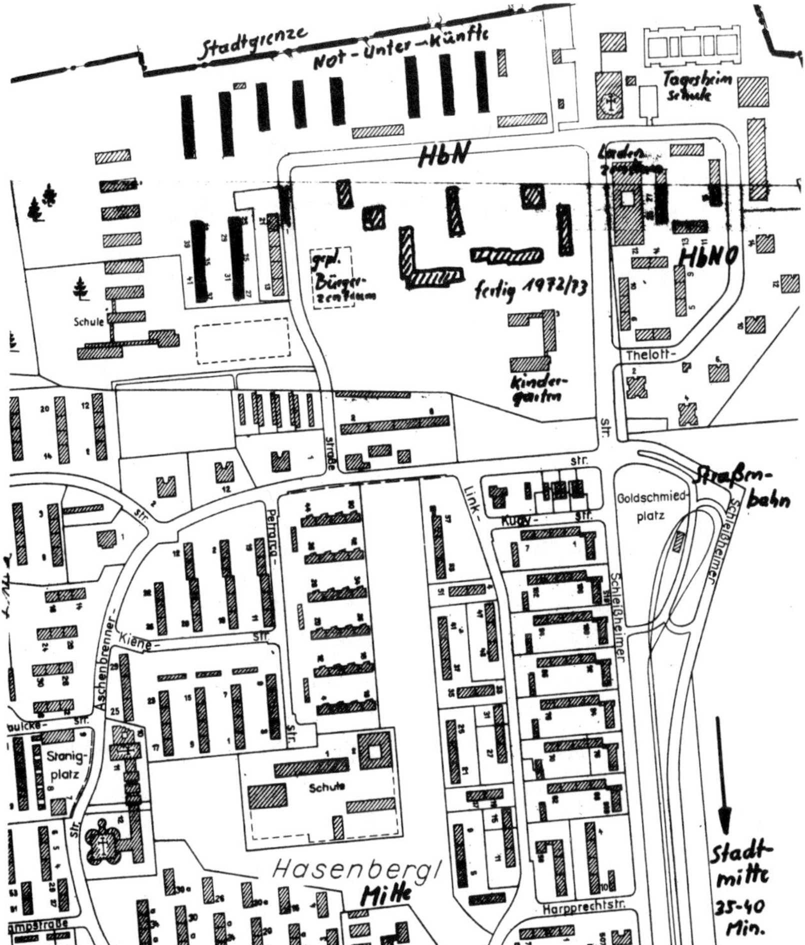
Stadtgrenze
Not-Unter-künfte
Tagesheim Schule
HbN
Laden-zentrum
HbNO
gepl. Bürger-zentrum
fertig 1972/73
Schule
Kinder-garten
Thelott-
Str.
Straßen-bahn
Goldschmied-platz
Schleißheimer
Link-
Kugy-
Str.
Petrarca-
Aschenbrenner-
Kiene-
Stanig-platz
Schule
Hasenbergl
Mitte
Harpprechtstr.
Frühlings-
Stadt-mitte 35-40 Min.

2. Kinder und Jugendliche unter 15 Jahren (Anteil in v.H. der Gesamtbevölkerung)

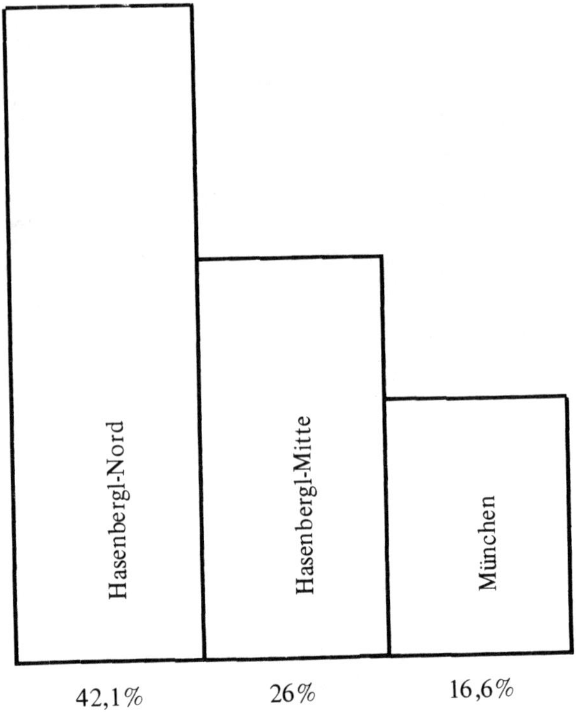

3. Haushaltsgröße

	1 Pers.haush. (%)	2 Pers.haush. (%)	3 Pers.haush. (%)	4 und mehr (%)
BRD	26,1	27,9	19,5	26,5
Bayern	25,3	27,0	19,4	28,3
Hasenbergl-Nord	20,3	9,8	13,4	56,5

Durchschnittliche Haushaltsgröße – BRD: 2.66 Personen
– BY: 2,74 Personen
– HbN: 4,20 Personen

4. Wohnfläche pro Person in Hasenbergl-Nord in m^2
(im Vergleich dazu DIN-Forderung und DIN-Empfehlung)*)

Haushaltsgröße (Personen)	Stand HbN qm/Pers.	DIN-Forderung qm/Pers.	DIN-Empfehlung qm/Pers.
2	12,2	25,8	28,8
3	11,1	19,8	22,0
4	9,7	16,0	18,9
5	9,2	15,3	16,9
6	8,4	14,1	15,6
7	7,3	13,9	15,1
8	7,4	12,9	14,1

*) DIN 18011 und 18022

5. Belegungsschlüssel im Berichtszeitraum*)

Personen	Räume
1– 2	1
3– 4	2
5– 7	3
8–10	4

*) Der Belegungsschlüssel wurde 1973 verändert.

2. Falldarstellung I: Planung Bürgerzentrum Hasenbergl

Ausgangssituation

Im Zuge der Realisierungsbemühungen des Resozialisierungsprogramms erarbeitete das Sozialreferat der Landeshauptstadt München gemeinsam mit dem Schulreferat 1968 erstmals Vorstellungen für ein Sozialzentrum in Hasenbergl-Nord (Raumprogramm 1968). „Auf der Grundlage dieses Raumprogramms wurde das Bauvorhaben zum Mehrjahresinvestitionsprogramm 1969–1973 angemeldet. Das Mehrjahresprogramm 1969–1973 wurde von der Vollversammlung des Stadtrates mit Beschluß vom 4.6.1969 gebilligt. Das geplante Vorhaben ist darin in Dringlichkeitsstufe 1, Baujahr 1970, eingereicht. Es soll auf einem ca. 10.00 qm großen Grundstück, das im Westen durch die Stösserstraße und im Norden durch die Wintersteinstraße begrenzt wird, verwirklicht werden."11)

Die inhaltlichen Vorstellungen des Sozialreferates wurden so beschrieben: „Das Nachbarschaftszentrum soll nach der Zielsetzung des Sozialreferats nicht nur der Erfüllung des Resozialisierungsprogramms dienen, sondern es soll letzten Endes darüber hinaus eine den Bedürfnissen der Bewohner von Hasenbergl-Nord angepaßte Betreuungseinrichtung entstehen."12)

Die beteiligten Gremien und Institutionen – Überörtlicher Arbeitskreis zur Behandlung von Obdachlosenfragen in München (ÜÖAK)

Dieser Arbeitskreis war aufgrund des Resozialisierungsprogramms gebildet worden. Er setzt sich wie folgt zusammen: 13)

Sozialreferat	(Referent, Rechtsabteilung, Verwaltungsdirektion. Familienfürsorge, Obdachlosenfürsorge (Nichtseßhafte), Jugendamt, Amt für soziale Wohnungsfragen, Abt. für Gemeinwesenarbeit (später Grundsatzabteilung)).
Direktorium	(Investitions-, Planungs- und Olympiaamt, Abt. Soziologie und Planung (später Referat für Stadtentwicklung und Stadtforschung)).
Schulreferat	(Abt. Planungs- und Bauwesen, Schulstatistik, Abt. Volksschulen)
Baureferat	(Abt. Bauverwaltung, Abt. Hochbau I (Verw.-, Sozial-, Kulturbauten) und Hochbau IV (Schulbau Mitte/Nord) Stadtgärtendirektion).
Kreisverwaltungsrefer.	(Gesundheitsamt)
Kommunalreferat	(Liegenschaftsamt)
Stadtrat	(Fraktionsvertreter nach Proporz)

Die Federführung des Arbeitskreises liegt beim Sozialreferat.

– *Unterausschuß Sozialzentrum des ÜÖAK,* gegründet März 1970. In diesem Ausschuß sitzen Vertreter des ÜÖAK und freier Institutionen: (Referat für Stadtentwicklung und Stadtforschung; Kulturreferat; Schulreferat (Planung; Baureferat (Hochbau I); Direktorium Verwaltungsamt; Stadtrat; Kreisjugendring München; Jugendkulturwerk München e.V.; Arbeitsgemeinschaft für soziale Fragen, Hasenbergl-Nord; Gemeinwesenarbeitsteam Hasenbergl (GWAT); Projektgruppe Hasenbergl der Technischen Universität München.
– *Ausschuß Sozialzentrum der Arbeitsgemeinschaft* (AG-Ausschuß) *für soziale Fragen Hasenbergl-Nord,* gegründet September 1969, relativ konstante Zusammensetzung aus (Basis-)Vertretern folgender Institutionen:

Münchener Mütterschule e.V.; Caritas-Bezirksstelle Hasenbergl-Nord des Caritasverbandes der Erzdözese München-Freising; Jugendamt München – Abt. Jugendschutz; Stadtentwicklungsreferat; Familienfürsorge; GWAT-Hasenbergl; Projektgruppe TU München; Interessengemeinschaft Hasenbergl-Nord.

Verlauf des Planungsprozesses

Erste Phase: Konzeptionsfindung (Oktober 1969 bis April 1970)

Die Anfangsphase der Tätigkeit des GWAT fiel mit der entscheidend wichtigen Phase der Planung des Raum- und Funktionsprogramms des Sozialzentrums und den entsprechenden Überlegungen im AG-Ausschuß dazu zusammen. Dieser war bereits im September 1969 ins Leben gerufen worden und hatte einige Male getagt. Die Arbeit des Ausschusses war stark von Pater St. Karlstetter (Römlinghoven) geprägt worden, der sich zum Studium der Situation in Hasenbergl-Nord kurzfristig dort aufhielt, im Ausschuß mitgearbeitet und „wegen seiner einschlägigen Erfahrungen weitgehend als Meinungsbildner fungiert hatte."[14] Die AG-Ausschußmitglieder übernahmen die sehr fortschrittlich erscheinenden Denkanstöße des Fachmannes aus Römlinghofen (Demokratisierungsprozeß, stufenweiser Bau, Anpassung an Bedürfnisse der Bewohner) zunächst relativ unreflektiert: „Der Ausschuß entwikkelte auf den Sitzungen Vorstellungen zur Planung, Errichtung und Ausstattung des Sozialzentrums in Hasenbergl-Nord, wobei diskussionslos vorausgesetzt wurde, daß ein Sozialzentrum an sich etwas Erstrebenswertes und Nützliches für die Bevölkerung darstelle."[15] Eine gewisse Ernüchterung brachte der gemeinsame Besuch der Stadtratsitzung im November 1969, in der sich herausstellte, daß „die Stadträte der entsprechenden Ausschüsse in keiner Weise weder über die Situation in Hasenbergl-Nord noch über die pädagogisch-soziologischen Bedingungen eines Sozialzentrums informiert waren."[16]

Am 17.11.1969 erhält das GWAT durch das Investitions-Planungs- und Olympiaamt erstmals nähere Informationen über das geplante Sozialzentrum und wird aufgefordert, bei der Entwicklung einer pädagogischen Konzeption mitzuarbeiten, insbesondere festzustellen, ob eine flexible Konzeption und „eine gewisse Selbstverwirklichung der Bewohner"[17] möglich ist. GWAT arbeitet von diesem Zeitpunkt an aktiv mit zwei Vertretern im AG-Ausschuß mit.

Nachdem am 24.2.1970 der Jugend-, Sozial-, Kultur- und Schulausschuß des Stadtrates die im Oktober 1969 vertagte Verabschiedung des Raum- und Funktionsprogramms nachgeholt hat, legt GWAT Anfang März im AG-Ausschuß ein Diskussionspapier vor, das die *wesentlichen Überlegungen zur Konzeption des Zentrums beinhaltet:*

„1. Was soll das Sozialzentrum sein (Funktion)?

Das Sozialzentrum kann und soll kein Ersatz für die unzureichende Wohnlage der Bevölkerung sein, ... (kommunikatives Verhalten soll sich erst entwickeln können). Damit gewinnt das Sozialzentrum eine Ermöglichungsfunktion für soziale Aktivitäten und für die Vermittlung zwischen Privat- und Öffentlichkeitssphäre ... Die Bürger, für die dieses Haus gedacht ist, sollen nicht als Objekte fürsorgerischer und obrigkeitlicher Bemühungen angesehen werden, sondern als Subjekte Möglichkeiten von Selbstverwirklichung und Selbstdarstellung gewinnen.

2. Wie soll das Sozialzentrum errichtet werden?

Das neue Sozialzentrum muß mit Wissen und Einflußnahme einer vorbereiteten Bevölkerung errichtet werden ... es werden sich entsprechend der Aktivierung und Bewußtwerdung der Bevölkerung (neue und weitere Raumbedürfnisse ergeben). ...
Der Bau muß etappenweise mit den wachsenden Bedürfnissen und dem Entwicklungsprozeß der Bewohner Schritt halten. So findet der Prozeß des Gemeinwesens je und je seine bauliche Entsprechung.

Aus dieser Notwendigkeit ergibt sich u.a. die bauliche Form.

3. Wie soll das Sozialzentrum aussehen?

Der angestrebte kommunikative Charakter ist durch eine flächige und durchlässige Bauweise zu erreichen ... (mit Variations- und Ergänzungsmöglichkeiten." 18)

Diese ersten inhaltlichen Überlegungen des Teams zum Sozialzentrum weichen erheblich von den Vorstellungen des Sozialreferates ab („Resozialisierungsvehikel"). Gleichzeitig werden deutlich die Akzente

– Ermöglichungsfunktion des Zentrums
– flexible Bauweise
– Hinweis auf das Wohnproblem
– Partizipation der Betroffenen

gesetzt.

In einem Interview mit dem Bayerischen Rundfunk I (3.3.70) werden sie von den Vertretern des GWAT und der AG bereits öffentlich vertreten; die Vertreter der städtischen Dienststellen (Sozialreferat) lehnen diese Vorstellungen zunächst ab und verweisen auf die Resozialisierungs- und Betreuungsfunktion. Das Interview wird am 9.3.70 „verstümmelt" gesendet, die Gemeinwesenarbeiter fühlen sich überspielt.

Zum ersten Mal wird daraufhin die bisherige Mitarbeit kritisch hinterfragt:

„1. Das SZ ist ohne Bedürfnisfeststellung bei den Bewohnern geplant und entwickelt worden. Für AG ist es eine Notwendigkeit und sicher auch ein Prestigegewinn. Im GWA-Team z.Z. Wunsch, durch Kontakt zu Schlüssel-(Kontakt-)Personen Bewohner am SZ zu interessieren ... die Bewohner sollen auf das SZ vorbereitet werden ...

2. Frage ... ist das Aufgabe der GWA? In dieser Form sicher nicht so, da Bewohner keinen Einfluß auf die Gestaltung haben, da das SZ (meine Hypothese) sicher nicht vordringliches Problem der Siedlung ist.“[19]

Und weiter: „Bei den Reflexionen in Vorbereitung auf die Rundfunksendung und danach wurden bei den Mitgliedern des GWAT immer heftigere Zweifel laut, ob in der gegenwärtigen Situation von HbN ein SZ wirklich von Wert sei.“[20]

Trotz der Zweifel werden von GWAT keine konkreten Schritte unternommen.

Zu der am 18.3.1970 stattfindenden Sitzung des „überörtlichen Arbeiskreises zur Behandlung von Obdachlosenfragen“ werden Vertreter der Arbeitsgemeinschaft und die Gemeinwesenarbeiter zum Punkt „Stand der Planung und Erarbeitung einer Konzeption für das Sozialzentrum Hasenbergl-Nord“ als Gäste eingeladen. Es ist das erste Mal, daß an einer Sitzung des Gremiums ‚nichtstädtische‘ Vertreter teilnehmen. –

Anmerkung: Während der Stadtratssitzung am 24.2.1970 (Raum- und Funktionsprogramm) war „den Äußerungen der Vertreter des Baureferates zu entnehmen, daß das Vorprojekt ohne Mitsprache der in Hasenbergl Tätigen und ohne Berücksichtigung der bisher entwickelten Vorschläge erstellt werden soll.“[21] Diese Aussagen führten innerhalb des GWAT zu der Fragestellung, wie „eine Zusammenarbeit von Sozialarbeitern, Soziologen und dem zuständigen Architekten erreicht (werden kann)?“[22] Der ÜÖAK wurde als ein Gremium eingeschätzt, in dem eine solche Kooperation verwirklicht werden bzw. das Impulse in dieser Richtung aufnehmen konnte.

Bereits in dieser ÜÖAK-Sitzung weist GWAT auf die Vorrangigkeit der Wohnfrage hin: „Das Sozialzentrum darf nicht isoliert vom Wohnungsbau gesehen werden, den Bürgern wären zunächst anständige Wohnungen lieber.“[23] Weiterhin wird die Notwendigkeit der Information der Bevölkerung betont, wobei die GWAT-Vertreter hervorheben, daß die „Mitbestimmung durch die Bevölkerung noch nicht möglich ist und daß deshalb Möglichkeiten und Voraussetzungen zur Mitbeteiligung (zu schaffen sind).“[24] Die Vertreter des Olympiaamtes (IOA) fordern, daß „in den Prozeß der Aufklärung ... mehr Mittel gesteckt werden (müssen) (und) nicht rasch ein Bauprogramm entschieden (werden soll.)“[25]

Anmerkung:

Die konkrete Mittelforderung der IOA-Vertreter wird in der Sitzung nicht weiter behandelt, sie taucht auch im offiziellen Protokoll nicht mehr auf und ist damit für die weitere Arbeit ‚gestorben'. Dies ist ein typisches Beispiel für die Meinungs- und Entscheidungsbildungen innerhalb des ÜÖAK und seiner Unterausschüsse.

Der ÜÖAK beschließt die Gründlung eines Unterausschusses Sozialzentrum, „der ein Funktionsprogramm unter Berücksichtigung der sich daraus ergebenden Bauplanung erarbeiten soll"[26] und dem auch Vertreter der örtlichen Basis angehören sollen. Eine Vertreterin der Familienfürsorge der Mütterschule, und ein GWAT-Mitglied arbeiten als der aktive Kern des AG-Ausschusses in diesem überörtlichen Ausschuß mit.

Damit kann eine erste Phase des Planungsprozesses als abgeschlossen bezeichnet werden. Sie war für GWAT bestimmt von

- den schlechten Startbedingungen des Projektes,
- der tatsächlichen oder vermeintlichen Notwendigkeit, schnell und damit unkritisch in die bereits laufende Planungsarbeit einzusteigen (AG-Ebene),
- der Kontaktaufnahme zu wichtigen Gremien (Sozialreferat, Investitions-Planungs- und Olympiaamt, ÜÖAK) als mögliche Adressaten der Planungsideen,
- der theoretischen Einarbeitung in den Themenbereich (Literaturstudium, Lektüre von Projekt- und Erfahrungsberichten über Einrichtungen in der BRD, in den Niederlanden, der Schweiz und Frankreich),
- beginnenden Zweifel an Sinn und Notwendigkeit des Zentrums.

Exkurs: Beteiligung der Interessengemeinschaft Hasenbergl-Nord am Planungsprozeß

Auf einer Klausurtagung der Arbeitsgemeinschaft für soziale Fragen Hasenbergl-Nord im Dezember 1969 (die Gemeinwesenarbeiter nahmen daran teil, seit diesem Zeitpunkt waren sie auch offiziell Mitglieder der AG), wurde u.a. eine verstärkte Beteiligung der Bewohner, vor allem der bereits in der Interessengemeinschaft (IG) Aktiven, an der Arbeit beschlossen. Diese Aufgabe sollten in erster Linie die Gemeinwesenarbeiter übernehmen. Im Januar 1970 wird der IG offiziell über die Ergebnisse der Klausurtagung berichtet. Sie erhält von da an regelmäßig Informationen über den Stand der Planung zum Sozialzentrum u.ä. In der IG-Sitzung vom 10.3.1970 informieren die beiden GWAT-Vertreter im AG-Ausschuß ‚Sozialzentrum' die IG umfassend: „Da man im Ausschuß (gemeint ist der AG-Ausschuß) erreicht hat, an der Vorprojektierung der Stadt beteiligt zu werden, ist es besonders wichtig, daß auch von den Betroffenen selbst Vorschläge und Anregungen zu dem geplanten Bau kommen. Deshalb sollen auch IG-Mitglieder im Ausschuß „Sozialzentrum" mitarbeiten."[27] Es melden sich drei Interessenten. Die IG diskutiert noch kurz die Problematik der Mitarbeit im Ausschuß; vor allen Dingen unter dem Gesichtspunkt der Berufstätigkeit der Interessenten. Gleichzeitig „war (man) sich einig, daß schon der Begriff ‚Sozialzentrum' problematisch ist und man evtl. eine andere Bezeichnung suchen sollte."[28]

Auf der nachfolgenden Ausschußsitzung werden folgende von GWAT formulierte Fragen diskutiert: „Wie kann der Info-Rückstand der IG-Mitglieder aufgearbeitet werden? Welche Vorinformationen müssen/sollen gegeben werden? Wer gibt sie? Rollenkonflikte zwischen AG-Mitgliedern (z.B. Fafü-Klient)? Berücksichtigung der Berufstätigkeit der IG-Mitglieder?“[29)]

Obwohl die Situation als schwierig angesehen wird, ist man der Ansicht, „hier gleichberechtigte und ehrliche Zusammenarbeit soweit wie möglich praktizieren (zu können)“[30)] Es wird beschlossen, mindestens einmal im Monat eine Ausschußsitzung abends anzusetzen, damit die IG-Mitglieder teilnehmen können. An den beiden nächsten Sitzungen des AG-Ausschusses haben dann drei IG-Vertreter teilgenommen. Es gibt darüber keine Protokolle, wahrscheinlich wurden diese Sitzungen jedoch überwiegend dazu genutzt, die IG-Vertreter zu informieren.

An der Ausschußsitzung am 6.5.1970 hat zum letzten Mal ein IG-Vertreter teilgenommen. In der IG-Sitzung am 26.5.1970 berichtet er über die wichtigsten Punkte: „Mit einem Fragebogen wurden die bestehenden Gruppen erfaßt, damit man weiß, wer Räume braucht. Sie liest die Gruppen und das jeweilige Ausschlußmitglied, das Kontakt aufnimmt, vor – u.a. ‚Gruppe Homosexuelle‘ – Kontakte Frau S. (Fafü). Neben dem Gelächter klingt auch Verärgerung (bes. D.) durch, daß man hier schon soweit gekommen ist, für solche Leute Gruppenräume zu beschaffen. – Frau G. berichtet auch, daß nach dem bisherigen Stand die AWO die Trägerschaft für das Sozialzentrum übernehmen soll.“[31)]

Zu diesem Zeitpunkt endete die Mitarbeit der IG im AG-Ausschuß; sie beschäftigte sich 1970/71 dann überwiegend mit Fragen des Selbstverständnisses und der Verbesserung der Wohnsituation.[32)]

Erst viel später in der Sitzung am 9.2.1971 diskutierte das Plenum der Arbeitsgemeinschaft Bürgerzentrum und Ausschußarbeit, besonders die Bürgerbeteiligung an der Planung. „Auf die Kritik, daß Bürger von Hasenbergl-Nord bisher nicht an der Planung beteiligt waren, führt der Ausschuß an:

1. In der bisherigen Arbeit war eine zügige Ausschußarbeit erforderlich.
2. Eine konstruktive Mitarbeit bei abstrakten Planungsvorstellungen überfordert voraussichtlich einen großen Teil der Bevölkerung.
3. Die Sachgruppe nahm die Bedürfnisartikulierung der Bürger nach besseren Wohnverhältnissen als vorrangig an und initiierte die Bildung des Ausschusses „Verbesserung der Wohnsituation in Münchener Unterkünften“ unter Federführung des Sozial-Referates.
4. Die Mitarbeit am Zentrum wurde von der Sachgruppe als eine Kompromißlösung verstanden: Die Notwendigkeit einer entsprechenden Einrichtung besteht und zur Zeit sind öffentliche Gelder für diesen Zweck vorhanden. Es wurde versucht, eine mögliche Alibifunktion des Zentrums durch die konkreten Forderungen an Inhalte der Arbeit, pädagogische Vorstellungen, bauliche Flexibilität und Form der Trägerschaft aufzuweichen bzw. zu vermeiden. Als Nahziel sieht die Sachgruppe jetzt in verstärktem Maße die kritische Auseinandersetzung mit der Bevölkerung hinsichtlich des Bürgerzentrums an.“[33)]

Anmerkung:
GWAT und AG mußten unter starkem Planungs- und Zeitdruck handeln. Dabei bestand relativ große Unkenntnis über die formalen Planungsabläufe innerhalb

der kommunalen Verwaltung. Begriffe, wie Raum- und Funktionsprogramm, Vorprojekt, Projektstudie, Projektgenehmigung, Bauplanung, flexible Bauweise etc. waren in ihrer *inhaltlichen* und *formalen* Bedeutung den Ausschußmitgliedern nicht klar. Inhaltlich meint hier: Was bedeutet ein bestimmter Planungsschritt für das fertige Bauwerk? Formal meint: Welcher Planungsschritt ist wann von welcher Behörde zu genehmigen, damit der nächste Planungsschritt getan werden kann? Eine richtige Einschätzung von Interventionsmöglichkeiten konnte aus diesem Grund kaum getroffen werden. Dieser Bereich der Planung, der praktisch innerhalb des Behördenapparates abläuft, blieb undurchsichtig, wirkte verunsichernd und konnte letztlich aufgrund eigener Unkenntnis auch den IG-Mitgliedern nicht vermittelt werden. Die IG-Delegierten, die innerhalb des AG-Ausschusses ihr Unverständnis durch klare Fragen zum Ausdruck brachten, wirkten auf die Diskussion hemmend. Eine Beteiligung der IG an der Planung des Sozialzentrums gelang nicht. Der Planungsprozeß selbst war zu komplex und abstrakt. Weiterhin erkannten die IG-Mitglieder in der Verbesserung der Wohnsituation (wenn auch in ‚Kleinigkeiten‘) die eindeutige Priorität ihrer Arbeit und maßen dem Sozialzentrum keine große Wichtigkeit bei. Möglicherweise machte die von der IG wahrgenommene Identifikation des GWAT mit der Zentrumsplanung eine scharfe Kritik unmöglich.

Zweite Phase: Problematisierung (April 1970–Juli 1970)

Anfang April beabsichtigt das GWAT, „wenn schon keine qualifizierte Mitbestimmung möglich ist, die Bevölkerung weitestgehend auf das Zentrum vorzubereiten. Dazu sollen zwei Schritte getan werden:

a) Information der Bürger durch eine Art Informationsprospekt, welchen die AG zusammen mit dem Team gestaltet und entwickelt.
b) Eine Aktivierung der Bürger für das SZ einzuleiten.“34)

Konkretisiert werden diese Vorstellungen jedoch nicht.

Am 21.4.1970 findet die erste Sitzung des ‚Unterausschusses Sozialzentrum‘ des überörtlichen Arbeitskreises statt. Die wichtigsten Ergebnisse dieser Sitzung sind:

- Die Teilnahme des planenden Architekten an den künftigen Sitzungen des Ausschusses.
- Mit der ‚Projektgruppe Hasenbergl‘ der Technischen Universität soll offiziell Kontakt aufgenommen werden. Die Gruppe hat sich bereits mit dem Projekt beschäftigt.
- Die Planung muß von den Bedürfnissen der Bewohner ausgehen.

Zum letzten Punkt heißt es im Protokoll: „Vordringlich ist die systematische Erfassung bestehender *Bedürfnisse* der Bevölkerung.

Frage: Gründliche Voruntersuchung oder weitere Verzögerung des Baubeginns *oder* baldiger Baubeginn und das Risiko der Folgen einer ungenügenden Planung?

Nach einer Kompromißlösung soll gesucht werden. Bis zur nächsten Besprechung will Herr K. konkrete Vorstellungen des Gemeinwesenarbeiter-Teams über die Methoden der Erfassung bestehender und noch zu artikulierender Bedürfnisse der Bevölkerung vorlegen. Um ein Funktionsprogramm zu erarbeiten, ist die Mitarbeit der Bevölkerung wichtig. Das GWA-Team und die Arbeitsgemeinschaft Hasenbergl-Nord wollen hierzu Informationsaktionen planen."[35] Daraufhin beschließt der AG-Ausschuß in seiner Sitzung am 6.5.1970 eine Erhebung über alle in Hasenbergl-Nord bestehenden Gruppen als Grundlage für die weitere Planung.[36]

Bedingt durch die zunehmenden Kontakte und Informationen sowie Erfahrungen aus und im sozialen Feld beginnt sich im Mai 1970 bei den Gemeinwesenarbeitern eine strategische Verunsicherung bezüglich der Planung des Sozialzentrums breitzumachen. Die Situation wird in einem Teamgespräch am 15.5.1970 ausführlich diskutiert:

„Wir haben uns trotz des Wissens, daß in der momentanen Situation in Hasenbergl-Nord ein Sozialzentrum nicht das vordringslichste Problem ist, für den Bau entschieden. Die Verbesserung der Wohnsituation ist zwar dringend notwendig, stellt aber keine Alternativlösung zum Sozialzentrum dar. Wahrscheinlich könnte man innerhalb kurzer Zeit die Bevölkerung von Hasenbergl-Nord auf die Straße bringen, um gegen den Bau des Sozialzentrums zu demonstrieren. Solch eine Agitation wäre aber politisch unklug. Zum einen wäre es unvernünftig, den Bau des Zentrums zu torpedieren, ehe nicht sicher ist, daß eine Verbesserung der Wohnsituation (Auflockerung, sanitäre Anlagen) *nicht* innerhalb absehbarer Zeit in Angriff genommen werden kann. Zum anderen ist das Zentrum ein langfristiges Projekt, für das, wenn nicht jetzt, so doch in ein paar Jahren, direkter Bedarf angezeigt werden wird. Da aber gemäß den städtischen Investitionstendenzen in ein paar Jahren (nach der Olympiade) keine Mittel mehr dafür zur Verfügung stehen werden, erscheint es uns als Gebot der Stunde, die Gelegenheit jetzt auszunutzen. Bedarf an Gemeinschaftsräumen besteht jetzt schon, nur nicht in dem Ausmaß, wie es wahrscheinlich das Zentrum bieten wird. Es bleibt allerdings die Frage bestehen, ob die geplanten therapeutischen Einrichtungen nicht die Situation noch mehr kaschieren und damit eine Lösung des vordringlichsten Problems, nämlich der Verbesserung der Wohnverhältnisse erschweren. Wir setzen die Priorität eindeutig bei der Wohnungsfrage; nur begleitend mit dem Bemühen darum kann unserer Ansicht nach am Projekt Zentrum weitergearbeitet werden. Bei weiteren Diskussionen ist darauf zu achten, daß dieser Aspekt genügend berücksichtigt wird und daß ferner dem Titel ‚Sozialzentrum' der Akzent des Caritativen genommen wird. Erfolgversprechend scheint uns das Zentrum nur zu sein, wenn es radikal verschieden von den bisher bekannten Einrichtungen gestaltet wird.[37]

Auch in der kurze Zeit später stattfindenden Diskussion mit den Teamberatern wird über das Projekt ‚Sozialzentrum' ausführlich debattiert:

„Das Projekt (befindet sich) . . . in einer kritischen Phase insofern, als die AG-Ausschußmitglieder des GWAT . . . äußerst unsicher geworden sind. Es war im Team schon ganz kraß die Frage gestellt worden, ob das Zentrum überhaupt gebaut werden soll, während die anderen Ausschußmitglieder . . . hauptsächlich an einer progressiven Planung und Gestaltung arbeiten. Die Feststellung seitens des Teams, die Bevölkerung sei zur Zeit nicht imstande, in demokratischem Sinne an der Planung sich zu beteiligen, löste bei den Beratern fast einmütig eine Abwehrstellung gegen dieses Projekt aus. GWA stehe und falle mit Bewohneraktivitäten, nur diese berechtigen eine Initiative der GW-Arbeiter. Herr G. und Herr S. sprechen sich dafür aus, die Bewohner gegen das Zentrum zu mobilisieren. Als Chance einer socلhen Mobilisierung sah Herr G, daß nach einer solchen Phase der Ablehnung eine kritische Beteiligung möglich sein könnte. Herr S. meinte, die Stadt solle doch das Zentrum alleine bauen. Frau N. fragte das Team, wieso es behaupten könne, eine bessere Planungsvorstellung als die Stadt zu haben, kurz, weshalb das Team ohne Bewohner weiterplane. Herr S. brachte als Beispiel Freizeitheime, deren Planung aus falschen theoretischen Konzepten hervorgegangen seien. Diesen Fehler müsse man auf alle Fälle vermeiden. Frau N. gab weiter zu bedenken, daß es gefährlich sei, wenn man als GW-Arbeiter eigene Vorstellungen zu realisieren trachte, ohne dabei irgendwelcher Kontrolle unterworfen zu sein.

Von seiten des Teams wurden diesen Diskussionsbeiträgen die Möglichkeiten funktionaler GWA entgegengehalten. Möglicherweise sei das dann nicht mehr klassische GWA, vorrangig sei aber, was dem Gemeinwesen Hasenbergl nützt.“[38)]

Trotz ausführlicher Diskussion der Möglichkeiten, die IG an den Planungen zu beteiligen, der anlaufenden Bestandserhebung der bestehenden Gruppierungen und ihrer Raumbedürfnisse, bleiben die Berater weiterhin „skeptisch. Es besteht die Gefahr der Integration in Planungsgremien (G.) und man verwöhne die Verwaltung mit Papieren (N.); das Ausweichen in funktionale GWA könne eine Flucht sein vor dem Unvermögen des Teams, Bewohner zu aktivieren (S.)“[39)]

Abschließend wird dann festgestellt, daß aus diesen „Einsichten keine konkreten Konsequenzen gezogen werden (können). Man war sich jedoch einig, daß die Bewohner möglichst neutral und informell zu informieren (sind).“[40)]

Obwohl keine konkreten Konsequenzen gezogen werden, gelingt es den Mitarbeitern des GWAT doch, auch im AG-Ausschuß die bisherige Arbeit zu problematisieren. Dies zeigt sich am Stand der Diskussion im AG-Ausschuß in der Sitzung am 27.5.1970:

„I. Es muß begründet werden, daß ein endgültiges ‚pädagogisches Konzept‘ aufgrund der derzeitigen Situation in Hasenbergl-Nord nicht erstellt werden kann. Für die Bewohner der Unterkünfte ist die unzureichende Wohnung das einzige Problem, andere Bedürfnisse können nicht artikuliert werden.

Bevor die eigentlichen Bedürfnisse der Bevölkerung nicht bekannt sind, kann die Planung des SZ nicht abgeschlossen werden. Es sind jedoch vordergründige (Probleme) Bedürfnisse bekannt, die sobald wie möglich befriedigt werden müssen. Deshalb muß mit dem Bau des SZ sobald wie möglich begonnen werden. Die Bauweise des SZ muß so sein, daß der Gebäudekomplex erweitert und den jeweiligen Bedürfnissen entsprechend verändert werden kann.

II. Als vordergründige Probleme gelten zur Zeit räumliche Bedürfnisse, wie z.B.
- Räume für die Jugendlichen (Freizeit, Club)
- Räume für Kinderarbeit (Spielstube, Hausaufgabenhilfe).

Diese Bedürfnisse müssen möglichst bald gedeckt werden. Um mit der konkreten Planung des Projektes beginnen zu können, ist eine vorbereitende Arbeit mit der Bevölkerung nicht unbedingt erforderlich, da diese Bedürfnisse sehr offensichtlich und allgemein bekannt sind. Bis zum nächsten Unterausschuß können diese primären Bedürfnisse sicher konkret dargestellt und schriftlich vorgelegt werden.

III. Mit dem ersten Bauabschnitt wird der eigentliche Zweck des SZ, nämlich Resozialisierung der Unterkunftsbewohner, nicht erfüllt. Dieses Problem kann nur gelöst werden, wenn eine Verbesserung der Wohnsituation in den Unterkünften voraus oder parallel mit der Planung des SZ geht. Erst nach der Verbesserung ihrer Wohnsituation werden die Bewohner von Hasenbergl-Nord bereit und fähig sein, sich der Lösung ihrer anderen Probleme zuzuwenden. Erst dann ist an eine Realisierung des Resozialisierungsprogramms zu denken.

Das weitere Vorgehen in dieser Angelegenheit sollte nach diesem Schema erfolgen:

1. Feststellung des augenblicklichen, unbedingten Raumbedarfes.
2. Danach Erstellung des 1. Bauabschnittes des SZ.
3. Parallel dazu Verbesserungen der Wohnungen in Hasenbergl-Nord.
4. Information und Aktivierung der Bevölkerung (wird erst nach der Verbesserung der Wohnsituation möglich sein).
5. Erfassung der dann bestehenden Bedürfnisse.
6. Ergänzung und Fertigstellung des SZ aufgrund der bewußt gewordenen und artikulierten Bedürfnisse der Bevölkerung.“41)

Kurze Zeit später – während der GWAT-internen Diskussion zur Vorbereitung der nächsten AG-Ausschußsitzung vollzieht das Team eindeutig die Prioritätenverschiebung zugunsten der Wohnproblematik. Dazu wird für die Ausschußsitzung am 4.6.1970 eine Diskussionsvorlage erarbeitet. Diese Vorlage führt die im AG-Ausschuß diskutierten Ansätze fort, nennt konkret die systematische Aufarbeitung vorhandener Erfahrungen der im Feld Tätigen und gezielte Informationsaktionen über das Sozialzentrum als vorrangig in Angriff zu nehmende Aufgaben und formuliert folgende Abgrenzung:

„Sollte sich erweisen, daß der Plan des SZ in breiteren Kreisen auf Ablehnung stößt, so kann es nicht unsere Aufgabe sein, die Leute im Sinne einer Beeinflussung für den Bau des SZ zu manipulieren.

Abschließend muß noch einmal betont werden, daß das vorrangige Problem die Wohnungsfrage darstellt. Der Kreislauf der Apathie wird nicht eher durchbrochen werden, bis sichtbare Beweise der immer wieder akklamatorisch vorgebrachten Resozialisierungsbemühungen für jeden einzelnen Bewohner aus der Unterkunftsanlage greifbar sind."[42]

Aufgrund der Diskussionsvorlage beschließt der AG-Ausschuß auf seiner Sitzung am 4.6.1970 etwas in Sachen Verbesserung der Wohnverhältnisse zu tun. Ein geeigneter Adressat für diese Forderung scheint der überörtliche Arbeitskreis zu sein. In der zweiten Sitzung des Unterausschusses ‚Sozialzentrum' am 9.6.1970 provozieren die Vertreter des GWAT in Absprache mit den AG-Vertretern und den Delegierten des Investitions-Planungs- und Olympiaamtes eine Diskussion über die Wohnproblematik und betonen deren Vorrangigkeit für die Bewohner von Hasenbergl-Nord. Der Ausschuß beschließt daraufhin, vom ÜÖAK die Bildung eines eigenen Arbeitsausschusses für die Wohnprobleme zu fordern. Dieser Unterausschuß ‚Verbesserung der Wohnsituation in Unterkünften' tritt (nach nochmaligem Drängen des GWAT in der Sitzung am 2.7.1970 am 22.7.1970) zu seiner konstituierenden Sitzung zusammen (vgl. Fallbericht II).

Mit diesem Schritt kann die zweite Phase des Planungsprozesses als abgeschlossen gelten. Sie war gekennzeichnet von

- einer zunehmenden Infragestellung der Notwendigkeit des Sozialzentrums,
- dem (mißglückten) Versuch, die Interessengemeinschaft als eine aktive Bewohnergruppe in den Planungsprozeß mit einzubeziehen,
- einer deutlichen Prioritätenverschiebung zu Gunsten der Wohnungsproblematik,
- zunehmender Integration in die städtischen Planungsgremien.

Dritte Phase: Desillusionierung (Juli 1970–April 1971)

In bezug auf die weitere Planung werden in der Sitzung am 9.6.1970 im wesentlichen die Fragen einer flexiblen Gestaltung und einer additiven Bauweise diskutiert. Die Vorstellungen des AG-Ausschusses und des GWAT werden vom planenden Architekten aufgegriffen. Von den Vertretern der Fachbasis wird dabei immer wieder an den dringenden Raumbedarf für Aktivitäten in Hasenbergl-Nord erinnert. Sie fordern deshalb, daß zunächst in einem „ersten Bauabschnitt nur derjenige Raumbedarf gedeckt wird, der sich aus der derzeitigen Gruppenarbeit in Hasenbergl-Nord ergibt."[43] Gleichzeitig soll damit die Entwicklungsmöglichkeit des Zentrums herausgestellt werden. Etwa zur gleichen Zeit (Juni 1970) begann die Zusammenarbeit von GWAT mit der bereits erwähnten ‚Projektgruppe Hasenbergl' der Technischen Universität München (TUM).

Eine Subgruppe „Planung" entwickelte weitgehende und entscheidende Vorstellungen für das Zentrum. Allerdings hatte sich die Zielsetzung vom ‚Bau eines Sozialzentrums-Hasenbergl' zur ‚Sanierung der Siedlung Hasenbergl' verschoben: " . . . das Zentrum (soll) zwar von dem vorhandenen Grundstück ausgehen, später aber sich längs der Hauptstraßen auf ganz Hasenbergl ausdehnen als Kontrastelement zu der bestehenden, nicht raumbildenden und zu lockeren Bebauung, wobei durch die hohe Verdichtung abwechselungsreiche Raumfolgen und eine belebende Nutzungsmischung von Wohn-, Arbeits- und Gemeinschaftsstätten zu schaffen wären."[44)]

Die wesentlichen Elemente dieses Konzepts waren: variables, erweiterbares Bausystem, Bedeutungskontrast zur Umgebung, Nutzungsmischung, vielfache räumliche Gliederung. Die Gruppe stellt ein entsprechendes Modell im ÜÖAK-Ausschuß vor.

Am 15.7.1970 wird die Aufstellung aller in Hasenbergl-Nord bestehenden Gruppen und deren aktueller Raumbedarf fertig. Der planende Architekt bezieht sie in die Überarbeitung des Raumprogramms mit ein. In der dritten Sitzung des ÜÖAK-Ausschusses am 11.8.1970 stellt die Projektgruppe der TU ihr bereits erwähntes Modell vor. Der Vertreter des Baureferates gibt eine Übersicht über die nächsten formal notwendigen Planungsschritte:

„1. Vorprojekt, 2. Projektgenehmigung (Rat), 3. Baugenehmigung durch Baubehörden, 4. Erstellen der Werkpläne, 5. Baubeginn nach Ausschreibung und Vergabe."[45)] Nach Einschätzung der Fachleute dauert dieses Verfahren günstigenfalls drei Monate, in der Regel jedoch mindestens ein halbes Jahr.

Der planende Architekt legt sein Konzept in der fünften Sitzung des ÜÖAK- Ausschusses im September 1970 vor. „Es baut auf dem Konzept der Projektgruppe (TU) auf, greift auch über die Grundstücksgrenzen, unterscheidet sich aber in der geringeren Baumasse und darin, daß die Fußgänger ebenerdig geführt werden sollen."[46)] Insgesamt akzepiert die Ausschußmehrheit die Vorschläge mit geringfügigen Einschränkungen. Es wird beschlossen, über die Anbindung eines Ladenzentrums an das Sozialzentrum mit der Baugesellschaft GWG[47)] zu verhandeln. Während die GWG den Plänen in der nächsten Sitzung des ÜÖAK-Ausschusses grundsätzlich zustimmt (23.9.1970), gibt es bei den notwendig gewordenen Verhandlungen mit dem städtischen Wirtschaftsamt neue Schwierigkeiten. In der Ausschußsitzung am 11.8.

1970 sieht das Wirtschaftsamt . . . für die geplante Ladenstraße keine Realisierungsmöglichkeiten; es besteht nur der Bedarf für einen Supermarkt und evtl. eine Wäscherei. In der Diskussion wird geklärt, daß es sich dabei aber nicht um einen Bedarf, sondern um Angebote von Pächtern handelt.“[48])

Diese Entwicklung führt im GWAT zu einer heftigen Diskussion. In einem Teamgespräch fragt S. an, „wie weit wir beim jetzigen Stand der Planung noch mitmachen können, bemängelt das sichtbare Profitinteresse der GWG, befürchtet, daß nicht Bedürfnisse der Bewohner die Entscheidung beeinflussen, sondern die finanziellen Mittel der Geschäftsleute. Kann sich aber nicht konkret ausdrücken – längere Diskussion.“[49])

Anfang Oktober werden in Hasenbergl ‚amtsinterne Gerüchte‘ bekannt: „Nach Äußerung von Herren Z. und P. vom Stadtentwicklungsreferat besteht die Gefahr, daß die Gelder für das Zentrum in Hasenbergl gestrichen werden bzw. erst für den Haushalt 1972 gewährt werden. In diesem Zusammenhang soll auch darauf hingewiesen worden sein, daß sich ein ‚demokratischer‘ Planungsprozeß wie bisher beim Zentrum doch nicht verwirklichen lasse, da er zu lange dauere.“[50]) Aufgrund dieser Gerüchte erhält GWAT von der AG den Auftrag, einen offenen Brief an alle mit der Planung des Zentrums befaßten Gremien, Institutionen und Personen zu schreiben. In diesem Brief wird massiv gegen eine eventuelle drohende Streichung der Haushaltsmittel Einspruch erhoben und die Dringlichkeit des Zentrumbaues erneut betont.

Der Sozialreferent der Landeshauptstadt München beantwortet den Brief am 12.11.1970 unter Hinweis auf verschiedene haushaltsrechtliche Vorschriften, die falsch ausgelegt werden könnten und auf die Verzögerung durch die offene Planung teilt der Referent mit, daß „entgegen (den) Befürchtungen . . . ohne Einschränkung gesagt werden (kann), daß bei allen beteiligten Stellen Klarheit darüber herrscht, daß der Baubeginn des Sozialzentrums keinesfalls verschoben werden soll, da diese Einrichtung dringendst benötigt wird.“[51]) Weiterhin werden die positiven Aspekte der offenen Planung herausgestellt, eine beschleunigte Abwicklung des formalen Verfahrens durch das Baureferat in Aussicht gestellt und versichert, „daß . . . trotz der angespannten Finanzsituation (das Projekt) im Stadtrat auf volles Verständnis stoßen und die Unterstützung aller Fraktionen bekommen (wird).“[52])

Die Gerüchte bleiben zunächst ohne konkrete Folgen: Am 21.1.1971 tritt der ÜÖAK-Ausschuß zu seiner sechsten Sitzung zusammen. Das von Baureferat und Architekt gemeinsam entwickelte Raum- und Funktionsprogramm wird vorgelegt. Die vom Ausschuß erarbeiteten Vorschläge und Anregungen sind mit aufgenommen worden. Der überörtliche Arbeitskreis benennt das ‚Sozialzentrum Hasenbergl' in seiner Sitzung am 22.1.1971 in ‚Bürgerzentrum Hasenbergl' um.

Im Hinblick auf das geplante Ladenzentrum im Bürgerzentrum führt GWAT im Januar gemeinsam mit dem Bezirksausschuß 33 eine Befragungs- und Informationsaktion durch. Unter dem Titel „Mitreden bevor gebaut wird" findet an drei Tagen (29./30./31.1.1971) ein Informationsstand in Hasenbergl-Nord statt, auf dem unter Vorlage der bisher bekannten Pläne über Ladenzentrum, Bürgerzentrum und die damit zusammenhängenden Fragen mit Passanten diskutiert wird. Gleichzeitig wird gefragt, nach welchen Läden in Hasenbergl-Nord Bedarf besteht. Aus dem Ergebnis dieser Befragungsaktion:

Spitzenreiter war eine Bäckerei (90%) und eine Metzgerei (62%). Insgesamt konnten knapp 30% aller Haushalte in Hasenbergl-Nord und Nord-Ost befragt werden. Die Veröffentlichung des Ergebnisses in der Münchener Abendzeitung am 19.3.1971 – Schlagzeile: 1000 Münchener träumen von diesem Mann – führte dazu, daß sich im Sommer 1971 ein Bäcker in Hasenbergl-Nord niederließ (vgl. dazu auch: GWAT Hasenbergl, Arbeitsbericht 70/71, a.a.O., S. 6/7). Gleichzeitig wird die Bevölkerung während dieser Aktion eingeladen, an der am 18.2. 1971 stattfindenden Sondersitzung des Bezirksausschusses 33 teilzunehmen. Dort soll das Projekt Bürgerzentrum Bevölkerung offiziell vorgestellt werden.

Zur Vorbereitung auf diese Sitzung treffen alle lokalen Gruppen, die mit der Planung befaßt waren, nochmals zusammen. Der AG-Ausschuß Bürgerzentrum stellt fest, „daß ein großer Teil der von der AG als notwendig erkannten Dinge bei der Planung des Zentrums grundsätzlich berücksichtigt wurde. Im wesentlichen sind dies: Aufgelockerte Bauweise, flexible Bauform, Anbindung bzw. Verknüpfung mit kommerziellen Gemeinbedarfseinrichtungen, Verbindung mit der Gesamtproblematik HbN (Wohnungen z.B.)"[53]

Auf dem Hintergrund der Einschätzung, daß die Stadt ihr Zentrum möglichst gut darstellen wird, befürchtet GWAT, daß die kritischen Punkte zu kurz kommen werden (z.B. Resozialisierungsvehikel). Es wird jedoch festgestellt, daß „W. (Stadtjugendamt)[54] nicht mehr sagen kann, als was im Ausschuß bisher erarbeitet worden ist"[55] und Grundforderungen des GWAT für das Zentrum noch im Planungskonzept enthalten sind.[56] Die Herausgabe einer eigenen kritischen Presseerklärung oder das Abhalten einer Pressekonferenz des AG-Ausschusses bei der BZA-Sondersitzung wird als nicht günstig angesehen, da „man bisher mitgearbeitet (hat), daher jetzt kein Rückzieher oder Affront mehr möglich (ist).“[57] Anmerkung: Den vorhandenen Aufzeichnungen der Teamgespräche ist zu entnehmen, daß sich GWAT am 2.2.1971 intensiv mit dem Problem der festzustellenden Integration und der damit verbundenen zunehmenden Außensteuerung beschäftigt hat. Bei der Mitarbeit zum Bürgerzentrum war diese Integration bereits so perfekt gelungen, daß sich das GWAT keine kritische Stellungnahme mehr erlaubte bzw. erlauben konnte.

Auf der Sondersitzung wird das Objekt in Plänen, Schautafeln, Modellen und Dias der Bevölkerung vorgestellt. Es sind ca. 150 Einwohner erschienen, ein kleiner Teil Unterkunftsbewohner (8–10). „Die Wohnblöcke des Hasenbergls sollen einen Mittelpunkt bekommen. Ein ‚Bürgerzentrum‘, das von der Cafeteria bis zur Pro-Familia-Filiale und zum Mopedreparaturkeller für Jugendliche allen Bedürfnissen der rund 33.000 Bewohner entgegenkommt, soll zur lebendigen Zentrale des Hasenbergl werden.“[58] In einem Flugblatt ‚Projekt *Planstudie* Bürgerzentrum Hasenbergl‘ stellt das Sozialreferat die Grundzüge der Planungskonzeption und deren Entwicklung vor. Beschrieben wird das Zustandekommen des Planungsausschusses, an dem „die interessierte Öffentlichkeit weitgehend beteiligt war“ die sich als „besonders fruchtbar (erweisende) Teilnahme einer Planungsgruppe der TU“ und das entwickelte Raum- und Funktionsprogramm. Abschließend heißt es in diesem Papier: „Nachbarschaftsheim oder Bürgerzentrum – der Name ist noch nicht endgültig: Es soll eine Stätte der Begegnung, des Gesprächs, der Unterhaltung, aber auch der Erholung für Alt und Jung werden, die in Hasenbergl leben.“[59]

Eine von anwesenden Mitgliedern der IG und der AG angestrebte Diskussion über das Wohnproblem in Hasenbergl-Nord und den Zusammenhang mit dem geplanten Bürgerzentrum wird vom Leiter der Versammlung, dem Vorsitzenden des BZA, zweimal abgewürgt. Dazu bemerkt der Kommentator des Lokalanzeigers für den 33. Stadtbezirk am 26.2.1971 ironisch: „Entweder waren die sonst so bemerkenswert an allen politischen Geschehnissen überaus interessierten Hasenbergler von der Großzügigkeit des Projektes überrascht, oder sie betrachteten das Projekt mit großer Skepsis, jedenfalls war die Diskussion sehr dürftig, so daß die BZA-Sitzung lediglich der Information der Bürger diente, die an dem Bauprojekt nichts auszusetzen hatten.“[60]

Der Stadtrat (Jugend-, Sozial-, Schul- und Kulturausschuß) verabschiedet in der Sitzung am 29.4.1971 das im ÜÖAK entwickelte Raum- und Funktionsprogramm. Damit scheint dem weiteren Bau des Zentrums nichts mehr im Wege zu stehen. Dies bedeutet gleichzeitig den Abschluß der dritten Planungsphase. Sie war gekennzeichnet

- von der Entwicklung eines überarbeiteten Raum- und Funktionsprogramms unter Einbeziehung der Vorschläge der Fachbasis und der TU-Projektgruppe;
- von der zunehmenden Integrierung des GWAT und des AG-Ausschusses in den offiziellen Planungsprozeß;
- von einer sich abzeichnenden Stagnation bei der Bearbeitung der Wohnungsproblematik im dafür gegründeten Ausschuß (vgl. Falldarstellung II) und
- sich abzeichnenden Finanzierungsschwierigkeiten beim Bau des Bürgerzentrums.

stellung II) und
– sich abzeichnenden Finanzierungsschwierigkeiten beim Bau des Bürgerzentrums.

Vierte Phase: Exitus (Mai 1971)

Der große Rückschlag kommt am 14.5.1971: Der Tagespresse ist zu entnehmen, daß das Bürgerzentrum in der Haushaltsdebatte durch Stadtratsbeschluß von der Dringlichkeitsstufe I auf die Dringlichkeitsstufe II gesetzt wurde.[61] GWAT erfährt im Juli 1971, wiederum ge-

Auch die Beteiligung und der Spaß am Bürgerfest vom 2o.-22.6.haben gezeigt,daß es notwendig ist einen platz zu haben,wo wir uns treffen können, z.B.ein Cafe
Räume für Jung und Alt
Räume für kulturelle Veranstaltungen(Film,Theater..
Das alles wäre im Bürgerzentrum möglich gewesen !

Bürgerzentrum abgelehnt ! – Was tun wir jetzt ?

rüchteweise, daß das Baureferat ein eigenes Planungskonzept entwikkelt habe. Auf einer außerordentlichen Sitzung des ÜÖAK-Ausschusses am 9.8.1971 erklärt der Architekt, „daß sich an der Grundkonzeption nichts geändert habe. Jedoch wäre die äußere Form etwas bescheidener."[62] Die Bescheidenheit sei aufgrund der notwendigen Einsparungen im städtischen Haushalt nötig geworden. Als voraussichtlicher Baubeginn wird 1972 angegeben (nach der Olympiade).

Bei der Verabschiedung des Mehrjahresinvestitionsprogramms 1972–1976 der Landeshauptstadt München im April 1972 fällt das Bürgerzentrum Hasenbergl praktisch völlig unter den Tisch. Überschrift der Süddeutschen Zeitung vom 12.4.1972: „München steht vor dem Bankrott."

1972 findet ein totaler Personalwechsel im GWAT statt. Die Mitarbeiter des,neuen GWAT' versuchen noch einmal, die Idee und die Notwendigkeit des Baues eines Bürgerzentrums aufzugreifen, diesmal ausgehend von einem basisorientierten Ansatz (vor allen Dingen durch Einschalten einer ‚Jugendbürgerinitiative', die einen vorgezogenen Bauabschnitt mit Jugendräumen fordert). Aufgrund der allgemeinen Mittelknappheit und der sich verschärfenden wirtschaftlichen Rezession im Jahre 1974 scheitert auch dieser erneute Versuch: Das Projekt Bürgerzentrum wird praktisch aus den städtischen Investitionsplanungen gestrichen. Inzwischen hat jedoch auch die Einsicht Raum gewonnen, daß der Bau eines aufwendigen Zentrums *ohne* entsprechende Verbesserung der Wohnsituation (und damit Bereitstellung von Mitteln) ein Schlag ins Leere ist.

3. Falldarstellung II – Verbesserung der Wohnsituation in Notunterkünften

Vorbemerkung

Wie in der Falldarstellung I bereits beschrieben, erkannte GWAT bald nach Beginn seiner Tätigkeit die Vorrangigkeit der Wohnungsproblematik in Hasenbergl-Nord. Die konkreten Wohn- und Lebensbedingungen der Obdachlosen, mit denen die Gemeinwesenarbeiter täglich konfrontiert wurden, über die sie zunehmend Informationen erhielten, nahmen auch in den Diskussionen des Teams einen immer größeren Raum ein. Das Schlagwort von der ‚Verbesserung der konkreten materiellen (im weitesten Sinne) Lebensbedingungen' war dann auch der bereits erwähnte erste Ansatz des GWAT zu einem gemeinsamen Konzept. In bezug auf die Zusammenarbeit mit den Bewohnern der Siedlung sah GWAT in der Arbeit an Sachproblemen, die für die Betroffenen konkret erfahrbar waren, eine „Voraussetzung zu gesellschaftspolitischem

Engagement: mit dem Abbau der materiellen Drucksituation erhöht sich die Fähigkeit der Interessenwahrnehmung durch die Bewohner",[63] die wiederum als Voraussetzung vom Emanzipationsprozessen gesehen wird. Im Rahmen der von GWAT entwickelten Arbeitsansätze taucht dann auch konsequent der Arbeitsschwerpunkt „Verbesserung der Sozialisationsbedingungen"[64] auf, der u.a. „Abschaffung materieller Hindernisse, z.B. enge Wohnverhältnisse"[65] konkret nennt.

Unter ,Verbesserung der Wohnsituation' ist in diesem Zusammenhang zunächst allgemein die Behebung aller Benachteiligungen gemeint, die ihre Ursache in der schlechten Bauweise der Unterkünfte hatten: Renovierung von Hausaufgängen, Numerierung von Parkplätzen, Einbau elektrischer Türöffner, Verbesserung der Straßenbeleuchtung im hinteren Teil der Siedlung, Vergrößerung von Aschentonnenhäuschen z.B., aber auch längere Öffnungszeiten für Bäder, familiengerechte Zuteilung von Unterkunftsräumen, Auflockerung und Umsetzung, Abschaffung bzw. Veränderung der Unterkunftssatzung.

In erster Linie werden die GWAT-Aktivitäten im Zusammenhang mit der Arbeit des ÜÖAK-Ausschusses „Verbesserung der Wohnsituation in Notunterkünften" dargestellt. Wie im ersten Fallbericht bereits erwähnt, wurde dieser Ausschuß auf Initiative des GWAT und der Arbeitsgemeinschaft für soziale Fragen gegründet.

Zusammensetzung des Ausschusses

- Referat für Stadtenwicklung und Stadtforschung (nur noch vertreten durch Berufspraktikanten
- Baureferat Abt. Bauverwaltung
- Kommunalreferat Abt. Liegenschaftsamt
- Schulreferat Abt. Planung
- Sozialreferat Amt für soziale Wohnungsfragen (Stellvertr. Leiter, AfsW)
  Abt. Unterkunftsverwaltung des Amtes für soziale Wohnungsfragen
  Stadtjugendamt (Leitung = Leitung des Arb.-Kreises)
  Abteilung Jugendschutz
  Familienfürsorge (Leitung)
  Unterabteilung Ost
  Unterabteilung Nord
  Grundsatzabteilung

– Fachbasis Hasenbergl
  Nord — Bewährungshilfe
  GWAT
– Projektgruppe Hasenbergl TU München
– Stadtrat — je ein Vertreter der SPD- und CSU-Fraktion

Ausgangssituation

In seiner konstituierenden Sitzung am 21.7.1970 stellt der Ausschuß fest, daß eine Auflockerung in den Unterkünften derzeit nicht möglich ist, und zwar aufgrund

- des ständigen Anwachsens der Zahl der Obdachlosen (z.B. durch Sanierung)
- der allgemeinen Wohnungsnot
- der „Fehlbelegung von Sozialwohnungen"

Das bedeutet, daß die „Tendenzen des Resozialisierungsprogramms vom Juni 68 – Auflockern, Umsetzen, Umwandeln von Unterkünften in Wohnungen" – schon zu Beginn der Ausschußarbeit nicht für realisierbar gehalten wurden.[66] Diese Feststellung gleich zu Beginn der Ausschußarbeit war deshalb von Bedeutung, weil GWAT sich in Absprache mit dem Stadtentwicklungsreferat vorgenommen hatte, das Resozialisierungsprogramm auf die Möglichkeiten und Grenzen seiner Realisierbarkeit zu überprüfen. Der Verlauf der Ausschußarbeit bestätigt, daß eher die Grenzen als die Möglichkeiten deutlich wurden.

Aufgrund dieser Einschätzung formuliert der Ausschuß einen ersten allgemeinen Arbeitsauftrag: „Schaffung zusätzlichen Wohnraums unter Vermeidung des Bauens neuer Unterkünfte. Konkret sind hierzu folgende Teilprobleme zu klären:

1. Verwaltungsinterne Vorklärung des Vorschlages ‚Anmietung von Sozialwohnungen für Umsetzungszwecke', ausgehend von Block A [67]
2. Entwicklung eines Umsetzungsprogramms für diese Wohnungen durch den ÜÖAK mit entsprechenden Kriterien
3. Vorklärung der Frage ‚Gewinnung neuen Wohnraumes für Umsetzer aus Schlichtwohnungen' durch das Amt für soziale Wohnungsfragen und das Liegenschaftsamt.
4. Untersuchung der Frage, wie bestehende Unterkünfte baulich verbessert werden können.
5. Überprüfung des Resozialisierungsprogramms im Hinblick auf die Konkretisierung der ‚vorbeugenden Resozialisierung' durch die Arbeitsgruppe Resozialisierung (vgl. Teil II des Sozialreferats." [68]

Die zentralen Probleme der Ausschußarbeit

Dieser vorläufige Arbeitsplan, auf den man sich geeinigt hatte, konnte nicht verhindern, daß gleich zu Anfang und im Verlauf der gesamten Ausschußarbeit grundsätzliche Probleme und Konflikte deutlich wurden. Sie verschärften sich über einen längeren Zeitraum so, daß sie zu einer Blockierung der Ausschußarbeit führten. Es handelte sich dabei sowohl um Konflikte mit generell politischem Inhalt als auch um Probleme der konkreten Verwaltungspraxis der verschiedenen beteiligten Ämter. Eine eindeutige Unterscheidung dieser beiden Ebenen der Konflikte ist deshalb nicht möglich, weil das Amt für soziale Wohnungsfragen gewissermaßen einen ‚geometrischen Ort' für sie bildete: Hier trafen sich fast alle Konfliktlinien.

Kleinkrieg über Verfahrensfragen – zur Frage der Kompetenz des Ausschusses

Der Konflikt zwischen dem Amt für soziale Wohnungsfragen und der Fafü:

Im Oktober 1969 kam es – ausgelöst durch eine Sendung des ‚Notizbuches' in Bayern I – zum ersten Mal zu einer offenen Konfrontation zwischen dem Amt für soziale Wohnungsfragen und anderen Dienststellen des Sozialreferats. Der Leiter des Amtes hatte in einem Interview u.a. behauptet, daß es sich im Hasenbergl nur um „Übergangsheime" handele, deren ‚Benützer' ‚zeitgerecht' untergebracht seien und für die es keinen Unterschied zwischen Mietvertrag und Unterkunftssatzung gäbe. Die ebenfalls in der Sendung zu Wort gekommenen Familienfürsorgerinnen hatten die Situation in Hasenbergl-Nord etwas anders dargestellt. Es gab etlichen Wirbel im Sozialreferat, es war sogar von Disziplinarverfahren gegen die Fafü die Rede.

Auf diesem Hintergrund wiesen die in der Sitzung am 21.7.70 anwesenden Vertreter der Familienfürsorge die vom Wohnungsamt gepriesene ‚gute Zusammenarbeit' energisch zurück, ebenfalls die der Fafü vom AfsW zugedachten Aufgaben. Hierzu hatte das AfsW folgende Vorstellungen geäußert:

„Mit welcher Sorgfalt die Sachbearbeiter der Unterkunftsveraltung bei der Auswahl der Umsetzer vorgehen, beweist die Tatsache, daß in den Jahren 1968 und 1969 nur drei ‚Resozialisierte' wegen Mietschulden wieder ausgeklagt und in die UK zurückgenommen werden mußten. Einen weiteren Beweis für die zuverlässige Arbeitsweise der UK-Verwaltung brachte die Überprüfung der von uns an die Fafü als resozialisierbar gemeldeten Unterkunftsbewohner, denn von 73 vorgeschlagenen Umsetzern hat die Fafü nur 5 als noch nicht geeignet ermittelt oder der Umsetzung mit Vorbehalt zugestimmt. Da die Einschaltung der Fafü Mehrarbeit für die Sachbearbeiter der UK-Abteilung darstellt, dürfte aufgrund der früheren guten Erfahrungen und der neueren Feststellung der FF die Einschaltung der Fürsorgerinnen vermeidbar sein."

Zu den Aufgaben der Fafü hatte das AfsW folgende Vorschläge:

„Die Hauptaufgabe der Familienfürsorgerinnen müßte unserer Meinung nach darin bestehen, die UK-Bewohner darauf hinzuweisen, daß die Hauseigentümer grundsätzlich die jetzigen Wohnmöglichkeiten der ihnen von uns vorgeschlagenen Bewerber entweder persönlich oder durch einen Beauftragten überprüfen lassen. Es wird also ausschlaggebend für die evtl. Auswahl sein, ob die UK sauber gehalten wird und keine Wohngebührenrückstände bestehen."[69]

Die Familienfürsorgerinnen stellten dagegen, sie seien „nicht der Mieteintreiber des Wohnungsamtes." Außerdem bemängelten sie, daß das Wohnungsamt „nach ihren Erfahrungen ‚soziale' Kriterien (Familienkonstellation, Familiengröße) überhaupt nicht berücksichtige, sondern Resozialisierung nur an dem Kriterium der Mietfähigkeit messe."[70]

Ärger um die Datenerhebung des GWAT:

Zusätzlicher Konfliktstoff entstand während einer Erhebung sozialstatistischer Daten, zu der eine Einsichtnahme in die Unterlagen des AfsW erforderlich war. Der Amtsleiter verweigerte diese zunächst. GWAT intervenierte über die Grundsatzabteilung bei der Referatsspitze. Ergebnis: Das AfsW mußte dem GWAT die Kartei zur Verfügung stellen. Die erhobenen Daten gaben zum erstan Mal schlüssig Auskünfte über die Belegung der Unterkünfte in Hasenbergl-Nord, über die Größe der Familien, Dauer der Obdachlosigkeit etc. . . .[71] Die ‚Schlappe' der erzwungenen Einsichtnahme und die Verwendung dieser Daten, vor allen Dingen die Widerlegung des Schlagwortes von der vorübergehenden Unterbringung, trugen erheblich dazu bei, daß das Amt auf das GWAT später nicht mehr ‚gut zu sprechen' war.

Der Brief an die Unterkunftsbewohner:

In der 4. Sitzung regte die Fafü eine Befragung aller Unterkunftsbewohner an. Es sollte festgestellt werden, „wer an einer Umsetzung in eine Sozialwohnung interessiert (ist)." Ferner sollte „über die Voraussetzungen zur Beantragung einer Sozialwohnung informiert und aufgefordert werden, einen beiliegenden Antrag auszufüllen."[72] Diese Befragung und Information war notwendig, da die Anträge jährlich neu gestellt werden mußten und dies nach Erfahrungen der Familienfürsorgerinnen von vielen Bewohnern aus Unkenntnis nicht getan wurde. Andere wiederum waren über die Voraussetzungen für eine Beantragung überhaupt nicht informiert. Da zu dieser Maßnahme eine Absprache mit dem Wohnungsamt erforderlich war, von diesem Amt aber kein Vertreter an den letzten Sitzungen teilgenommen hatte, beschloß der Ausschhß am 12.1.71, einstimmig eine Protestresolution gegen das Wohnungsamt und leitete diese dem Sozialreferenten zu.

In der sechsten Sitzung am 9.2.71 legte das AfsW den Entwurf eines Briefes im o.g. Sinne vor, der allerdings nur an die Unterkunftsbewohner gehen sollte, die ohne Gebührenschulden waren. Der Ausschuß sprach sich gegen diese Auswahl aus und setzte ferner eine Redaktionsgruppe ein, die den Briefentwurf des AfsW überarbeiten soll, „um dem speziellen Empfängerkreis gerechter zu werden." 73)

In der achten Sitzung des Unterausschusses im Mai 1971 stellt sich heraus, daß das Wohnungsamt den Brief mit Informationen zur Beantragung einer Sozialwohnung ohne Rücksprache mit der Redaktionsgruppe verschickt hat. Es kommt erneut zur Kontroverse und zu einem Beschwerdebrief des Ausschusses an den Sozialreferenten, der gebeten wird, bei der nächsten Sitzung persönlich anwesend zu sein. Diese Sitzung findet am 30.6.71 statt. Es wird zunächst zu mehr Kompromißbereitschaft und Kooperation aufgerufen. Auf die Frage nach der Kompetenz der Ausschüsse wird erklärt: „Die Arbeitskreise (haben) eindeutig keine Alibifunktion. Die zuständigen Verwaltungen werden gehalten, zu den Sitzungen bevollmächtigte Vertreter zu entsenden. Die Arbeitskreise sind als solche auch in bestimmtem Umfang entscheidungs- bzw. weisungsberechtigt. („Es gilt nicht die Entscheidung des Abteilungsleiters, sondern die des Arbeitskreises.") Der Arbeitskreis kann grundsätzlich Entscheidungen treffen, in Konfliktfällen behält sich jedoch der Referent oder sein Stellvertreter das Entscheidungsrecht vor."74)

Die Sache mit den Strafregisterauszügen:

Einen kleinen Erfolg errang GWAT bereits in der ersten Sitzung: Bei der Beurteilung von UK-Bewohnern griff das AfsW u.a. auch auf Strafregisterauszüge zurück. GWAT erfuhr von Bewohnern und Familienfürsorgerinnen davon und kritisierte dieses Verfahren. Nach einer Überprüfung durch den bereits genannten ‚referatsinternen Arbeitskreis' (tritt in der Regel nach fünf Jahren Straftilgung ein),75) wies der Sozielreferent des AfsW per Amtsverfügung an, die Strafregisterauszüge nur in Übereinstimmung mit den Straftilgungsbestimmungen zu verwenden – an sich eine Selbstverständlichkeit für eine städtische Dienststelle.

Abschaffung bzw. Veränderung der Unterkunftssatzung: die Projektgruppe Unterkunftssatzung

Auf Anregung des GWAT bildet der Ausschuß im April 1971 eine Untergruppe zur Überarbeitung der geltenden Unterkunftssatzung. In dieser ‚Projektgruppe UK-Satzung' sind vertreten: Familienfürsorge, Jugendamt, Abt. Jugenschutz (Federführung), Wohnungsamt, Abt. Unterkunftsverwaltung und GWAT-Hasenbergl. In der ersten Sitzung der Gruppe am 8.6.71 kommt es zu einer Kontroverse zwischen dem Vertreter der UK-Verwaltung, der bestimmte Satzungsvorschriften verschärfen will, und den Vertretern des GWAT und der Familienfürsorge. Der federführend beauftragte Mitarbeiter des Jugendamtes zögert die nächste Sitzung bis Anfang 1972 hinaus. An ihr und an den weiteren Zusammenkünften nimmt kein Vertreter der UK-Verwaltung mehr teil. Die Gruppe erarbeitet zügig in vier Sitzungen einen liberalisierten Alternativentwurf mit juristischer und sozialpädagogischer Begründung aus.[76] Dieser Alternativentwurf wird allen Mitgliedern des Wohnungsausschusses am 9.5.72 zugeschickt, der Vorsitzende wird gebeten, in einer Sitzung den Entwurf auf die Tagesordnung zu setzen. Diese Sitzung kommt jedoch nicht mehr zustande.

Der ebenfalls städtische Arbeitskreis der im Unterkunftsbereich tätigen Familienfürsorgerinnen billigt im Oktober 1972 den Alternativentwurf und leitet ihn mit einer Empfehlung an den ÜÖAK und den Sozialreferenten weiter.

In einem verfassungsrechtlichen Gutachten wird festgestellt, daß die gültige Satzung das Grundrecht auf freie Entfaltung der Persönlichkeit (Art. 2, Abs. 1 GG, Art. 101 BV) und das Grundrecht der Unverletzlichkeit der Wohnung (Art. 13 GG, Art. 106 BV) einschränkt.

Die wichtigsten Ergebnisse dieses Rechtsgutachtens sind die Tatsachen

- daß die mit der Einweisung in eine Notunterkunft verbundene Begründung eines „besonderen Gewaltverhältnisses" bereits an und für sich verfassungsrechtlich sehr umstritten ist,
- daß die mit diesem „besonderen Gewaltverhältnis" begründeten Grundrechtseinschränkungen, die lediglich bzw. überwiegend Disziplinierungs- und Unterdrückungsfunktion haben oder der Durchsetzung abstrakter Vorstellungen von Recht, Ordnung, Moral und Sauberkeit dienen, aufzuheben sind,
- daß Grundrechtseinschränkungen aufzuheben sind, die weder durch die „geplante Resozialisierung von Unterkunftsbewohnern" („Resozialisierungspro-

UNTERKUNFTSANLAGENSATZUNG

WUSSTEN SIE SCHON ...

- DASS BEWOHNER VON NOTUNTERKÜNFTEN KEINE MIETER SIND, SONDERN EINEM ÖFFENTLICH-RECHTLICHEN BENUTZUNGSVERHÄLTNIS UNTERLIEGEN?
(WESHALB SIE AUCH KEINE MIETE SONDERN EINE GEBÜHR ZAHLEN)

- DASS DIESES BENUTZUNGSVERHÄLTNIS DURCH EINE SATZUNG GEREGELT WIRD?

- DASS ES NACH DIESER SATZUNG VERBOTEN IST:
  - IN DER WOHNUNG WÄSCHE ZU WASCHEN UND ZU TROCKNEN
  - HAUSTIERE ZU HALTEN
  - BESUCH ÜBER NACHT ZU HABEN

  ?

- DASS JEDER, DER GEGEN DIESE SATZUNG VERSTÖSST SOFORT RAUSGESCHMISSEN WERDEN KANN? (WO SOLL ER EIGENTLICH DANN HIN??)

- DASS DER BEAUFTRAGTE DES WOHNUNGSAMTES DIE WOHNUNG ZU JEDER TAGES- UND NACHTZEIT BETRETEN KANN, UM "MAL NACH DEM RECHTEN ZU SCHAUEN"?

HIERZU DIE STADT 1965: „ANDERS ALS MIT DEM DRUCKMITTEL DER SATZUNG LÄSST SICH DER, IN DEN WOHNANLAGEN UNTERGEBRACHTE PERSONENKREIS KAUM VERWALTEN."

WAS MEINT SIE HEUTE DAZU?

WIR FORDERN WEG MIT DIESER MENSCHENUNWÜRDIGEN SATZUNG, NORMALE MIETVERTRÄGE FÜR ALLE UNTERKUNFTSBEWOHNER !

gramm", Beschluß des Stadtrates der Landeshauptstadt München v. 1968) noch durch Beeinträchtigung ihres Wohles und das der umliegenden Bevölkerung zwingend geboten sind.[77]

Von diesen Ergebnissen her wurde die Notwendigkeit der Satzungsänderung entwickelt:

„– die Satzung in ihrer derzeitigen Form bestätigt und verstärkt die Stigmatisierung der Unterkunftsbewohner als ‚Außenseiter' und ‚Asoziale',
– die Satzung in ihrer jetzigen Form erschwert die ‚Rückführung in normale gesellschaftliche Verhältnisse', die das Arbeitsprogramm (Resozialisierungsprogramm) der Landeshauptstadt München von 1968 zum obersten Ziel hat (Kap. I, Ziff. 1b),
– die Satzung in ihrer jetzigen Form bestraft schuldlose Menschen für die Mängel im sozialen Wohnungsbau."[78]

Nach fast dreijähriger ‚Wartezeit' wurde schließlich am 15.5.1975 vom Stadtrat eine neue Satzung beschlossen, die mit einer Ausnahme alle wesentlichen Vorschläge des Alternativentwurfs der Projektgruppe aufgenommen hat. Diese Ausnahme ist allerdings bedeutend: Eine Kündigung wegen Gebührenschulden und groben Satzungsverstößen ist wie in der alten Satzung vorgesehen (wenn auch mit einer Gnadenfrist von einem Monat).

Verbesserung der Wohnsituation: GWAT und AfsW entwickeln unterschiedliche Konzepte

Anlaß für die Diskussion war ein Arbeitspapier des AfsW, in dem es u.a. heißt: „Um den Resozialisierungsbemühungen . . . größeren Erfolg zu verleihen, (ist) ein eigener Unterausschuß gebildet worden. Die Bildung eines weiteres Ausschusses ist zu begrüßen, wenn dieser in der Lage ist, ein eigenes Wohnungsbauprogramm für resozialisierbare UK-Bewohner durchzudrücken oder durch die Beschaffung von zusätzlichen Geldern die Förderung weiterer Wohnungen zu verwirklichen. Wenn die Arbeit des neuen Ausschusses nur darin besteht, in regelmäßigen Zusammenkünften über die Erfolge oder Mißerfolge der Resozialisierung zu beraten, so bedeutet das eine zusätzliche Belastung ohne brauchbare Ergebnisse."[79]

Im Gegensatz zu dem so formulierten „pragmatischen" Interesse des AfsW, war GWAT daran interessiert, die Wohnungsfrage auch grundsätzlich im Ausschuß zu diskutieren und nach Lösungen zu suchen. Anfang 1971 versuchte GWAT erstmals selbst, eine umfassende Einschätzung der Wohnungsproblematik vorzunehmen. Diese Einschätzung blieb aufgrund subjektiver und objektiver Bedingungen lückenhaft. Eine wichtige Erkenntnis der Diskussionsprozesse war jedoch die Feststellung, „daß es in der ganzen BRD keine Strategie zur Wohnsituation in Obdachlosensiedlungen gibt.“80) So bleiben in den Teamdiskussionen zu diesem Themenbereich auch mehr offene Fragen als Ansätze für ein schlüssiges Konzept: Was heißt und was bedeutet Wohnen? Wie deklariert das AfsW Wohnungen? Was heißt Mietfähigkeit (juristisch)? Wie lassen sich die Erfahrungen der Ausschußarbeit, die Argumente der Sozialbürokratie, theoretisch einordnen bzw. wie können Forderungen theoretisch untermauert werden? Große Unsicherheit herrschte auch im Hinblick auf die zwei Alternativen:

– Verbesserung der Wohnsituation innerhalb der Siedlung (Auflockerung, Sanierung)
– Verbesserung der Wohnsituation durch Auszug aus dem Quartier (Umzug in Sozialwohnungen):

„1. Ist es zu verantworten, daß UK-Bewohner Wohnungen am Hasenbergl zugewiesen bekommen, obwohl dort nach Aussagen der FAfü die Sozialisationsschäden größer seien als in Hasenbergl-Nord?
2. Kann man andererseits die Bewohner in deren Unterkünften trotz der festgestellten besseren Kommunikation unter den derzeitigen Umständen wohnen lassen?
3. Wäre GWAT in Zusammenarbeit mit Fachleuten in der Lage, ein konkretes realistisch-utopisches Modell (zur Lösung der Wohnprobleme) zu entwikkeln?“81)

Ergebnis der Diskussion war die Formulierung eines Arbeitspapieres, zur „Umsetzbarkeit von Unterkunftsnehmern“. Das Papier entwickelt in 9 Thesen Vorstellungen, die die Diskussion um eine verstärkte Umsetzung im Ausschuß vorantreiben sollen. Zunächst wird die sich ausschließlich an ökonomischen Kriterien orientierende Umsetzungspraxis des AfsW kritisiert, die ‚Umsetzung‘ mit ‚mietfähig‘ gleichsetzt. „Das Kriterium ‚Mietfähigkeit‘ ... läßt jedoch ausschließlich ökonomische (allg. Zahlungsmoral, Zahlungsfähigkeit, regelmäßige Zahlung der Unterkunftsgebühr), nicht jedoch soziale oder sozialpolitische Gesichtspunkte für die Umsetzung relevant werden.“ GWAT bezeichnet diese Art von Umsetzung als ein Verfahren nach dem ‚Lob-Strafe-Prinzip’. Die in den Thesen enthaltene zentrale Forderung ist der Ersatz der sog. ‚Resozialisierungskriterien‘ durch ‚Sozialisierungskriterien‘:

„Umsetzungen müssen ohne primäre Rücksicht auf die finanzielle Situation erfolgen. Sie sind vielmehr unter dem Gesichtspunkt „Verbesserung der Sozialisationsbedingungen und Vermeidung einer Reproduktion von Obdachlosigkeit zu sehen.“82)

Abgeleitet aus dieser zentralen Forderung wird versucht eine Zielgruppe zu bestimmen, die im verstärkten Maße Sozialwohnungen erhalten sollte:

„Junge Ehepaare, die in absehbarer Zeit Kinder haben werden; junge Familien, die noch nicht lange in den Unterkünften leben; Familien mit kleinen Kindern; Verlobte, die in absehbarer Zeit heiraten werden. – Bei dieser Gruppe kann man davon ausgehen, daß die defizitären Sozialisationsbedingungen für die Kinder weitgehend vermieden und abgebaut werden können.“[83)]

Weiterhin wird gefordert, daß die Umsetzerfamilien sowohl materiell als auch pädagogisch intensiver betreut werden müssen, die Bewohner den Umsetzungsprozeß partizipativ mitgestalten können und die Lebens- und Umweltbedingungen in den Siedlungen durch Auflockerung und Einweisungsstop zu verbessern sind. In der Ausschußsitzung am 30.6.71 bringt GWAT dieses Papier ein, eine Diskussion darüber erfolgte erst etwa ein halbes Jahr später.

Das AfsW bleibt pragmatisch. Es legt ein Arbeitspapier zur ‚Verbesserung der Wohnsituation in den Unterkünften‘ vor:

„(es) . . . war immer wieder die Forderung nach verstärkter Umsetzung von UK-Bewohnern in Mietwohnungen zu hören. Obwohl wir ständig auf die Unmöglichkeit der Erfüllung dieser Forderungen im gewünschten Ausmaß hinwiesen . . .“ (blieben sie bestehen). Unsere Argumente, die sich in erster Linie auf die katastrophale Lage des Wohnungsmarktes in München stützen, wurden anscheinend verkannt . . . oder nur teilweise zur Kenntnis genommen.[84)]

Die Gemeinwesenarbeiter betonen, „daß der Bericht einen starken politischen Akzent aufweise.“[85)] Ein Mitarbeiter der Grundsatzabteilung im Sozialreferat fordert in der Diskussion, die Notsituation Münchens anhand der Arbeit des Ausschusses und der Unmöglichkeit, Lösungen zu finden aufzuzeigen. Beide Argumente werden vom Leiter des Ausschusses abgewehrt. Es sei nicht die Aufgabe dieses Ausschusses, Grundsatzdiskussionen zu führen, sondern dies nur insoweit, als sie das Thema des Arbeitskreises betreffen.[86)] Das Protokoll stellt anschließend lapidar fest, „daß die an die Möglichkeit des Wohnungsamtes geknüpften Erwartungen nicht erfüllt werden können, da die Wohnungsmisere in München ausweglos ist.“[87)]

Ende 1971 legt das AfsW eine Stellungnahme auf das Papier des GWAT vor, die dessen Vorschläge im wesentlichen als rechtlich undurchführbar bzw. teilweise überholt bezeichnet.

Es verweist hinsichtlich der Belegung von Sozialwohnungen auf das Gesetz zur Sicherung der Zweckbestimmung von Sozialwohnungen (WoBinG 1965). Danach seien den Verfügungsberechtigten für freie oder frei werdende Wohnungen

nur Wohnungen zur Auswahl zu benennen, bei denen nach Prüfung ihrer persönlichen, familiären, beruflichen und wirtschaftlichen Verhältnisse angenommen werden kann, daß sie die Pflichten aus einem zu begündenden Mietverhältnis erfüllen. Diese Prüfungspflicht sei eine Amtspflicht im Sinne Art 34 GG und § 839 BGB. Von Amts wegen könnten daher keine Wohnungen an Personen vermittelt werden, deren bisheriges Mietverhältnis durch zuständige Gerichte
- wegen vertragswidrigem Gebrauch der Mietsache (§ 553 BGB)
- wegen Zahlungsverzugs (554 BGB) oder
- wegen unzumutbaren Verhaltens (§ 554a BGB)

rechtskräftig gelöst wurde.[88)]

Es wird deutlich, daß für das AfsW die Zahlungskraft der UK-Bewohner das einzig ausschlaggebende Argument, bzw. Kriterium für die Umsetzung ist.

Erst wenn die ehemaligen UK-Bewohner einen Mietvertrag in Händen halten, kommen sie nach Ansicht des AfsW aus dem „Status der Problemperson" heraus. Dann würde sich ihr Verhalten schlagartig ändern.

Weiterhin meint das AfsW, daß in den Fällen, in denen eine Mietfähigkeit nicht erreicht werden kann, „die Fürsorgearbeit verstärkt einsetzen muß um zu erreichen, daß diese Unterkunftsnehmer ihre Einstellung gegenüber ihrer Umwelt nachhaltig ändern. . ."[89)] Eine Neubestimmung der ‚Zielgruppe Umsetzer' hält das Amt nicht mehr für notwendig, da bereits in erster Linie kinderreiche und junge Familien in Sozialwohnungen umgesetzt werden. Das Amt hält UK-Bewohner für die Umsetzung geeignet, wenn

„– die Zahlung aufgrund des nachgewiesenen Einkommens gewährleistet ist;
- eine Mietbeihilfe nach dem Wohngeldgesetz gewährt wird, die den Bewerber in die Lage versetzt, den durch die Mietbeihilfe nicht gedeckten Teil der Miete aus eigenem Verdienst zu decken;
- bei Hilfsbedürftigen die Miete in voller Höhe vom Sozialamt übernommen wird;
- die Gebühren für die Unterkunft laufend und pünktlich entrichtet werden."[90)]

Abschließend weist das AfsW noch einmal auf die Unmöglichkeit der verstärkten Resozialisierung ohne entsprechendes Bauprogramm hin.

Da diese Stellungnahme des AfsW erst in der vorletzten Ausschußsitzung vorgelegt wurde, konnte sie nicht mehr bearbeitet werden. Die Auseinandersetzung über die verschiedenen Konzepte einer Resozialisierung von Obdachlosen blieb im Ansatz stecken.

Koppelung von Basisarbeit und Ausschußarbeit

Mit zunehmender Verankerung im Feld erhielten die Gemeinwesenarbeiter immer mehr Informationen über die Situation der Betroffenen. Ein großer Teil der Probleme stand im Zusammenhang mit der Wohnsituation. GWAT versuchte (etwa ab Anfang 1971) auf verschiedene Art Lösungsmöglichkeiten zu entwickeln: u.a. durch juristische Interventionen, durch Initiierung von ad hoc Gruppen, durch Information der Interessengemeinschaft, durch Entwicklung eines Sanierungskonzeptes gemeinsam mit der TU-Projektgruppe,[91] später auch durch direkte Intervention im ÜÖAK-Ausschuß. Hierbei bestand zunächst noch keine Verbindung der Basisarbeit mit der Ausschußarbeit. Bedingt durch die zunehmende Verunsicherung des Teams im Hinblick auf den Stellenwert des „funktionalen Ansatzes“ fand dann Ende 1971 die bereits erwähnte Schwerpunktverschiebung statt (offizieller Teambeschluß). Die Koppelung von Basisaktivitäten mit der Ausschußarbeit kann nachträglich nur mit Vorbehalt als bewußter Schritt des GWAT bezeichnet werden, sie entstand eher de facto durch die praktische Arbeit. Exemplarisch für die Praxis waren die Aktionen ‚Winterschäden‘ und ‚Feuchte Wände‘.

Ausgangspunkt für die erstere war die Regreßforderung der UK-Verwaltung an eine Bewohnerin in Höhe von DM 200,– für die Instandsetzung einer Toilette, die bei minus 20 Grad Celsius eingefroren und zersprungen war. GWAT konnte nachweisen, daß dieser Vorgang kein Einzelfall in der Siedlung war, sondern durch die schlechten Bauverhältnisse in Verbindung mit extrem kalter Witterung verursacht war. Durch Gutachten (Baufachmann und Wetterdienst) konnte dies bewiesen werden, so daß die betroffene Bewohnerin ein Widerspruchsverfahren gem. § 68 VWGO einleiten konnte, das zu einer Niederschlagung der Forderung führte.[92] Allerdings dauerte die hier in drei Sätzen dargestellte Aktion sage und schreibe 11 Monate.

Aus der Sicht der Betroffenen:

„Ende Februar kam mein Sohn auf meine Arbeitsstelle und sagte mir, daß das Wasser aus der Toilette in den Flur fließe. Ich sah nach, das Klo war eingefroren. In der örtlichen Verwaltung wurde mir gesagt, daß die Hausmeister schon Feierabend hätten. Ich bin dann privat zu einem Hausmeister gegangen, der den Wasserhahn im Keller absperrte. Nach einigen Tagen kamen Handwerker, die das Klo herrichten sollten. Sie stießen mit einer Stange in die Kloschüssel, die dabei kaputt ging. Ich habe im Winter immer Türen und Fenster des Klos geschlossen gehalten und vor die Türritze eine zusammengerollte Decke gelegt. Die Haustür hat keinen Schließer und steht oft den ganzen Tag offen, weil die Kinder sie

meist nicht schließen. Mein Nachbar hatte mal einen Türschließer angebracht, der mußte ihn aber auf Anweisung der Verwaltung wieder ausbauen. Deshalb ist es im Winter im ganzen Hausflur eisig kalt. Ich bin nicht schuld, daß das Klo eingefroren ist." (März 1971)

Aus der Sicht der Unterkunftsverwaltung:

„Die Installationsfirma ... hatte festgestellt, daß durch Einfrieren Ihrer Kloanlage die Klosettschüssel gesprungen, das Spülrohr sowie der DAL-Druckspüler gerissen waren. Ferner wurde festgestellt, daß ein Porzellanstück der Schüssel die Falleitung verstopfte. Da Sie nach § 11 der Unterkunftssatzung für Schäden an den Ihnen überlassenen Unterkunftsräumen und Gemeinschaftseinrichtungen nach Maßgabe der allgemeinen Bestimmungen haften, erlauben wir uns, Ihnen die entstandenen Reparaturkosten in Rechnung zu stellen." (März 1971)

Rechnungsbetrag: rd. DM 200,– , zahlbar innerhalb von 30 Tagen.[93])

Feuchte Wände in den Unterkünften waren häufiger Anlaß für Beschwerden der Betroffenen und Regreßforderungen der Verwaltung. Daß dies nicht individuelles Verschulden der betreffenden Familien war, wie die UK-Verwaltung mit dem Vorwurf ‚mangelnden Lüftens' ständig behauptet, ergab eine Begutachtung der Unterkünfte durch zwei Architekten und Mitarbeiter der TU-Projektgruppe am 10.3.1971. Das wesentliche Ergebnis war die Feststellung, daß die Feuchtigkeit durch verschiedene bauliche Faktoren, die sich z.T. gegenseitig bedingen, entstand:
– falsche Art der Raumanordnung; – Anordnung und Art der Heizquelle; – extrem starke Wasserdampferzeugung; – mangelnde Wärmedämmung; – mangelhafte Verfugung der Wände.[94])

Durch Informations- und Aufklärungsgespräche wurde erreicht, daß die durch die Vorwürfe der Verwaltung entstandenen individuellen Schuldgefühle z.T. abgebaut werden konnten. Regreßforderungen nahm man nicht mehr stillschweigend hin.

Bei dieser und anderen Aktionen gesammelte Daten und Erfahrungen brachte GWAT in den ÜÖAK-Ausschuß ein. Zunächst nur, um die Dringlichkeit der Verbesserung der Wohnsituation *darzustellen und zu verstärken,* später aber auch, um bei exemplarischen Fällen Abhilfe zu schaffen.

Ergänzend dazu schaltete sich die IG (GWAT informierte ständig über die ‚Fortschritte' der Ausschußarbeit) durch Anträge und Anfragen an den Vorsitzenden des Arbeitskreises ein. Trotz genereller Problematik der ‚Einzelfälle' delegierte der ÜÖAK-Ausschuß diese Fälle stets an den bereits genannten referatsinternen Arbeitskreis, dies gegen den zunehmenden Widerstand der Mitarbeiter der AG, der Familienfürsorge und des GWAT.

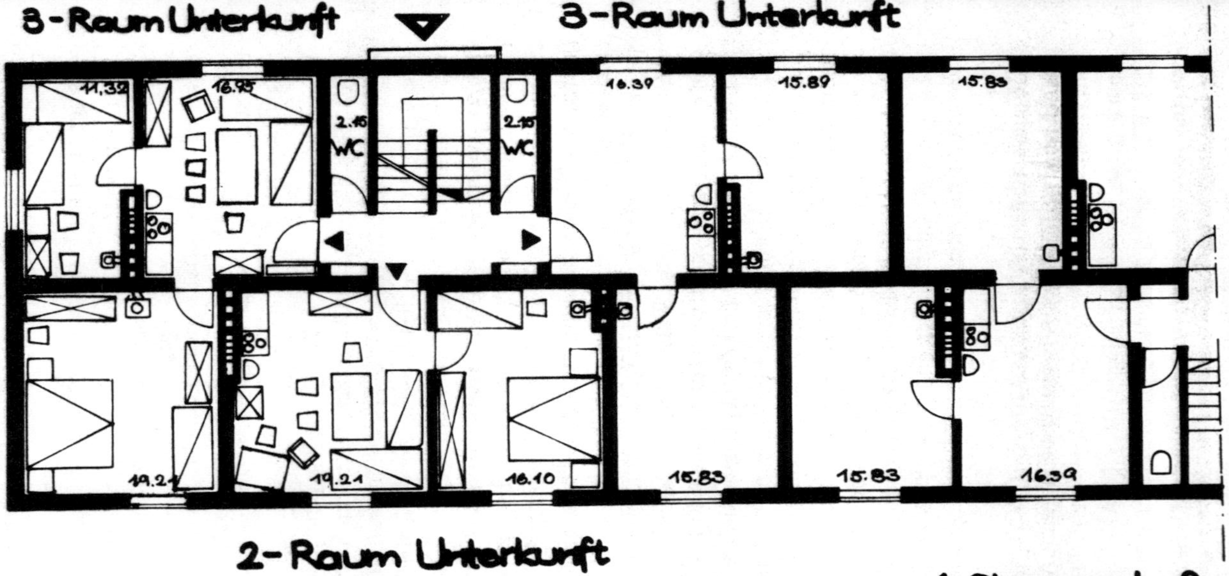

ZUR BAUQUALITÄT DER UNTERKÜNFTE

(Ergebnisse der Begutachtung durch Architekten und Mitarbeiter der TU München, vgl. GWAT-Bericht 70/71, S. 32/33)

1. *Falsche Anordnung der Räume:* Schlaf- und Wohnräume direkt an die Küche angeschlossen
2. *Mängel der Kochstube:* Einzige Heizquelle liegt in der Raummitte (offene Feuerstelle mit erhöhtem Sauerstoffbedarf). Durch Konzentrierung aller Haushaltsaktivitäten an der ungünstig liegenden Heizquelle entsteht zusätzlich Wasserdampf, der durch die Luftzirkulation an den Außenwänden kondensiert.
3. *Mängelnde Wärmedämmung:* 30 cm starke Ziegelaußenmauer reicht zur Wärmedämmung nicht aus. Es gibt Kältebrücken durch mangelhafte Isolierung von Decken gegen die Außenmauern. Fugen zwischen Mauerwerk und Fenstern sind mangelhaft gedichtet. Starke Luftzufuhr und bei Regen Wassereinbrüche sind die Folge.

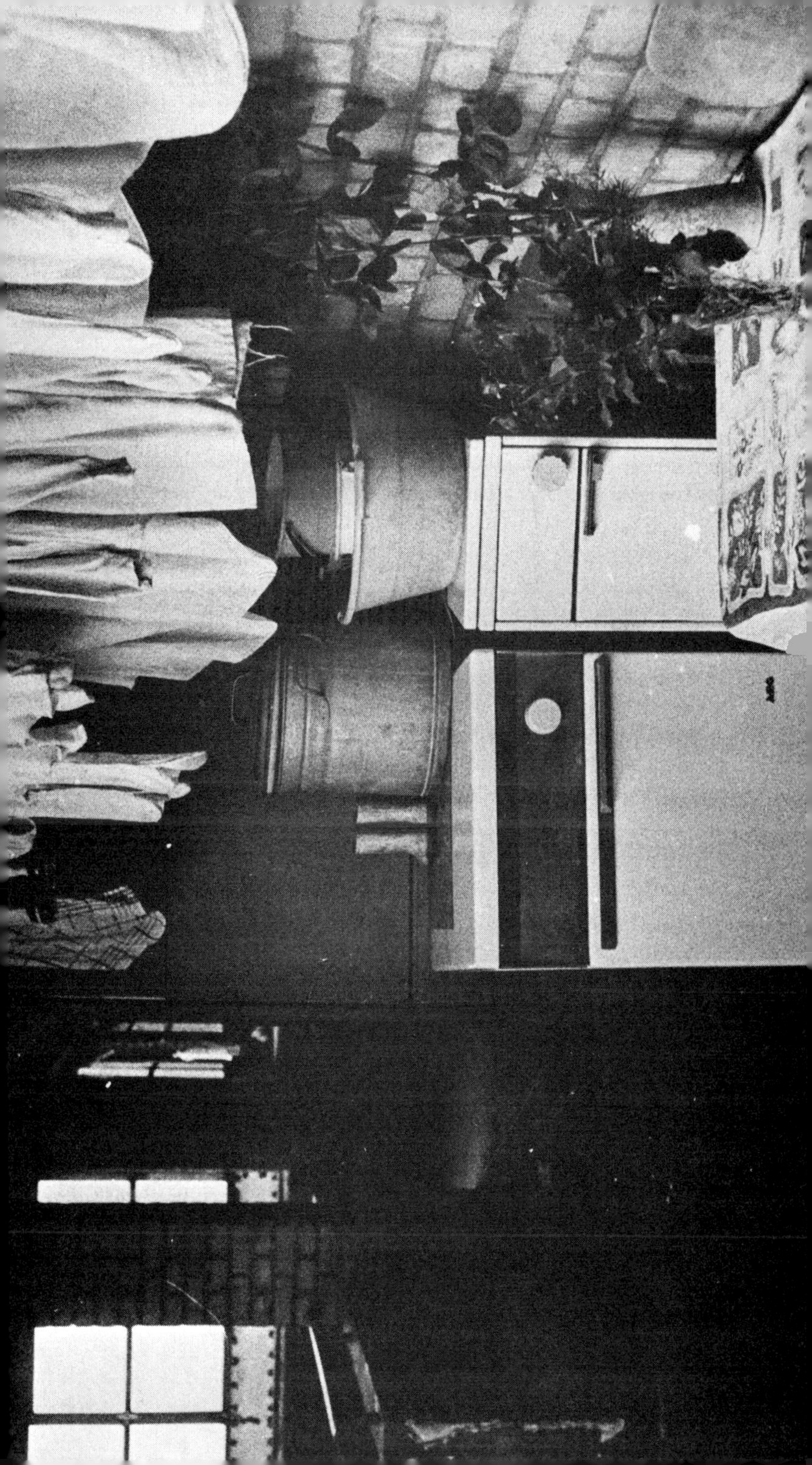

Anmerkung:

Durch die Verbindung von Ausschußarbeit und Basisaktivitäten bahnten sich zunehmend auch Konflikte zu den anderen Ämtern des Sozialreferates an: Nachdem z.B. das Wohnungsamt durch massive Einschüchterungsversuche und Hinhaltetaktiken bei der Aktion Winterschäden die Angelegenheit für sich entscheiden wollte, die Betroffene nur durch solidarisches Verhalten anderer Bewohner der IG und des GWAT sich zu wehren traute, bestand innerhalb des Sozialreferates nur geringe Neigung, dieses konkrete Problem zu diskutieren: „G., SR/GA ist nicht sonderlich interessiert, die Sache weiterzuverfolgen, da er dann wieder Krach mit G./AfsW kriegt.[95]

Die Interessengemeinschaft stellte z.B. konkrete Anträge, leerstehende Unterkünfte für Auflockerungszwecke zu nützen, großen Familien zusätzliche Unterkunftseinheiten zur Verfügung zu stellen. Derartige Anträge lehnte das Wohnungsamt lapidar mit der Empfehlung ab, Anträge auf Zuweisung einer Sozialwohnung zu stellen. Gegen ‚Blaue Briefe‘, Räumungsandrohungen und Räumungsverfügungen wehrte man sich mit juristischen Mitteln, teilweise unter Einschaltung des Verwaltungsgerichtes. Die IG verfolgte dabei eine zeitlang die Taktik des ‚Nachhakens‘, d.h., nach Ablauf bestimmter Fristen oder abschlägigen Antworten erneut nachzufragen, neue und bessere Argumente zu liefern. Dies führte zunächst zu ‚informellen‘ Beschwerden im Ausschuß („Die IG macht uns viel Arbeit“), später zu massiven Konflikten. Von Vertretern des AfsW wurden die IG-Mitglieder als „immerhin nur Obdachlose, die sich Frechheiten herausnehmen“ klassifiziert. Nur die Leitung der Familienfürsorge wies dieses in der Sitzung am 1.3.72 formulierte Statement energisch zurück. Der Leiter des Jugendamtes warf den Mitarbeitern des GWAT „Manipulation der Bewohner und Weitergabe von Informationen aus der Ausschußarbeit an die IG“ vor, und zwar nur, „um eigene Ziele zu erreichen.“[96] Begleitet wurde dieser Schlagabtausch von hochroten Köpfen aller Beteiligten, persönlichen Beschimpfungen, vor allem wegen der Jugend(lichkeit) und anschließendem ‚sich-nicht-mehr-grüßen‘.

Zur Basis hin äußerten sich diese Konflikte durch Drohungen und Einschüchterungsversuchen des AfsW. Die IG wurde zu einer ‚internen‘ Besprechung des referatsinternen Arbeitskreises eingeladen. Sie fand am 10.4.1973 in Hasenbergl-Nord statt, es nahmen 7 Behördenvertreter und 2 IG-Delegierte teil. Die Teilnahme der Gemeinwesenarbeiter war ‚unerwünscht‘. Nach Auskunft der IG-Vertreter ging es in erster Linie um die Frage, wer die Briefe an den ÜÖAK-Ausschuß schrieb: Man vermutete, daß GWAT die Anträge fingiert hatte. In dem den Streit auslösenden Fall (Antrag auf Zuweisung einer nebenanliegenden leeren Unterkunft wegen Familienzuwachs) geschah nichts. Das Wohnungsamt beharrte auf dem zu stellenden Antrag auf Sozialwohnung, um keinen Präzedenzfall zu schaffen. Zynischerweise belegte das AfsW die beantragte leere Unterkunft genau zum Zeitpunkt der Sitzung neu (obwohl im gleichen Haus zwei Stockwerke höher eine gleichgroße Unterkunft ebenfalls leerstand.)

Anmerkung:
Hinsichtlich größerer (Teil-)Lösungen der Wohnungsprobleme breitete sich zum damaligen Zeitpunkt bei den Betroffenen, bei der IG und bei GWAT zunehmend Resignation aus. Hauptgrund waren die Einschüchterungsversuche der Verwaltung sowie die mit mangelnder Finanzmasse begründete Verschleppung der IG-Anträge (Renovierung, Parkplatzeinteilung, Aschentonnenhäuschen usw.) Das Interesse der durch die IG und GWA aktivierten Bewohner hielt immer nur kurz an. Die Öffentliche Verwaltung trocknete auf dem Zuständigkeitsweg jede Aktivität nach längstens drei Monaten aus. Dem GWAT erschien eine weitere Bewohneraktivierung *ohne* geringste Erfolgaussicht als nicht mehr wünschenswert.

In dieser ereignisreichen letzten Sitzung des Ausschusses wurde die letzte neue Idee diskutiert: Prophylaktische Maßnahmen zur Verhinderung von Obdachlosigkeit. Der dazu geladene Vertreter des Sozialamtes informierte, daß sein Amt das im Rahmen des § 15 BSHG Mögliche tue. Da trotzdem ein „hoher Anteil von UK-Nehmern wegen Mietschulden eingewiesen wird, muß irgendwo eine Lücke sein.“97) Es werden zwei Vorschläge gemacht, die diese Lücke feststellen sollen:
– Repräsentativuntersuchung aller wegen Mietschulden in Unterkünften lebenden Klienten;
– Untersuchung des gesamten „Syndroms“, dessen „Symptom“ die Mietverschuldung ist, durch einen freien Mitarbeiter;98)

Ende der Ausschußarbeit

Im April 1972 erfährt GWAT gerüchteweise, daß die Arbeit des Ausschusses eingestellt werden soll. AG und GWAT stellen die Forderung nach Fortsetzung der Arbeit. Daraufhin findet am 11.7.72 eine letzte Sitzung der beiden ÜÖAK-Ausschüsse ‚Bürgerzentrum‘ und ‚Verbesserung der Wohnsituation‘ statt. Für Ersteren stellt man fest, daß er seinen Auftrag bezüglich der Planung eines Bürgerzentrums erfüllt (hat). Er soll formal weiterbestehen bleiben und später zur Entwicklung einer Trägerkonzeption erneut zusammentreten.

Der UA (Unterausschuß) ‚Verbesserung der Wohnsituation' hat seinen Auftrag bisher nicht erfüllen können, da dieser vom ÜÖAK in keiner Weise klar konzipiert worden ist. Dieser Mangel und eine nicht kontinuierliche personelle Zusammensetzung führten u.a. zu immer wieder beginnenden Grundsatzdebatten und Überlagerung der legitimen Problemstellung durch nicht verarbeitete Konflikte"[99]. Die aus diesen Feststellungen gezogene Konsequenz ist eine Empfehlung an den überörtlichen Arbeitskreis: „Der Unterausschuß . . . sollte einen klaren Auftrag erhalten, der auf die Erarbeitung einer Grundkonzeption für ein Sonderbauprogramm und für ein Umsetzungsprogramm zielt."[100] *Dabei blieb's!*

Anmerkungen

1) Protokoll einer Besprechung zwischen CV und GWAT vom 9.7.1970.
2) Vorlage der VGSt vom 13.1.1971.
3) Swoboda, H. Notizen zum Auswertungsseminar II, Frankfurt/M. 27.1.72.
4) GWAT-Hasenbergl-Nord, Arbeitsbericht 70/71, München 1972, S. 25.
5) ebd., S. 26.
6) ebd., S. 27.
7) GWAT-Hasenbergl, Protokoll der Teambesprechung v. 7.10.70.
8) ebd., vom 10.3. 71.
9) ‚Funktionale GWA' ist ein unzureichender Begriff für das, was in der konkreten GWAT-Praxis geschah. „Nach dem holländischen Vorbild müßte sich funktionale GWA eigentlich immer auf einen bestimmten funktionalen Zusammenhang beziehen, z.B. die Siemens-Betriebe in der BRD. " Dagegen ist mit diesem Begriff der ‚GWAT-Terminologie' die Problematik der Zusammenarbeit mit Institutionen, besonders mit der Sozialbürokratie, im Rahmen von GWA umschrieben. (Vgl. auch dazu: Victor Gollancz Stiftung, Protokoll des Auswertungsseminars v. 26.–28.4.73, Frankfurt/M., 1973)
10) Siehe auch: Zapf, K. u.a.: Stadt am Stadtrand, Frankfurt 1969; Stadtentwicklungsreferat München, Fortschreibung der Einwohnerzahlen ausgewählter Stadtbezirke, München 1969; GWAT Hasenbergl, Arbeitsbericht 70/71, München 1971.
11) Landeshauptstadt München, Sozialreferat, Vorlage des Referenten zur Sitzung der vereinigten Ausschüsse (Jugend-, Sozial-, Kultur-) am 29.10. 1969.
12) Quelle unbekannt, zitiert nach : GWAT-Hasenbergl (Hrsg.) Arbeitsbericht 70/71, 2. Auflage, München 1972, S. 98.
13) Nach Protokollunterlagen des GWAT Hasenbergl und des Sozialreferates der Landeshauptstadt München.
14) GWAT-Hasenbergl, zusammengefaßte Darstellungen der Arbeit des Ausschusses Sozialzentrum, München, 16.3.1970.

15) ebd.
16) ebd.
17) Schreiben des IOA vom 17.11.1969.
18) GWAT Hasenbergl, Zur Konzeption des Sozialzentrums, Manuskript, München, März 1970.
19) GWAT-Hasenbergl, Aktennotiz vom 13.3.1970.
20) ebd., vom 16.3.1970.
21) ebd., vom 25.2.1970.
22) ebd.
23) GWAT-Hasenbergl, Wortprotokoll der ÜÖAK-Sitzung v. 18.3.70, S. 2.
24) ebd., S. 3.
25) ebd., S. 4.
26) Landeshauptstadt München, Sozialreferat, offizielles Protokoll der Arbeitskreissitzung am 18.3.1970.
27) IG Hasenbergl-Nord, Protokoll der Sitzung v. 10.3.1970.
28) ebd.
29) GWAT-Hasenbergl, Aktennotiz vom 24.3.1970.
30) Protokoll der Ausschußsitzung vom 1.4.1970.
31) GWAT Hasenbergl, Aktennotiz zur IG-Sitzung v. 26.5. 1970. Dieser Fragebogen – von Investitions-, Planungs- und Olympiaamt und GWAT gemeinsam entwickelt – sollte eine erste Übersicht über alle zum damaligen Zeitpunkt aktiven Gruppen in Hasenbergl-Nord geben. Es wurde u.a. nach Geschichte, Zielsetzung, Mitgliederstärke, Häufigkeit der Treffs, Ausweitungstendenzen gefragt. Die Ergebnisse wurden vom planenden Architekten zur Entwicklung eines Raumprogramms verwendet. Die Weitergabe der Information, daß die AWO die Trägerschaft übernehmen würde, beruhte auf einem Irrtum. Bereits in der ersten Sitzung am 25.11.1969 hatte sich die AG für eine gemeinsame Trägerschaft aller in Hasenbergl engagierten Institutionen ausgesprochen. Eine Trägerkonstruktion sollte später entwickelt werden.
32) Vgl. hierzu: Höbel/Seibert, a.a.O., S. 163 ff.
33) Protokoll der AG-Sitzung vom 9.2.1971.
34) Protokoll der AG-Ausschußsitzung vom 1.4.1970.
35) Protokoll der ÜÖAK-Ausschußsitzung vom 21.4.1970.
36) Vgl. hierzu: Höbel/Seibert, a.a.O., S. 163 ff.
37) GWAT-Hasenbergl, Protokoll des Teamgesprächs vom 15.5. 1970.
38) GWAT-Hasenbergl, Protokoll des Beratergesprächs vom 26.5.1970.
39) GWAT-Hasenbergl, Protokoll des Beratergesprächs vom 26.5.1970.
40) ebd.
41) Protokoll der AG-Ausschußsitzung vom 27.5.1970.
42) GWAT-Hasenbergl, Diskussionspapier vom 29.5.1970.
43) Protokoll v. 9.6.70.
44) Projektgruppe Hasenbergl TU München, zusammenfassender Bericht v. 20.10.1970, S. 4.
45) Protokoll der Sitzung vom 11.8.1970.
46) Projektgruppe Hasenbergl TU München, a.a.O., S. 6/7.
47) GWG – Gemeinnützige Wohnungsbaugesellschaft (Städtisch), vorgesehener Bauträger für das Ladenzentrum auf dem Nachbargrundstück.

48) Protokoll der Ausschußsitzung vom 23.9. 1970.
49) GWAT Hasenbergl, TU München, a.a.O., S. 7.
50) Protokoll der AG-Sitzung vom 5.10. 70.
51) Landeshauptstadt München, Schreiben des Sozialreferenten v. 2.11. 70.
52) dto. vom 12.11. 1970.
53) Protokoll der Ausschußsitzung vom 5.2. 1971.
54) Leiter des ÜÖAK-Ausschusses ‚Bürgerzentrum', verantwortlicher städtischer Funktionär bei der BZA-Sondersitzung.
55) GWAT-Hasenbergl, Protokoll der Teambesprechung vom 15.2. 1971.
56) ebd.
57) ebd.
58) Süddeutsche Zeitung vom 24.2. 1971.
59) Landeshauptstadt München, Sozialreferat, Flugblatt v. 18.4. 1971.
60) Lokalanzeiger für den 33. Stadtbezirk v. 26.2. 1971.
61) GWAT-Hasenbergl, Arbeitsbericht 70/71, a.a.O., S. 100.
62) Protokoll der Ausschußsitzung vom 9.8. 1971.
63) GWAT Hasenbergl, Arbeitsbericht, a.a.O., S. 25.
64) ebd., S. 26.
65) ebd., S. 26.
66) Protokoll der Ausschußsitzung vom 21.7. 70.
67) Nach der Fertigstellung der Unterkunftsbauten hatte die Gemeinnützige Wohnungsbaugesellschaft GWG auf einem freien Grundstück einen Block B des sozialen Wohnungsbaus errichtet. Als Ergänzung war hierzu noch ein Block A geplant, der jedoch über dieses Planungsstadium nie hinaus kam.
68) Protokoll der Sitzung vom 21.7.70.
69) Landeshauptstadt München, Amt für soziale Wohnungsfragen, Arbeitspapier zur Sitzung am 20.7. 1970.
70) GWAT-Hasenbergl, Aktennotiz zur Sitzung am 21.7. 70.
71) vgl. hierzu GWAT-Hasenbergl, Arbeitsbericht 70/71, S. 8 ff.
72) Protokoll der Ausschußsitzung vom 24.11. 70.
73) Protokoll der Ausschußsitzung vom 9.2. 71.
74) Protokoll der Ausschußsitzung vom 30.6. 71.
75) Protokoll der Ausschußsitzung vom 27.10. 70.
76) vgl. auch dazu: Graf/Zalfen, Gutachten . . . a.a.O.
77) vgl. GWAT Hasenbergl, Dokumentation D 1, München 1972, S. 1 + 2.
78) ebd.
79) Landeshauptstadt München, AfsW, Arbeitspapier zur Sitzung am 20.7.70.
80) GWAT Hasenbergl, Protokoll vom 11.3. 1971.
81) GWAT-Hasenbergl, Protokoll vom 11.3. 71.
82) GWAT-Hasenbergl, Arbeitspapier ‚Umsetzbarkeit von Unterkunftsnehmern', München 18.6. 71, S. 2 u. 3.
83) ebenda.
84) AFSW 8.6. 71.
85) Protokoll der Sitzung vom 22.9. 71.
86) ebenda.
87) ebenda.

88) Die Argumentation des Wohnungsamtes ist zwar verwaltungsüblich, rechtlich aber keineswegs zwingend. Aus der Verpflichtung, dem Vermieter nur sog. „mietfähige" Wohnungssuchende vorzuschlagen – also solche, „bei denen nach Prüfung ihrer persönlichen, familiären, beruflichen und wirtschaftlichen Verhältnisse angenommen werden kann, daß sie die Pflichten aus einem zu begründenden Mietverhältnis erfüllen" – ergibt sich keineswegs der notwendige Schluß, daß Personen, die wegen vertragswidrigem Gebrauch, Zahlungsverzug oder unzumutbarem Verhalten gekündigt wurden, damit automatisch und ohne weitere Prüfung für einen Vermieter untragbar wären, Vielmehr erfordert der verwaltungsrechtliche Grundsatz einer pflichtgemäßen Ermessensausübung, daß jeder Einzelfall konkret geprüft wird, daß also u.a. auch nach den Gründen gefragt wird, die sich möglicherweise hinter dem offiziellen Kündigungsgrund verbergen. Die Münchner Verwaltungspraxis, bei Vorliegen der angeführten Gründe für eine außerordentliche Kündigung ohne jede weitere Prüfung eine mindestens einjährige ‚Bewährung' in einer Notunterkunft zu fordern, verstößt gegen diesen Grundsatz.

89) AfsW, 8.6. 71.

90) ebd.

91) Vertreter der Projektgruppe Hasenbergl der TU hatten an derschiedenen IG-Sitzungen teilgenommen und gemeinsam mit IG und GWAT Ideen und Vorstellungen zur teilweisen Sanierung der Unterkunftsanlage entwickelt. In der Ausschußsitzung am 10.11. 71 stellte die Gruppe ihre 13 (!), zum größten Teil alternativen Vorschläge zur Diskussion. Liegenschaftsamt und Baureferat übernahmen diese Vorschläge zur Überprüfung. Sie werden später aufgrund finanz- und baurechtlicher Bestimmungen als undurchführbar bezeichnet und verschwinden in den Schubladen.

92) vgl. hierzu: GWAT Dokumentation D 1, München 1972, S. 5–11.

93) GWAT-Dokumentation D 1, München 1972, S. 5/6.

94) GWAT Hasenbergl, Arbeitsbericht 70/71 a.a.O., S. 32, 33.

95) GWAT-Hasenbergl, Handnotizen zur Sitzung vom 1.3.72.

96) Ebenda.

97) Protokoll der Sitzung vom 11.7.1972.

98) Ebenda.

99) Ebenda.

100) Ebenda.

FÜNFTER TEIL

ABSCHLIESSENDE EINSCHÄTZUNG DER ARBEIT DES GWA-TEAMS

1. Einleitung

Zur Schwierigkeit der Rekonstruktion und nachträglichen Einschätzung

Dieses Kapitel enthält keine systematische Abhandlung sondern eine Ansammlung von einzelnen Gedanken, Gesprächsprotokollen in wörtlicher und zusammengefaßter Rede. Die Rückerinnerung und Rekonstruktion der Praxis erwies sich nach so relativ langer Zeit als mühsam und schwierig. In der Diskussion der beiden Fallberichte kam die Auswertungsgruppe oft an einen Punkt, wo die beteiligten GWAT-Mitglieder nicht mehr wußten, was damals eigentlich geschehen war. Oder noch präziser: Welche Vorstellungen sie damals hatten.

In den vorhandenen Unterlagen und Protokollen waren eher die Fakten, die Diskussionsergebnisse enthalten als Berichte darüber, wie die Diskussionen geführt worden waren, und wie das GWAT selbst damals sein Vorgehen und dessen Ergebnisse eingeschätzt hatte. Aus diesem Grund versuchten die GWAT-Mitglieder in den hier wiedergegebenen Rückerinnerungsdiskussionen die damalige Situation wieder aus der Vergessenheit hervorzuholen. Die kritische Nachfrage der „außenstehenden" Nichtbeteiligten war dabei nützlich und hat zugleich zur Strukturierung der Erinnerungen beigetragen. – Alle hier wiedergegebenen Diskussionsabschnitte sind Erinnerungen und Einschätzungen zugleich.

Die Exponenten der beiden vorne vertretenen Positionen[1] mußten versuchen, ihre allgemeinen strategischen Vorstellungen auf die konkrete Situation zu beziehen, die durchaus nicht immer so ist, wie sie in systematischen, idealtypischen Abhandlungen beschrieben wird. So ist es auch zu erklären, daß die wiedergegebenen Diskussionsteile nicht immer klar gegliedert sind. Fragen werden mehrere Male aufgeworfen und gelegentlich nicht beantwortet, Argumente häufig wiederholt, Erklärungen bleiben unvollkommen. Die Diskussionen spiegeln in der hier wiedergegebenen Form u.E. exemplarisch ein Stück sozialarbeiterischer Alltagspraxis wider, wenn Kollegen versuchen, Kriterien zu entwickeln, nach denen sie einschätzen können, welchen Erfolg ihre Bemühungen nun wirklich hatten.

Erläuterung zur thematischen Gliederung der Darstellung der Auswertungsdiskussionen

Die umfangreichen Protokolle der im Verlauf der Auswertungsarbeit geführten Rückerinnerungs- und Einschätzungsdiskussionen werden hier nur in Ausschnitten wiedergegeben. Sie beleuchten streiflichtartig bestimmte Probleme der Doppelstrategie des GWAT und deren je gemeinsame und unterschiedliche Beurteilung durch die Auswerter. Gelegentlich werden die Diskussionsabschnitte durch zusammenhängende statements ergänzt wenn die Auswerter meinten, daß ihre Position in der Diskussion nicht deutlich genug zum Ausdruck gekommen sei. Zur Erleichterung für den Leser wird hier eingangs der Charakter der einzelnen Diskussionsteile kurz erläutert: Der Anfang wird gemacht mit einigen Erklärungs- und Einschätzungsversuchen der Rahmenbedingungen und Interessenhintergründe, die die *Konzeptionsentwicklung des GWAT* beeinflußt haben. Den Mittelteil bilden Diskussionen über die *Arbeit des GWAT in den beiden Ausschüssen,* wobei die leitende Fragestellung durchgängig die nach dem *Verhältnis zwischen der Arbeit mit den Betroffenen und in den Institutionen ist.* Im letzten Abschnitt wird versucht, verschiedene Aspekte zur Einschätzung *der Effektivität der Ausschußarbeit*, zusammenzutragen. Der Schlußteil beginnt mit einer Diskussion allgemeiner *Prinzipien der Doppel-*

strategie von unterschiedlichen Standpunkten her. Außerdem wird der Versuch gemacht, noch einmal *Gemeinsamkeiten und Unterschiede der Kritik* der beiden Positionen 1 und 2 zusammenzufassen. Schließlich werden einige Hinweise zu den *Nachwirkungen der Arbeit des GWAT* gegeben.

2. Die Tätigkeit des GWAT in den Ausschüssen – Rückerinnerungs- und Einschätzungsdiskussion

Allgemeines zu den Motivationen, Interessen und Zielen des GWAT in der Ausschußarbeit

Eine erste Grobeinschätzung der Relevanz und Zielsetzung der Mitarbeit des GWAT in den Ausschüssen ergab folgendes:

- „GWAT hat seine Mitarbeit im *Ausschuß Bürgerzentrum* folgendermaßen begründet und gerechtfertigt: Die Mitarbeit ist nur sinnvoll, wenn zugleich die Verbesserung der Wohnsituation der Obdachlosen vorangetrieben wird. Daher plädierte das GWAT für die Einrichtung eines weiteren Ausschusses „Verbesserung der Wohnsituation." Damit sollte deutlich gemacht werden, daß die Mitarbeit an einem Bürgerzentrum nicht zur Illusion verleiten darf, daß dadurch allein schon eine wesentliche Verbesserung der Situation der Obdachlosen erreicht werden kann. Allerdings ging es dem GWAT bei der Mitarbeit an der Planung des Bürgerzentrums auch darum, Einfluß auf das Konzept eines solchen Zentrums zu gewinnen. Das GWAT wertete es als einen Erfolg seiner Arbeit, daß das zunächst überwiegend therapeutische Konzept aufgegeben wurde zugunsten eines sozialpädagogischen und Bildungsansatzes. Die Tatsache, daß für dieses Zentrum die Obdachlosen kaum mobilisiert werden konnten, sah GWAT nicht als einen Beweis, daß sie kein Interesse an einer solchen Einrichtung haben. Es ging darum, so lange eine „Advokatenfunktion" wahrzunehmen, bis die Betroffenen soweit sind, ihre Interessen selbst zu vertreten."
- „Im *Ausschuß Verbesserung der Wohnsituation* verfolgte GWAT zwei Ziele:
  - in der Sache vorankommen, d.h. sukzessive Teilerfolge in der Verbesserung der Wohnsituation erringen,
  - die Verschleierung der Probleme durch die Verantwortlichen in der Verwaltung deutlich machen.

  In bezug auf das erste Ziel ist wenig erreicht worden. GWAT hat neue Kriterien entwickelt (Mietfähigkeit), diese einem Fachmann übergeben und dann weiter nichts unternommen. *Die Rolle als Ideenproduzent hat GWAT nicht mit einer Konfliktstrategie verbunden.* Anlässe für Konflikte (insbesondere mit dem Leiter des Amtes für sozoale Wohnungsfragen) wären u.a. die Fragen der Mietfähigkeit und des Wohlverhaltens gewesen. GWAT hat sich eine Konfliktstrategie nicht zugetraut. Es war zufrieden mit seinen Verbesserungsvorschlägen und interessierte sich nicht ausreichend für deren Durchsetzung. Es wurde auch nicht reflektiert, daß man mit Hilfe der Interessengemeinschaften (IG) den Forderungen von unten hätte Nachdruck verleihen müssen.'' (Auswertungsprotokoll April 1973)

Ausgehend von dieser Grobeinschätzung wurde analysiert, warum sich GWAT trotz schon sehr frühzeitig auftretender Bedenken in der Ausschußarbeit „Planung Bürgerzentrum" so stark engagierte, daß dieser Tätigkeit in der Anfangsphase des Projektes faktisch eine Priorität zukam. Die Gründe dafür wurden auf den Ebenen der – *objektiven Funktion* und *Legitimation* – *Motivation* und *Interesse* und *Konzeption* des GWAT gesehen.

MANFRED: Wichtig ist die Ebene der *Legitimation:*

a) damals befand sich das GWAT im Legitimationsdruck von seiten des Sozialreferates, der Fachbasis in Hasenbergl-Nord, der VGSt als Träger und schließlich durch sich selbst.
b) Nachträglich kann man feststellen, daß das GWAT seine Beteiligung zunächst verstand als Bestandteil einer „Verkaufsstrategie städtischer Planung" (vgl. Arbeitsbericht 70/71, S. 103; „Es gelang uns nicht, die sozialpädagogische Einrichtung „Sozialzentrum" anschaulich zu vermitteln . . .").

CHRISTINE: Die Einrichtung des GWAT ist gewissermaßen Bestandteil der damaligen sozialpolitischen Initiativen des Stadtentwicklungs- und des Sozialreferates. Die Erwartung von dort war, daß das GWAT in den verschiedenen Ausschüssen mitarbeiten sollte. Die Probleme seiner objektiven Funktion als „verlängerter Arm" der Behörde konnte GWAT zu Beginn seiner Arbeit noch nicht einschätzen. Auf der anderen Seite entsprach auch der schwergewichtig sozialpädagogische Arbeitsansatz des GWAT den Interessen der Sozialbürokratie.

Die *Motivation* der Projektmitarbeiter korrespondierte weitgehend mit der objektiven Funktion; hinzu kamen *Interessen,* die aus der Berufsanfänger- und Experimentiersituation resultierten:

„a) Interesse, den Umgang mit Behörden zu lernen, Sicherheit im Umgang mit Machthabern zu gewinnen.
b) Notwendigkeit, möglichst viele Informationen über Entscheidungsprobleme in der Kommunalpolitik zu erhalten.
c) Vorläufige Wahrnehmung der advocacy-function ohne Auftrag durch die Betroffenen.
d) In einem bestimmten Bereich Beteiligung an der Planung mit Auftrag (Jugendliche).
e) Eigeninteresse des GWAT an zentralen Kommunikationsräumen im Viertel, die die Bedingungen für GWA verbessern."

(Auswertungsprotokoll April 1973)

Das Interesse der GWAT-Mitglieder sich selbst als Planungsexperten zu qualifizieren wurde durch die Mitarbeit der TU-Projektgruppe unterstützt: Die Gruppe

unternahm durch ihre Beteiligung am Planungsprozeß den Versuch, ein Konzept von Gegenplanung zu verwirklichen. Das Bürgerzentrum sollte gewissermaßen baulich in den Wohnbereich der Siedlung integriert werden, so daß die Übergänge zwischen privatem und öffentlichem Kommunikationsbereich fließend werden. Durch eine Überbauung der bereits existierenden Wohnungen sollte auch die Wohndichte erhöht werden. Dieses – im Nachhinein als idealistisch bezeichnete – Konzept wirkte damals auf das GWAT faszinierend. „Wir schwelgten in Illusionen, konnten uns an den Ideen der Architekten berauschen." Diese Faszination überwog gegenüber der Skepsis, ob diese großartigen Ideen auch zu verwirklichen wären. Die Tatsache, daß das GWAT hier mit Experten zusammenarbeitete, schuf eine Art Profilierungsdruck, der verhinderte, daß sich die prinzipiellen Bedenken gegenüber der ganzen Form der Planung durchsetzten."
(Auswertungsprotokoll Januar 1975)

Dieses kritisierte Verhalten – Aufspielen des Expertenstatus – wird auch im Zusammenhang mit der Entwicklung der Sozialarbeit als Profession gesehen:

JÜRGEN: Die Professionalisierungsdebatte lief 69/70 über weite Strecken im Kielwasser der Versuche, Sozialarbeit für den politischen Fortschritt nutzbar zu machen. War es bei der Avantgarde die Einsicht der Notwendigkeit politischer Organisierung, so forderten die progressiv-dynamischen Reformer in der Sozialarbeit Teamarbeit als Mittel und Motor besserer Sozialarbeit ohne ihre Funktion inhaltlich abzuleiten.
Zu eben dieser Zeit wehte auch mit einer frischen Brise aus der niederländischen Sozialarbeit das Bild des Sozialarbeiters als Experte in die bundesrepublikanische Scene und traf die Sehnsüchte von „Fürsorgern", die es satt hatten, die Rolle von „Treppenterriern" und belächelten „Damen mit gutem Herzen" zu spielen. Wichtig ist es auch noch, die veränderte Studentenstruktur in den Ausbildungsstätten für Sozialarbeit zu sehen: Erstmals überwogen männliche Studenten an den ehemaligen Frauenschulen. Sie waren stärker belastet von dem Karrierezwang des sozialen Aufsteigens und versuchten im ureigensten Interesse, den Beruf des Sozialarbeiters zwischen vergleichbaren Berufsgruppen und gegenüber dem Staat zu legitimieren und hoffähig zu machen. Diesen Vorstellungen und Bestrebungen entsprach das Bild des souveränen Sozialarbeiter-Experten, der gleichberechtigt neben und mit Fachwissenschaftlern, Verwaltungsleitern und Politikern verhandelt und mit diesem souveränen Status dann für die Klienten als Advokat etwas herausholt.
(Ergänzung zum Auswertungsprotokoll Januar 1975)

Die dritte Ebene, die der *Konzeption* des GWAT war wiederum mit der der Motivation eng verknüpft, auch oder gerade, weil eine Konzeption in der Anfangsphase des Projekts noch nicht explizit vorhanden war. Zentrales Ziel der GWA in Hasenbergl-Nord sollte die Verbesserung der Sozialisationsbedingungen[2)] sein. Ein sozialpädagogisches Zentrum mit „Ermöglichungsfunktionen" erschien da als ein geeigneter Ansatzpunkt. Obwohl die nicht zu realisierende Beteiligung der Bewohner an der Planung oft problematisiert wurde, sah das GWAT diese politische Frage getrennt von der generellen sozialpädagogischen Zielsetzung. Zumindest war das Verhältnis dieser beiden Bereiche nie eindeutig geklärt.

PEDRO: Das, was immer wieder der „Sozialpädagogische Ansatz“ des GWAT genannt wurde, umfaßt zwei unterschiedliche Bedeutungen:

- eine paternalistische Haltung gegenüber den Betroffenen, nach dem Motto etwa: „Das Kind muß erst erwachsen werden!“; ein Handeln *für* sie, aus *eigener* Einsicht, ohne sie vorher zu fragen, mit dem Anspruch, dadurch Voraussetzungen für eine aktivierende Arbeit *mit* ihnen zu schaffen,
- eine Advokatenhaltung, ein Handeln *für* die Betroffenen, aber in ihrem *ausdrücklichen Auftrag,* die Vertretung ihrer Interessen dort, wo sie es allein nicht können.

HELGA: Der sozialpädagogische Ansatz des GWAT hat folgende Fragestellungen zum Ausgangspunkt: Wie schaffe ich Bedingungen, daß die Betroffenen Einsicht in ihre Situation gewinnen können? Die Prioritätensetzung in bezug auf Beteiligung an der Arbeit in Ausschüssen wurde vorgenommen aufgrund der Einschätzung, daß eine Verbesserung der materiellen Situation immer auch die Chancen für Lernprozesse verbessert.

MANFRED: Folgende weitere Differenzierung ist notwendig: Der sozialpädagogische Ansatz des GWAT war ein Mittelding zwischen Arbeit *mit* den Betroffenen und *für* die Betroffenen,

- auf Basisebene *mit* ihnen,
- auf Institutionsebene *für* sie.

Auf der anderen Seite gab es einen Beschluß im Team: Die konkrete Verbesserung der Lebensbedingungen – auch wenn sie in erster Linie nur über die Ausschußarbeit zu erreichen ist – hat immer Vorrang. Dies wäre ein Indiz für die paternalistische Haltung.

(Auswertungsprotokoll September 1974)

Allerdings wurden im Verlauf der Praxis Prioritätenverschiebungen zumindest in Ansätzen deutlich, die sich auch in der Ausschußarbeit niederschlugen. Wichtig ist auch, daß es bereits zum damaligen Zeitpunkt innerhalb der Projektgruppe verschiedene Einschätzungen gab:

CHRISTINE UND PEDRO: Im Verlauf der Praxis hat ein Prioritätenwechsel stattgefunden: von der paternalistischen zur Advokatenhaltung. Der Ausschuß zur Verbesserung der Wohnsituation erhielt einen wichtigen Stellenwert in der GWAT-Arbeit. In ihm wurden auch konkrete Bewohnerinteressen aufgegriffen.

ROBERT: Zwar war der Anspruch „Bewohnermobilisierung“ von Anfang an da, jedoch kann man im Nachhinein von einer gewissen Feldangst des GWAT sprechen.

MANFRED: Die verstärkte Anwaltsfunktion ist nicht so sehr ein Ergebnis einer bewußten Konzeptionsänderung als von verstärkten selbständigen Aktivitäten der Bewohner, die das GWAT dann aufgegriffen hat. Es ist festgestellt worden, daß das GWAT in die Ausschußarbeit eingestiegen ist, als die Verankerung im Feld noch kaum begonnen hatte.

PEDRO: Es gab von Anfang an verschiedene Fraktionen im Team: Gegenüber J. und M. z.B., die in den Ausschüssen mitarbeiteten, vertrat B. einen sozialpädagogischen Basisansatz, nach dem von einer Mitarbeit in den Ausschüssen nicht viel zu erwarten war. So stellte sich scheinbar eine Arbeitsteilung her, die jedoch in Wirklichkeit keine war, weil sie nicht auf einem gemeinsamen Konzept beruhte. Außerdem läßt sich feststellen, daß auch B. ihren Ansatz nicht konsequent genug realisiert hat.
(Auswertungsprotokoll September 1974).

Die Mitarbeit im Ausschuß Bürgerzentrum: Gegenplanung ohne Bürgerbeteiligung oder Weg in die Sackgasse

Eine zentrale Frage der Auswertungsdiskussion um die Mitarbeit an der Planung des Bürgerzentrums war, warum und in welcher Weise eine Planungsbeteiligung der Betroffenen richtig und sinnvoll ist und inwiefern sie ihren Interessen entspricht. Es werden zwei Problembereiche angesprochen:
- die Zusammenarbeit bzw. Beziehung des GWAT zur Interessengemeinschaft, der wie bereits erwähnten einzig aktiven Bewohnergruppe damals[3] und
- die Feldangst der Gemeinwesenarbeiter.

ROBERT: Das GWAT hat sich selten aus der Sicherheit des Büros herausgewagt. Auch die IG als feste Gruppe bot eine gewisse Sicherheit, deshalb hat sich das Team im wesentlichen auf die Zusammenarbeit mit dieser Gruppe beschränkt.
HELGA: Das Problem des Verhältnissses zwischen Interessengemeinschaft und Team ist nicht gekärt.
MANFRED: Dieses Verhältnis war Gegenstand häufiger Kontroversen im Team. U. D. war z.B. für die Auflösung der IG, weil sie die Mobilisierung der Bewohner blockiere.
PEDRO: Die Fixierung an die IG hat dazu geführt, daß das GWAT keine Öffentlichkeitsarbeit gemacht hat, keine Zeitung, selten ein Flugblatt, keine Stadtteilfeste etc.
PEDRO/CHRISTINE/MANFRED: Die Geldangst des GWAT muß im Zusammenhang gesehen werden mit den bis dahin üblichen Berufspraxiskonzepten von Sozialarbeit. Sowohl in den beratenden Funktionen der Sozialverwaltung als auch in der offenen Jugendarbeit ist ein relativ fest umgrenztes Arbeitsfeld vorgegeben, das in seinem inneren Gefüge nicht allzu komplex ist und für dessen Bearbeitung bereits relativ fest umrissene Methoden vorhanden sind. Anders ist es in bezug auf die GWA und zwar nicht nur 1969, sondern auch noch heute. Besonders in der Ausbildung wird das deutlich: etwa in der Unsicherheit der Studenten in bezug auf ihre zukünftigen beruflichen Chancen oder im Hinblick auf die Komplexität des Arbeitsfeldes „Gemeinwesen“. Die damalige Unsicherheit des GWAT ist auch begründet in der Berufsanfängersituation. Die VGSt als

Träger hat zur Absicherung des GWAT relativ wenig getan. Die Devise war damals: die Gruppe einfach mal schwimmen lassen.
(Auswertungsprotokoll September 1974)

Auf einer weiteren Ebene lassen sich ebenfalls einige Aussagen machen: Obwohl die Idee einer Selbstverwaltung des zu errichtenden Bürgerzentrums im GWAT auftauchte (vergleichbar etwa den heutigen Konzepten in der Jugendzentrumsbewegung), wurde dieser Aspekt vernachlässigt bzw. nicht zu einer Planungskonzeption entwickelt, an der die Partizipation der Betroffenen eher möglich und ebenso notwendig gewesen wäre.

JÜRGEN: Die Vorstellung des GWAT war: Erst einmal sollte die Planung abgesichert sein. Dann könnten die übrigen Fragen geklärt werden. GWAT hat Funktionärspolitik gemacht, nicht Basispolitik.
MANFRED: Bei dieser Funktionärspolitik konnte die Frage der Trägerschaft nachrangig behandelt werden.
JÜRGEN: Wir dachten, wenn die Leute was sehen können, dann bekommen sie Interesse. Zu Beginn der Bauphase ist es immer noch früh genug, die Trägerfrage und eine evtl. Beteiligung der Bewohner zu diskutieren.
PEDRO: Das Problem liegt bei der Vorentscheidung für die Planungsbeteiligung. Damit war ziemlich klar, daß Basisinteressen ausgeklammert würden.
ROBERT: Wir haben für das Bürgerzentrum mittelständische Konzepte von Kommunikation etc. vertreten. Insofern haben wir in den Gremien ohne die Betroffenen und auch nicht für sie geplant.
JÜRGEN/MANFRED: Wir verstanden uns als die großen Koordinatoren, die „Übergeier".
ROBERT: Wir sind dabei auf einen bereits fahrenden Zug aufgesprungen, was heißt, das wir die Richtung nicht mehr völlig selbständig bestimmen konnten.
CHRISTINE: Man hätte zumindest gleich mit einer systematischen Bewohnerarbeit anfangen können. Es war ja gar nicht notwendig, so alsbald mit fertigen Partizipationsergebnissen aufzuwarten.
PEDRO: Der Beginn der Sackgasse war die Übernahme von Rollen als Planungsexperten, als Fachleute für Entwicklungsplanung von Raum- und Funktionsprogrammen.
(Auswertungsprotokoll [illegible])

Eine zusammenfassende kritische Einschätzung der Planungsbeteiligung wird von den beiden Exponenten der vorne dargestellten Positionen unter zwei Leitfragen vorgenommen:

a) Ist es prinzipiell richtig, daß GWAT seine Arbeit mit dem Einstieg in die Planung des Bürgerzentrums begonnen hat?
b) War die eingeschlagene Taktik richtig, nachdem sich GWAT für eine Beteiligung an der Planung entschieden hatte?

CHRISTINE: (Position 2) Es ist festzustellen, daß das GWAT schon frühzeitig die Vorrangigkeit der Wohnungsproblematik festgestellt hat. Es bestand also

Klarheit über die Prioritäten. Sie wurden lediglich nicht in die Praxis umgesetzt. Sicherlich wäre es besser gewesen, auf die Wohnungsfrage ein Hauptgewicht zu legen,

- um zur Verbesserung der hier besonders miesen materiellen Lage der Bewohner beizutragen,
- um über in diesem Bereich zu entwickelnde Formen der Selbstorganisation die Einsicht zu vermitteln, daß eine Verbesserung der Lebensbedingungen erst dann effektiv erreichbar ist, wenn man sich selbst zusammenschließt und seine Interessen vertritt, sowie langfristig Obdachlose und Sozialmieter eine Front bilden.

Dies hätten die Prioritäten sein müssen, von denen aus eine Mitarbeit in dem beschriebenen Ausschuß zu bestimmen war. Ähnliche Prioritäten hätten allerdings auch für den Einstieg bei der Planung Bürgerzentrum gesetzt werden müssen, wobei es jetzt unsinnig ist zu spekulieren, ob nicht eine BZ-Konzeption mit nützlichen infrastrukturellen Einrichtungen auch auf sehr viel mehr Interesse bei den Bewohnern gestoßen wäre. Selbst wenn dies zu Beginn nicht dagewesen wäre, hätte das GWAT sofort mit einer umfassenden Untersuchungsarbeit über Bedürfnisse und Interessen der Bewohner mit einer kontinuierlichen öffentlichen Aufklärung über den Planungsprozeß, mit Diskussionen über Formen der Selbstverwaltung beginnen müssen.

Stattdessen war das GWAT von einer an bürgerlichen Kommunikationsregeln und Demokratievorstellungen orientierten Advokatenrolle fasziniert und hat sich selbst in die Tasche gelogen mit der Hypothese, daß sicher noch günstigere Zeitpunkte für eine Bewohneraktivierung kommen würden. Wie erfolglos die beschriebene Advokatentätigkeit war, wird daran deutlich, daß zu dem Zeitpunkt, als das BZ zunächst im Investitionsprogramm zurückgesetzt und schließlich ganz gestrichen wurde, kein Hahn danach krähte außer den frustrierten Sozialarbeitern, die soviel Zeit und Illusion in diese Arbeit gesteckt hatten.

Meines Erachtens ist also nicht das entscheidende Problem, ob die Priorität in dem Aufgreifen der Wohnungsprobleme oder der infrastrukturellen Unterversorgung liegt, sondern wie und mit welcher Zielsetzung man an die Probleme herangeht. Dabei ist sicher einsehbar, daß den Bewohnern der Obdachlosensiedlung die nassen Wände etc. mehr auf den Nägeln brannten als etwaige Kommunikationsräume mit Ermöglichungsfunktionen.

Die Schlagseite in Richtung inner- und interinstitutionelle Einflußnahme, die die Praxis des GWAT bei der Planung BZ hatte, war sicher zunächst sehr stark vom Interesse der Verwaltung an einer Integration und Ausnutzung des GWAT als Ideenproduzent geprägt. GWAT konnte sich trotz mehrfach verbal geäußerter Bedenken und Gegenvorschläge von diesen Ausgangsbedingungen nicht freischwimmen. Die Frage der Bewohnerarbeit wurde in diesem Fall auch in allererster Linie unter dem Gesichtspunkt der *Planungsbeteiligung,* nicht jedoch der *Interessenartikulation* mit dem Ziel längerfristiger Organisierung behandelt. So trat das GWAT bezeichnenderweise auch lediglich an die Interessengemeinschaft als bereits organisierte Gruppe heran, um sie für eine Planungsbeteiligung zu gewinnen. Neben dem mangelnden Interesse an einem Bürgerzentrum wird der Mißerfolg auch damit begründet, daß die Obdachlosen keinen Durchblick durch so einen komplexen und komplizierten Planungsprozeß haben können. Es ist also ein Bildungsproblem, die Obdachlosen sind noch nicht so weit, daß sie sich beteiligen können.

Diese Einschränkung der Bewohnerarbeit auf Planungsbeteiligung von bereits organisierten Menschen ist unzureichend, gerade wenn man es mit Obdachlosen zu tun hat. Gab es eigentlich mal eine Wunschliste der Unterkunftsbewohner zu ihren Interessen an einem Zentrum? Entsprachen diese Interessen dem Kommunikationsansatz der Planer?

Statt sich selbst in relativ repressionsfreie Illusionsbastelei zu vertiefen, hätte das GWAT seine Mitarbeit im Ausschuß in zwei Richtungen bestimmen müssen:
1. um Informationen über die Planungshintergründe, Interessenwidersprüche etc. an die Bewohner weiterzugeben;
2. um die diskutierten Vorstellungen der Bewohner in den Ausschußdebatten zu vertreten und zu begründen und Verbündete dafür zu gewinnen.

Langfristig könnten solche Prozesse und Erfahrungen darauf hinauslaufen, daß sich die Betroffenen nicht am Planungsprozeß beteiligen, sondern daß sie versuchen, gezielt auf ihn Einfluß zu nehmen, ihn zu bestimmen. Ein Zentrum, hinter dem eine Gruppe der Bevölkerung steht, wird nicht so leicht aus dem Investitionsprogramm gestrichen wie das Luftschloß einiger Experten.

PEDRO (Position 1): zu a) Im Gegensatz zu Christine halte ich die Frage der Prioritäten (Bürgerzentrum oder Verbesserung der Wohnsituation) für entscheidend. Auch wenn man im Nachhinein leicht reden hat, würde ich rückblickend sagen: es war *objektiv falsch* vom GWAT, sich in dieser Form an der Planung des BZ zu beteiligen, d.h., von innen, weil
- die Interessen und Bedürfnisse der Bewohner nicht in diese Richtung gingen und daher, im Gegensatz zum Bereich Verbesserung der Wohnsituation, eine Anwaltstätigkeit im eigentlichen Sinne, d.h. eine Vertretung von geäußerten, klar erkennbaren Bewohnerinteressen, gar nicht möglich war,
- dadurch wertvolle Zeit gebunden wurde, die besser für andere Arbeitsbereiche (Verstärkung der Bewohnerarbeit) verwandt worden wäre,
- das GWAT sich dadurch der Möglichkeit begab, eine politische Alternative, wie z.B. Umwidmung der für das BZ vorgesehenen Millionen für eine Sanierung der Unterkünfte, öffentlich zu vertreten und dafür die Bewohner zu mobilisieren.

Das Verhalten des GWAT in diesem Punkt ist nur *subjektiv* zu verstehen, wenn man bedenkt, daß es sich seinen Trägern, der Stadt und der Fachbasis gegenüber legitimieren mußte und daß vor allem das Entwicklungsreferat und die AG im Hasenbergl eine aktive Mitarbeit von ihm erwarteten.

zu b) Nachdem die falsche Entscheidung einmal gefallen war, als Planungsexperten ohne Auftrag mitzuarbeiten, ist dem GWAT nicht vorzuwerfen, daß es sich nicht genügend um eine Beteiligung von Bewohnern an der Planung bemüht habe. Eine solche hätte bei dem mangelnden Interesse der Betroffenen und bei ihrer Unkenntnis von kommunalen Planungs- und Entscheidungsprozessen eh bloß Alibifunktion gehabt. Zu kritisieren ist dagegen (mit Christine), daß nicht versucht wurde, die breite Masse der Bewohner über die eigene Planungstätigkeit laufend zu informieren und mehr konkrete Vorstellungen von ihnen zu erfragen und einzubringen, wie z.B. bei der Befragung über die gewünschten Läden. Hier macht sich die Fixierung des GWAT an die paar Leute von der Interessengemeinschaft und das damalige Fehlen einer breiteren Bewohnerarbeit mit Stadtteilzeitung, Festen usw. negativ bemerkbar.
(Auswertungsprotokoll Januar 1975)

Zusammenfassend kann gesagt werden: Die „unglückliche“ Strategie und Taktik des GWAT in Sachen Bürgerzentrum ist Ausfluß der Tatsache, daß es sich damals zu unkritisch an der Realität orientierte, an den eigenen subjektiven Interessen, Bedürfnissen, Abhängigkeiten und Zwängen, an den Institutionen und Organisationen, die ihm entgegentraten, wie das Stadtentwicklungsreferat als Exponent progressiver Verwaltung, die Arbeitsgemeinschaft für soziale Fragen Hasenbergl-Nord als Plattform der Fachbasis und die Interessengemeinschaft als Bewohnervertretung.

Die Arbeit im Ausschuß „Verbesserung der Wohnsituation”

Der Ausschuß „Verbesserung der Wohnsituation“ sollte nach dem Verständnis der Verwaltungsspitze ein Instrument zur Realisierung des „Resoz“programms sein. Daß er dies nicht wurde, hat seinen Grund u.a. darin, daß sich in diesem Ausschuß mehrere „Fraktionen“ trafen, die sich nicht auf ein gemeinsames Konzept einigen konnten. PEDRO zur Rolle des GWAT zwischen diesen Fraktionen:

Es gab z.B. drei Fraktionen im Ausschuß zur Verbesserung der Wohnsituation:
a) die Ordnungs- und Polizeifraktion
b) die sozialpädagogische Fraktion
c) die Fraktion für strukturelle Veränderungen!
(Sie entsprechen etwa den festgestellten Phasen der Münchener Obdachlosenpolitik)

Wenn ich die drei Richtungen: polizeirechtliche, sozialpädagogische, politische Orientierung sehe, dann war es doch so, daß die sozialpädagogische Orientierung Verbündete brauchte, um sich gegen die polizeirechtliche durchsetzen zu können, die zwar programmatisch, aber nicht faktisch abgelöst worden war. Das GWAT gehörte – zumindest dem verbalen Anspruch nach – zur c-Fraktion, konnte sich jedoch nicht durchsetzen, sondern hat die Geschäfte der b-Frak- [illegible]
beit auch eine wirksame Bekämpfung der Position a. Für diese Fraktion b hatten die Ausschüsse also nicht nur Alibifunktion!

Zur Frage der Doppelstrategie des GWAT am Beispiel der Reform der Unterkunftsanlagensatzung

Bereits in den ersten Monaten der Tätigkeit des GWAT hatte sich die Interessengemeinschaft mit der Unterkunftssatzung beschäftigt und Initiativen zur Aufhebung der in ihr enthaltenen Einschränkungen entwickelt.4) Obwohl die Initiativen aus verschiedenen Gründen einschliefen, griff das GWAT die Satzungsproblematik konsequent in der Ausschußarbeit wieder auf.

Zunächst wurde festgestellt, daß sich trotz des expliziten Anspruchs, Basis- und Ausschußarbeit zu koppeln, die Arbeit der Projektgruppe Unterkunftssatzung verselbständigt hat:

CHRISTINE: In der ersten Phase der Arbeit im Ausschuß hat es noch keine geplante oder ungeplante Koppelung der Arbeit mit der IG und der Arbeit im Ausschuß gegeben. Zu einem späteren Zeitpunkt hat es sich dann so ergeben. Wir sollten aber noch einmal überprüfen, ob nicht auch in dieser zweiten Phase das Nebeneinander bestehen geblieben ist. Beispiele wären Eure Behandlung der Probleme Unterkunftssatzung und Mietfähigkeit, beides Fragen, die in dieser Form nicht unmittelbar von der IG aufgeworfen und getragen wurden, sondern eher grundsätzlichen Charakter hatten. Die IG dagegen hat aktuelle Geschichten aufgegriffen und weiterverfolgt.
PEDRO: Gab es Stellen im Ausschuß oder in anderen Gremien, wo ihr versucht habt, den Zusammenhang zwischen beiden zu vermitteln?
MANFRED: Zu dem Zeitpunkt, wo die Satzungsfrage im Ausschuß war, haben wir das aktuell nicht getan. Der Anstoß zur Reform der Satzung war ja ursprünglich von der IG ausgegangen, die Motivation daran zu arbeiten, ließ jedoch im Laufe der Zeit nach.
PEDRO: Ich erinnere mich, wie die Satzungsgeschichte begann. Ihr habt mich damals auf dieses Problem angesprochen. Ich habe gesagt: Ja, das interessiert mich. Aber ich finde, wir sollten da etwas nur mit Beteiligung der Bewohner tun. Als die Untergruppe entstand, hat sie sich verselbständigt. Ich habe mich primär als Jurist kompetent gefühlt und wir alle waren begeistert von unserer Idee, da eine bessere Satzung zu machen und haben es nicht mehr rückgekoppelt, obwohl wir das sogar noch protokollarisch festgehalten haben.
MANFRED: Noch ein Stück präziser: Es war vor allen Dingen H., der stark den Anspruch „Basisbein“ vertrat. Es gab einen ganz konkreten Vorschlag, der aber genau wie beim Bürgerzentrum nie realisiert worden ist: Das verfassungsrechtliche Gutachten umzuarbeiten, so daß es auf ein Flugblatt paßt, um damit auf breitester Ebene Basisaktivierung vorzunehmen. Die IG war nicht mehr stark motiviert. Es hatte dort ja Auseinandersetzungen über die Satzungsfrage gegeben. Der exponierteste Vertreter von Gegnern einer liberalen Satzung war B. Das lief z.T. auf irrationaler Ebene: Ja, was ist denn, [illegible] nicht vorstellbar, was ist, wenn keine Satzung mehr da ist. Es muß doch einfach Ordnung sein, und da kann doch nicht jeder einfach machen was er will. Und es gibt ja auch welche, für die ist die Satzung ganz gut, weil sie eben saufen oder dauernd Krach machen usw. Das war aber ein IG-interner Prozeß. Der Unterausschuß hat sich demgegenüber wirklich verselbständigt. Da brauchtest Du Dich auch mit solchen Problemen nicht rumzuschlagen.

Es wird ein Zusammenhang zwischen der Verselbständigung der Projektgruppenarbeit und den unklaren Zielen des GWAT gesehen:

CHRISTINE: Welche Vorstellungen hattet ihr denn in bezug auf die Beteiligung der Bewohner an solchen Liberalisierungsversuchen? Manfred hat berichtet, daß es auch innerhalb der IG Kontroversen gab hinsichtlich der Satzung. Es gab welche, die sagten: Brauchen wir denn eigentlich nicht doch eine Satzung, andere sagten: *Nein!*

PEDRO: Ich meine, daß die Satzungsbefürworter unter den Bewohnern eher die sind, die sehr stark an Ordnungsvorstellungen orientiert sind, die gerade nicht auf Solidarität in ihrer Situation aus sind. Also nicht die Gruppe derjenigen wo wir sagten: Da ist es wichtig, daß sie in ihrem Viertel stabilisiert werden. Eher die Umzugs-, die Mittelschichtorientierten. Ich würde sagen, daß die Satzung ein Diskussionsreiz über solche Probleme hätte sein können. Denn gerade diese Diskussion, Ordnung – Nicht-Ordnung, die saufen, wir nicht usw., das taucht ja an x-Stellen immer wieder auf. Wir haben diese Ansätze halt nicht konsequent verfolgt, an dem Streit untereinander so einen Bewußtseinsprozeß in Gang setzen.

CHRISTINE: Mir scheint, daß es einen Widerstreit zwischen zwei Zielen im GWAT gegeben hat: Einerseits wolltet Ihr die ganze Satzung liberalisieren, weil Ihr davon ausgingt, daß dann für die Leute mehr Möglichkeiten bestehen, sich zu betätigen und vorwärts zu kommen innerhalb der Siedlung. Andererseits merktet Ihr, daß während der Diskussion über Satzungsfragen ein Lernprozeß bei den Bewohnern in Gang kam. Möglicherweise wäre aber entlang dem Tempo dieses Lernprozesses die Sache sehr viel langsamer gegangen, als wenn Ihr daran saßt, um möglich rasch zum Zuge zu kommen. Ich vermute, daß sich der Widerstreit zwischen diesen beiden Zielen dann letztlich doch zugunsten des ersteren gewendet hat.

PEDRO: Ich würde es sogar noch härter formulieren: In der Anfangsphase war jedenfalls bei mir persönlich im Grunde die Satzung als Agitations-Thema wenn nicht vor – so doch mindestens gleichrangig. Dann erst im Laufe dieser Ausschußarbeit hat sich eigentlich bei mir der Schwerpunkt verlagert, einfach ganz praktisch, weil da diese Termine waren und weil das eine Möglichkeit war und weil mein Bezug zur IG auch nicht so stark war und ich von Euch nicht angefordert wurde.

MANFRED: Zwei Ebenen: Erst mal war noch der Anspruch da, Zusammenarbeit mit Behörden und auch strukturelle Veränderungen innerhalb der Behörden. Und nun wurde die Geschichte behördenintern verzögert. Die Verselbständigung wurde dadurch gefördert, daß da wieder ein Gegner entstand. Wo wir nun mal den Fuß drin hatten, da wollten wir aber auch ganz rein. Diese über 6 Monate hindauernde Arbeit machte das sozusagen zu einem Nebenschauplatz. Und das mit der Satzung als Agitationsinstrument – Satzung und Satzung sind zwei verschiedene Dinge. In der Ausschußarbeit war die übergeordnete Problematik: Grundrechtseinschränkung, Umkehrung der Beweislast, Besuchs- und Übernachtungsverbot, jederzeitiger Zutritt der Verwaltung. Das war relativ schwer vermittelbar, während in der Phase der konkreten Auseinandersetzung, wo die IG auch was gemacht hat, in Räumungsgeschichten, bei Regreßansprüchen etc.: Das war auch Satzung. Aber das war Satzung, die ganz konkret erfahren wurde. Oder bei der Spielwiesenaktion. Da wurde die Satzung deutlich sichtbar. Da ist auch die eben angesprochene Auseinandersetzung in der IG auf einer völlig anderen Ebene gelaufen. Bei der Räumungsklage gegen G. wurde an einem Fall dargestellt bzw. erlebt, was jeweils unter Ordnung verstanden wird. Da sagte die law- and order-Partei: Ja, der gehört auch raus, weil er säuft und immer diese Frau dabei hat und und und. Da konntest Du nun die Perspektive aufzei-

gen: Was ist denn, wenn der nun rauskommt? Was ist mit anderen Familien, mit denen Du Dich gut verstehst? Schlagt Ihr nicht auch einmal über die Stränge? Also kurz: Da war Auseinandersetzung um die Satzung erfahrbar.
PEDRO: Aber Manfred, warum haben wir da nicht geschaltet? Da ist die Geschichte G. und wir sitzen im gleichen Satzungsausschuß. Jetzt können wir doch mal versuchen, mit einem Flugblatt den Zusammenhang herzustellen!

Fazit: Es gab ein strategisch nicht abgesichertes Nebeneinander von Aktionen für die Bewohner und mit ihnen. Diese Ansätze wurden gelegentlich eher zufällig miteinander verknüpft, es gab jedoch keine reflektierte grundlegende Konzeption der Verknüpfung von Anwalts- und Basistätigkeit.

CHRISTINE: Man müßte hier noch sehen, wie Ihr die Aktivitäten mit den Bewohnern eingeschätzt habt und welche Ziele Ihr verfolgtet. Ich kann im wesentlichen nur sehen, daß Ihr sie aufgefordert und unterstützt habt, irgendwelche Anträge an die Behörden zu richten. Diese Form der Zusammenarbeit mit den Bewohnern ist mir ein bißchen zu schmal. Es wird so lediglich das Selbstbewußtsein ein bißchen gestärkt, daß man eben an die Behörden herantreten kann und mit ihnen auch Rechtsstreite ausfechten kann. Die Notwendigkeit, sich zusammenzuschließen und Aktivitäten gemeinsam voranzutreiben, das ist mir zu wenig in Eurer Arbeit enthalten.
PEDRO: Hier ist die Rolle der IG ganz stark einzubeziehen. Es ist die Frage, inwieweit sich gegenseitig bedingt haben die irgendwie mittelschichtorientierten Vorstellungen des GWAT mit dem Wunsch der Bewohner nach bürgerlicher Reputierlichkeit, die sich z.B. äußerte in dem Wunsch, einen Verein zu gründen mit Vorstand und so. Denn daß Ihr das der IG nur aufoktroyiert hättet, dieses Instrument IG mit dem bürgerlichen Verein, das würde ich nicht sagen.
MANFRED: Im Gegenteil, wir haben es ja gerade bekämpft, daß die sich zum e.V. machen. Aber einmal war es in der damaligen Situation so, daß wir auch minimale Erfolge für uns selber dringend nötig hatten, daß es irgendwo weitergeht in diesem ganzen Chaos. Außerdem frage ich, ob nicht die Erfahrung des Umganges und der Auseinandersetzung mit Behörden eine Perspektive war; Ob nicht auch die Leute, die das alles individuell für sich gemacht hatten, nun einen gemeinsamen Erfahrungshintergrund hatten als Voraussetzung für eine gemeinsame Aktion. Das hat dann insofern nicht geklappt, als sich die IG zu administrativ verstand und alles von sich aus machen wollte.

Die abschließende Einschätzung der Auswertungsgruppe, wiederum korrespondierend mit den unterschiedlichen Positionen, macht noch einmal die Schwächen der von GWAT praktizierten Doppelstrategie deutlich:

PEDRO: Wenn wir in unserem Anspruch einer Doppelstrategie voll gerecht geworden wären, dann hätten wir zwar die Entscheidung getroffen, wir arbeiten im Satzungsausschuß mit (Stichwort: Verbesserung der Sozialisationsbedingungen), aber wir vermitteln das zurück, versuchen, eine Verbindung herzustellen und uns für die Arbeit im Ausschuß so weit wie möglich beauftragen zu lassen und gleichzeitig das bei ihnen als agitatorisches Thema zu benutzen.

CHRISTINE: Es gibt zwei Ziele: Liberalisierung der Satzung und weiter Vorantreiben der Entwicklung eigener Vorstellungen und von Interessenartikulation bei den Obdachlosen. Für mich würde der Schwerpunkt auf dem letzteren Ziel liegen, was nicht bedeutet, daß ich es ablehnen würde, in dem Satzungsausschuß mitzuarbeiten, was ja immer auchdeshalb nützlich sein kann, um Informationen zu bekommen, die ich an die Bewohner weitergeben kann und um andererseits Forderungen, die die Bewohner aufstellen, dort zu vertreten und innerhalb der Behörde Bündnispartner dafür zu gewinnen. Ausschußarbeit ist also eine komplementäre Geschichte und darf auf keinen Fall die Priorität haben. Ihr habt gesagt, daß den Einzelanträgen der Bewohner auch meistens Satzungsprobleme zugrunde lagen. Da wäre nun Eure Aufgabe gewesen im Ausschuß: Hier, da seht Ihr doch, es erweist sich, daß diese und jene Bestimmung der Satzung die Leute außerordentlich behindert, und deshalb muß sie weg!
MANFRED: Das funktionierte ja auch, und deshalb gab es auch die Konflikte.
CHRISTINE: Es wäre z.B. denkbar: eine spezielle Frage, ein Problem betreffend den § 5 in der Satzung, dies geht einige Bewohner an. Nun hättet Ihr sagen können: Liberalisierter Gesamtentwurf schön und gut. Diese Bestimmung muß sofort weg. Man hätte evtl. so einige besonders diskriminierende Bestimmungen durch die Aktivitäten der Bewohner beseitigen können. Der liberalisierte Gesamtentwurf wäre so nicht ein Schubladenobjekt aus Papier, sondern das Ergebnis von Aktivitäten der Bewohner gewesen.
MANFRED: Die Verwaltung ist ja flexibel. Da kommst Du ja nicht durch. Die haben ja, nachdem das Verwaltungsgericht die Räumung per Beschluß ausgesetzt hatte, auch keine Räumungen mehr gemacht. D.h., die Satzung hat sich nicht verändert, aber die Praxis der Verwaltung. Die Praxis der Regreßanforderungen hat sich auch verändert.
PEDRO: Man kann schon sagen, daß die Einzelaktionen dazu geführt haben, daß die Satzung nicht mehr in voller Härte angewandt wurde. Also ich sehe schon, daß wir die Bewegung an der Basis, wenn man es so nennen kann, in die Verwaltung hineingetragen haben und zwar in zweifacher Weise:

1. Hineintragen in den Satzungsausschuß, indem wir gesagt haben: etwa hinsichtlich der Umkehrung der Beweislast, warum müssen eigentlich immer die beweisen, daß sie nicht schuld sind. Das hat den Leuten im Ausschuß auch echt eingeleuchtet. Oder zum Besuchsrecht, da haben wir schöne Beispiele gebracht.
2. Und gleichzeitig haben wir die Prozesse gemacht. Sie haben bewirkt, daß die Satzung nicht mehr in voller Wucht angewendet wurde.

Der eigentliche Fehler ist, daß wir die Rückvermittlung kaum gemacht haben, noch einmal: Satzung als Agitationsinstrument.
MANFRED: z.B. Aufklärung, Informationen über die Formen der Grundrechtseinschränkungen in der Satzung usw., das ist nicht passiert. Das wäre eine Möglichkeit gewesen, dem Anspruch der Doppelstrategie gerecht zu werden.
PEDRO: Doppelstrategie hat zwei Pfeile und zwar in entgegengesetzter Richtung: Den einen Pfeil haben wir gar nicht so schlecht gemacht, den von unten nach oben. Aber den von oben nach unten nicht.
(Alle Protokollzitate: Auswertungsdiskussion April 1975)

Zusammenfassend läßt sich sagen, daß in der Arbeit an der Satzungsproblematik die Doppelstrategie in Ansätzen realisiert werden konnte: Der konkrete Auftrag von Betroffenen wurde aufgegriffen und in der Gremienarbeit weiterentwickelt. Das „Basisbein“ erwies sich aber auch bei dieser Aktion als zu schwach, so daß von einem breiten Aktivierungsprozeß nicht gesprochen werden kann. So moniert denn auch der „Initiativkreis Sozialarbeiter im Unterkunftsbereich“ 1975 nach Verabschiedung einer neuen Satzung zu recht: „Leider hat der Stadtrat die Satzung verabschiedet, ohne die Betroffenen vorher zu informieren. („Unterkunftsnachrichten“ Nr. 2/Juli, München 1975)

Und die Betroffenen mußten's hinnehmen. . . .

Verbesserung der Sozialisationsbedingungen durch verbesserte Wohnbedingungen?

Die allgemeine Zielsetzung des GWAT im Hinblick auf die Verbesserung der Wohnsituation war zunächst sehr stark geprägt von den Vorstellungen des Münchner Resozialisierungsprogramms. Dort wurde die Umsetzung mietfähiger („resozialisierte“) Unterkunftsnehmer in Sozialwohnungen proklamiert. Im Verlauf der Ausschußarbeit erst entwickelten sich Alternativen zur Umsetzung, z.B. die Sanierung der Unterkünfte. In den Auswertungsdiskussionen versuchten wir eine Einschätzung, ob und inwieweit die Verknüpfung des Ziels „Verbesserung der Wohnbedingungen“ mit der allgemeinen GWAT-Konzeption „Verbesserung der Sozialisationsbedingungen“ günstig war. Für die Untersuchung der Doppelstrategie des GWAT erwies sich diese Fragestellung als nicht primär wichtig. Es zeigte sich jedoch, daß die allgemeine Zielorientierung eine kräftige mittelständische Schlagseite hatte. Diese und das fehlende Basisbein verhinderten im wesentlichen die Entwicklung eines bewohnerorientierten Zielkonzeptes des GWAT in der Wohnungsfrage.

CHRISTINE: Im Fallbericht, gleich auf der ersten Seite, ist ein Zusammenhang hergestellt zwischen Verbesserung der materiellen Bedingungen der Leute und Verbesserung der Sozialisationsbedingungen. Das geschieht in der Weise, daß das übergeordnete Ziel die Verbesserung der Sozialisationsbedingungen ist in Richtung auf Emanzipation. Mittel zur Erreichung dieses Ziels ist u.a. die Verbesserung der Wohnsituation.

Ich dagegen gehe davon aus, daß die Verbesserung der Wohnsituation ein Ziel für sich ist, dessen Erreichen zunächst einmal unbahängig davon zu sehen ist, was das für Sozialisationsfolgen hat.

Zur Verdeutlichung dessen was ich meine: In dem Teil des Fallberichtes, der von der Frage der Mietfähigkeit handelt, kommt Ihr an einer Stelle zu folgendem Schluß: Die Frage der Mietfähigkeit sollte man nicht nur unter finanziellen Gesichtspunkten betrachten, sondern von daher, ob die Betroffenen bzw. einige von ihnen in der Lage sind, ihre Verhaltensweise in Richtung auf Emanzipation zu verändern, z.B. junge Familien mit Kindern, unverheiratete Paare usw. .
ROBERT: Es gab aber noch eine andere Richtung, die Jürgen und ich damals vertreten haben. Nämlich, daß das Hasenbergl eine ganz normale Arbeitersiedlung ist. Ziel wäre nun, Hasenbergl-Nord zu koppeln mit Hasenbergl-Mitte und gemeinsame Aktionen von beiden Bevölkerungsgruppen zu planen. Das war damals ein so utopischer Wisch, den wir da reingebracht haben. Er wurde allerdings im GWAT nicht weiter diskutiert, geschweige denn, daß wir Schritte in dieser Richtung unternommen hätten.

Das heißt aber auch: Die Fragwürdigkeit dieser ganzen Umsetzungsgeschichte war uns auch schon damals bewußt. Wir haben auch schon daran gedacht, bestehende Siedlungen baulich so umzugestalten, daß sie sich praktisch von anderen nicht mehr unterscheiden.
PEDRO: Christine, wir dürfen uns eigentlich in dieser Frage nicht so sehr unterscheiden. Wenn es darum geht, Abriß und Neubau oder Erhaltung der Kommunikationsstrukturen und Verbesserung der Wohnsituation am Ort. Wir sind uns einig, daß eigentlich unter politischem Aspekt Letzteres den Vorrang haben sollte. Denn es ist ja irgendwo, wenn auch mit allen Deprivationen eine Gruppe, und wenn Du sie jetzt einzeln umsetzt irgendwo nach Neu-Perlach, dann ist das ja noch viel schlimmer für sie.

Ich weiß nicht, in welcher Präzision Euch das damals deutlich war.
MANFRED: Das steht als offene Frage im Papier drin: Was bedeutet die Umsetzung und das Herauslösen aus der bestehenden Kommunikationsstruktur?
PEDRO: Die Frage ist: Gab es in dem Ausschuß überhaupt einmal die Alternative Abriß oder Neubau? Dann hättet Ihr ja Farbe bekennen müssen. Im Moment gibt es diese Alternative in München. Und daß die Grundsatzabteilung den Schwerpunkt auf die Sanierung legt, das ist vielleicht auch auf Eure Vorarbeit zurückzuführen. Trotzdem mußte man noch einmal ganz schön darauf hinarbeiten.
CHRISTINE: Ich habe Robert so verstanden, daß Ihr die Idee hattet, aber daß das nicht handlungsrelevant für Euch geworden ist. Ihr habt Euch schon in erster Linie auf das Programm der Umsetzung eingestellt. An diesem Beispiel wird wieder Eure sozialpädagogische Schlagseite deutlich. Wenn man das Obdachlosenproblem als eine Frage der Wohnungspolitik betrachtet, dann finde ich es nicht gerechtfertigt, die Leute im Hinblick auf die Umsetzung einzuteilen in diejenigen, die noch in der Lage sind, ihr Verhalten zu verändern und die veränderungsunfähigen.
PEDRO: Hier interpretierst Du ein bißchen falsch. Die Sache mit der Mietfähigkeit bezog sich ja speziell auf die Umsetzung in Sozialwohnungen. Die Verbesserung der Wohnsituation bezieht sich aber auf alle, die in der Siedlung sind. In Bezug auf die Umsetzung in Sozialwohnungen halte ich es für realistisch, daß sie sich konzentriert auf diejenigen, wo eine Umsetzung auch im Sinne einer persönlichen Entfaltung möglich erscheint. Für diejenigen, die nun aus finanziellen

und anderen Gründen nicht in eine Sozialwohnung können, wäre eine intensive sozialpädagogische und therapeutische Arbeit richtig.
MANFRED: Unser Mangel war damals tatsächlich, daß wir das Ganze nicht als politische Frage diskutiert haben. Wir meinten aber, daß die Unterteilung der jeweils unterschiedlichen Lebenssituation gerecht werden könnte. Es gibt z.B. Leute, die wohnen schon unheimlich lange da und da können wir mit unseren Mitteln eben nichts machen. Da müßte eben dann eine langfristige sozialtherapeutische Arbeit einsetzen. Dann gibt es aber auch Leute, die sind erst kurz in der Siedlung; da hat der ganze Stigmatisierungs- und Gettoisierungsprozeß noch nicht eingesetzt. Wenn man die rausholt, das erscheint möglich.
PEDRO: Und zwar aus folgendem Grund: Natürlich kannst Du sagen, wir kriegen sie alle in Sozialwohnungen unter, dann müssen wir eben dort eine sozialtherapeutische Arbeit anfangen. Das ist aber eine Frage der Kosten. Dann ist es schon realistischer, die sozialpädagogische Arbeit auf diejenigen zu konzentrieren, die nun einmal nicht rauskönnen aus der Siedlung. Für sie ist die Perspektive umzuziehen eben gar keine Perspektive. Umziehen ist z.B. keine Perspektive für eine Familie mit 6 Kindern und eine Sozialwohnung hat nun mal nicht mehr als 3–4 Zimmer. Natürlich kann ich auf einer anderen Ebene die Forderung nach Sozialwohnungen mit 6 Zimmern erheben. Das nützt aber in diesem konkreten Fall überhaupt nichts!
CHRISTINE: Für mich hat diese Argumentation von Euch einen Haken. Schimmert da nicht hindurch, daß es doch letztlich eine Frage des angemessenen (und angepaßten) Verhaltens ist, ob jemand eine seinem Bedarf entsprechende Wohnung beanspruchen darf oder nicht? Ich gehe davon aus, daß jeder das Recht fordern muß, angemessen zu wohnen. Das GWAT hätte die Obdachlosen bei ihren individuellen und gemeinsamen Bemühungen dies Ziel zu erreichen (sei es durch Umsetzung oder Sanierung) unterstützen müssen. Nicht jedoch sehe ich es als Aufgabe des GWAT an, sie durch sozialpädagogische oder durch sozialtherapeutische Arbeit auf der Verhaltensebene „mietfähig“ zu machen. (Auswertungsprotokoll April 1975)

Handlungsrelevant wurde die Idee der Sanierung der Gesamtsiedlung in dem Versuch, gemeinsam mit der IG und der Projektgruppe Hasenbergl der TU Vorstellungen zur Sanierung zu entwickeln. Diese blieben jedoch wiederum auf den Kreis der Interessengemeinschaft beschränkt und wurden nicht für eine breite Diskussion innerhalb der Gesamtbewohnerschaft benutzt. Gleichzeitig „schmetterte die Verwaltung die Ideen so sehr ab“, daß sie als unrealistisch eingeschätzt und nicht mehr weiter verfolgt wurden (vgl. Falldarstellung II).

Zusammenfassend läßt sich sagen, daß die Zielvorstellung des GWAT zu stark sozialpädagogisch und zu wenig politisch geprägt war. Im Verlauf der Zieldiskussionen wurde erst mit der Zeit klar, daß die Priorität Umsetzung schief war, daß die Kommunikationsstrukturen im Viertel bei allen Problemen auch ihr Positives hatten. In dieser Phase der Ausschußarbeit (vgl. Falldarst. II: Koppelung von Basis- und Ausschußarbeit) haben dann Aktionen der IG zugenommen, wo kleine Verbesserungen innerhalb der Siedlung auch wirklich aktiv durchgesetzt werden konnten.

Zur Effektivität der Ausschußarbeit

Entscheidungskompetenz der Ausschüsse

Die Frage nach dem Einfluß, den die Ausschüsse auf die Realisierung des Resozprogramms nehmen konnten, ist die nach ihrer verbindlichen Legimitation innerhalb der Verwaltung. In den Auswertungsdiskussionen wurde festgestellt, daß es hierfür kaum offizielle Festlegungen gab, die Erwartungen der verschiedenen Beteiligten sehr unterschiedlich waren und die Folge davon schließlich ein relativ unverbindliches Herangehen des GWAT an die Ausschußarbeit war.

PEDRO: Die ambivalente Funktion der Ausschüsse spiegelt sich wider in ambivalenten Erwartungen ihrer Mitglieder:
a) beschlußfähiges Gremium mit politischem Einfluß,
b) Meinungsbildungsorgan, das den Charakter einer Plattform für Bildungsinteressen hat,
Beide, in den Fallstudien beschriebenen Ausschüsse haben diese Doppelfunktion.
RICHARD: Die Ausschüsse hatten doch eine Menge Entscheidungskompetenzen, deren Bedeutung ist zu klären, um die Effektivität der Ausschußarbeit einschätzen zu können.
MANFRED: Die Kompetenzen gab es nur auf der verbalen Ebene. Das Problem war, wie sollten Entscheidungen des Ausschusses abgesichert werden, wenn die Ämter sich nicht daran hielten. Das wurde z.B. an der Satzungsfrage deutlich: Die Satzungsreform ging wohl durch die Ausschüsse, blieb dann aber bei der Rechtsabteilung liegen.
PEDRO: Die ganze Ausschußarbeit war damals so in einer Grauzone zwischen verbindlich und unverbindlich. Das war so eine Idee von Vogel: Reform der Verwaltung durch Bildung von Gremien, die so quer liegen. Wobei diese Gremien in der Regel nicht als Entscheidungsinstanzen gesehen wurden, sondern als Instrumente der Bewußtseinsbildung, als innovatorisches Instrument von innen. Da die Verbindlichkeit nicht genau definiert war, gab es verschiedene Interpretationsmöglichkeiten. Die Bedeutung der Ausschüsse hängt auch ab von der Machtverteilung innerhalb des Referates. „Je schwächer der König (Referent), umso stärker die Herzöge" (Leiter der Ämter). Die Ausschüsse selber hatten keine Identität, kein Wir-Bewußtsein, sondern da gab es Fraktionen. Erst durch den gemeinsamen Gegner Wohnungsamt haben die anderen so etwas wie Identität gefunden, sich an den Referenten gewandt und von ihm Unterstützung erhalten. Letztlich wurde das Verhältnis zum Referenten, der sich die letzte Entscheidung immer vorbehielt, nie auf die Probe gestellt.

Die Tatsache, daß das GWAT die Ausschüsse nicht wirklich konsequent als ein Instrument der Durchsetzung der formulierten sozialpolitischen Zielvorstellungen begriffen hat und entsprechend benutzte, wird von allen Auswertern übereinstimmend festgestellt. Unterschiedlich ist lediglich die Bewertung der Gründe für dieses Verhalten:

MANFRED: Die Arbeitsweise in den Ausschüssen war eher auf die Herstellung eines Konsens hin ausgerichtet. – Außerdem hatten die Ausschüsse keine Sanktionsmöglichkeiten gegenüber den Ämtern.
PEDRO: Es ist zu fragen, ob denn GWAT Techniken fehlten:
a) das Verhandeln in Ausschüssen,
b) das Durchsetzen in Richtung Realisierung gefaßter Beschlüsse.
ROBERT: Die Ausschüsse hätten vom GWAT als Plattform zum Ausüben von Druck von unten ausgenützt werden können. Das hat das GWAT aber nicht getan.
CHRISTINE: Die Haltung des GWAT in den Ausschüssen ist nicht so sehr erklärlich aus einem Mangel an Techniken sondern ein Ausdruck der Konzeption des GWAT. Es schätzte die Wirkung der Ausschüsse nur verwaltungsintern ein.
PEDRO: Sicher lag dieser Konzeption auch Kenntnismangel zugrunde: zu großes Vertrauen in das Funktionieren der Verwaltung aufgrund von Unkenntnis struktureller Bedingungen.
MANFRED: Diese Unkenntnis ist eine Ursache der Naivität, mit der das GWAT sich auf die Realisierbarkeit von Forderungen durch die Verwaltung verlassen hat. Die Teammitglieder hatten zu Beginn ihrer Tätigkeit im GWAT zum großen Teil gerade erst ihr Berufspraktikum abgeschlossen (in Verwaltungen) und identifizierten sich von daher noch relativ stark mit der Verwaltung. Außerdem lieferte die damalige Sozialarbeiterausbildung ziemlich wenig Hinweise darauf, wie die strukturellen Zusammenhänge von Bürokratien sind.
(Auswertungsprotokoll September 1974)

Ergebnisse der Ausschußarbeit

Die Mitglieder der Auswertungsgruppe gingen bei der Diskussion dieser Frage von unterschiedlichen Voraussetzungen aus: Einzig Pedro hat die weitere Entwicklung der Obdachlosenarbeit in München verfolgen können, weil er bis heute praktisch in diesem Bereich tätig ist. Deshalb soll er zunächst mit dem Versuch zu Wort kommen, einige „Faktoren“ zur Beurteilung der Ausschußarbeit zu benennen:

PEDRO: *Faktor 1:* Daß Sanierung sinnvoll und möglich ist, ist eine Vorarbeit von Euch im GWAT. Dabei geht es nicht um die konkreten Vorschläge im einzelnen, sondern das Bewußtsein ist da, daß das ein mögliches und sinnvolles Ziel ist.
Schon die Aufarbeitung der Protokolle der Ausschußarbeit hat bewußtseinsbildend bei den Leuten gewirkt in Richtung auf Sanierung, auch ganz konkret auf mich.

Faktor 2: Das Wohnungsamt ist jetzt offen für so etwas. Es ist erwiesen, daß mit durch die Ausschußaktivitäten der Arbeitsstil im Wohnungsamt geändert wurde. Das wirkt sich dann indirekt auf die Bewohner aus, wenn der Vertreter des Wohnungsamtes Sprechstunden draußen macht, und er offen ist für Wünsche und sie nicht unterbügelt. In kleinen Bereichen hatte die Ausschußarbeit Erfolg, etwa was die Straftilgungsbestimmungen angeht, und neuerdings wieder bei der Niederschlagung der 103 Kündigungen im Hasenbergl. Das Wohnungsamt hatte in einem letzten Verzweiflungsakt, bevor die Umstrukturierung kam, 103 Bewohnern in Hasenbergl mit Gebührenschulden auf einen Zack gekündigt (Räumung). Da sind der Fafü-Arbeitskreis verbunden mit der AG in Hasenbergl sehr aktiv geworden und haben das verhindert.
Faktor 3: Und dies würde ich als den entscheidenden Punkt ansehen: Die Bezirksausschüsse haben in München ein Selbstbewußtsein als Instrument entwikkelt, und insbesondere die für die drei großen Unterkünfte zuständigen arbeiten jetzt zusammen und nehmen die Verwaltung ein bißchen in die Zange. Diese Ebene sehe ich kurzfristig als effektiver an als die wirklichen Basisaktivitäten, deren Druck ja halt doch meistens gering bleibt. Die unterste politische Ebene mit einzubeziehen, das ist wichtig.
Als *4. Faktor* fällt mir ein, daß es sich in den Unterkünften schon auswirkt, daß das Jugendamt jetzt dort Außenstellen hat.

Hinsichtlich der Frage der Doppelstrategie gibt allerdings Christine aus ihrer Sicht zu bedenken:

CHRISTINE: Die Initiatoren der Ausschüsse hatten die Hoffnung, daß die Ausschüsse wie „Innovationshefe" (G. Weber) innerhalb der Verwaltung wirken sollten. Man kann sagen, daß die Ausschüsse diese Funktion auch irgendwie erfüllt haben, allerdings in dem Sinne, daß die unterschiedlichen sozialpolitischen Vorstellungen innerhalb der Behörde die Gelegenheit hatten, aufeinanderzuprallen und dadurch die eingefahrenen Verwaltungsabläufe etwas aufgebrochen wurden. Eine andere Form von Innovationshefe haben die Ausschüsse dagegen nicht erfüllt:

1. Sie haben es kaum geschafft, Forderungen wirklich durchzusetzen;
2. Sie wurden auch nicht zum „Tor", durch das die Bevölkerung ihre Interessen gegenüber der Verwaltung artikulieren kann. Beim Ausschuß Bürgerzentrum gab es ja mal solche Ansätze, da wurde aber bald gesagt: Die IG-Vertreter sind eigentlich noch nicht so weit, daß sie Planungsprozesse richtig durchschauen und deshalb qualifiziert mitbestimmen können.

(Auswertungsprotokoll April 1975)

Einig sind sich die Kritiker, daß die Ausschußarbeit etwas Leben in die verkrusteten Verwaltungsstrukturen gebracht hat und wohl auch in Ansätzen Einstellungsänderungen bei einigen Beteiligten bewirkte. Ob allerdings darüber hinaus auch die Zielsetzung des GWAT „Arbeit in den Institutionen mit dem Ziel struktureller Veränderung", wenn auch nur in Ansätzen, realisiert wurde, ist strittig. Um diese Frage klären zu können, versuchten die Auswerter sich klar zu machen, warum die Ausschußarbeit 1972 so plötzlich eingestellt wurde, und was von den ihr zugrundeliegenden Initiativen noch übrig blieb:

MANFRED: Es war nicht so, daß die eines Tages abgestellt worden sind, sondern so: Der Ausschuß Wohnungsverbesserung tagte und vereinbarte wie üblich seinen nächsten Termin. Im Bürgerzentrumsausschuß war die Planungsarbeit sowieso abgeschlossen, es lief das Genehmigungsverfahren, mit dem der Ausschuß nichts mehr zu tun hatte. Es bestand ein Beschluß, sich erst wieder zur Frage der Trägerschaft zusammenzufinden. Der Wohnungsausschuß und die Fafü-Gruppen gingen aber weiter. Da standen die Termine fest. Per Telefon kam ganz kurzfristig zwei Tage vorher: Findet nicht statt! Ohne Angabe eines Grundes und ohne neuen Termin.

Da stehst Du erst mal da und guckst! Warum das Ganze? Das war eben so genau keinem klar und dann kam auch nichts mehr. Die Einladungen hatte ja immer der Leiter des Jugendamtes gemacht. Wie das mit den bevorstehenden Kommunalwahlen zusammenhing, oder mit Umstrukturierungen im Stadtentwicklungsreferat –: Also, es kochte die Gerüchteküche!

PEDRO: Meine Hypothesen sind:

1. Der Leiter des Jugendamtes hatte ein Gespür dafür, daß das nicht mehr soviel bringt.
2. Ich nehme an, daß er diesen Ausschüssen ursprünglich auch einen Stellenwert in seinen allgemeinen Bemühungen um eine Reform der Sozialverwaltung – Stichwort: Dezentralisierung, Sozialstationen unter Führung des Jugendamtes – beigemessen hat. So war z.B. eine Zeit lang eine Modell-Sozialstation in Hasenbergl-Nord im Gespräch. Als in dieser Richtung nichts mehr ging, war auch sein Interesse an den Ausschüssen nicht mehr groß.

ROBERT: Damit war er aber auch an seinem eigenen Mittelbau gescheitert!

RICHARD: Es erscheint nun als das Werk des Leiters des Jugendamtes, daß der Ausschuß eingegangen ist. Meine Frage ist: War er wirklich der entscheidende Mann?

MANFRED: Also der Stop ging tatsächlich von ihm aus. GWAT und AG haben hinterher erfahren, daß damit tatsächlich die Ausschußarbeit auf kaltem Wege eingeschläfert werden sollte. Der Forderung, die Ausschüsse noch einmal einzuberufen, hat er ja nachgegeben. In den letzten Sitzungen wurde dann ja auch festgestellt, daß der Ausschuß Wohnungsverbesserung seinen Auftrag nicht erfüllen konnte, weil, weil,... und daß über neue Formen dieser Arbeit beraten werden sollte. Zu eben diesem Zeitpunkt hatten wir im GWAT auch gerade beschlossen, die Ausschußarbeit auch nur noch sporadisch zu machen, um einen Draht zu behalten.

PEDRO: Das Interesse von Amtsleitung und Mittelbau an solchen Ausschüssen war erloschen. Die Fachbasis allein war nicht stark genug. In so einem Moment wird die Figur eines Federführers natürlich wichtig. Einen lahmen Haufen dann wirklich noch einmal zusammenzukriegen, ist die Frage der Initiative eines Federführers.

ROBERT: Hinsichtlich des Einschlafens der Ausschüsse spielt auch die Bankrotterklärung in Sachen Resoz.programm eine Rolle. Nachdem das Stadtentwicklungsreferat durch eine Umfrage versucht hatte, die Durchführung des Resoz.-programmes zu überprüfen, und dadurch die niederschmetternden Ergebnisse zu

Tage brachte, daß das Programm praktisch nur auf dem Papier steht und kein einziges Amt wirklich was dafür getan hatte, wurde das Ergebnis auch nur referatsintern veröffentlicht.
PEDRO: Aus der Einsicht in die bisherige Erfolglosigkeit hat man nicht die Konsequenz gezogen: Jetzt erst recht! Sondern! Jetzt gar nichts mehr! Resignation.
CHRISTINE: Ich hatte noch eine Vermutung, die aber wahrscheinlich nicht so ganz zutrifft: Hat es damals auch Stimmen gegeben, die sagten: Die Ausschüsse sind ein ganz schönes Risiko, da steckt allerhand Zündstoff dahinter, da werden immer Grundsatzdiskussionen geführt?!
ROBERT: Solche Tendenzen wurden ja in dem einen Ausschuß sowieso erfolgreich abgeblockt, mit der Argumentation: Das gehört hier nicht her. Man hat sich nicht mit Grundsatzfragen zu beschäftigen sondern soll an praktische Lösungen gehen.
PEDRO: Es waren wohl nicht solch eher politische Gründe als vielmehr Gründe der Effektivität. Dann ist noch wichtig zu berichten: Es wurde dann ja die Einsetzung eines Koordinators für Resozialisierung bei der Grundsatzabteilung vorangetrieben. Das war nicht nur eine Idee der Amtsleitung sondern der Fafü-Arbeitskreis hat diese Forderung aufgestellt. Dieser Koordinator war gewissermaßen das einzig institutionelle Ergebnis der Ausschußarbeit.
CHRISTINE: Das bringt mich noch einmal auf den Punkt von vorhin mit den institutionellen Veränderungen, die Ergebnis der Ausschußarbeit gewesen sind. Wir haben festgestellt, daß die Arbeit des Wohnungsausschusses Auswirkungen auf die Struktur und Arbeitsweise des Wohnungsamtes hatte. Ein anderes Moment wäre: Hat dieses in der Arbeit der Ausschüsse realisierte Prinzip der interdisziplinären Zusammenarbeit zwischen verschiedenen Ämtern auch noch weitergewirkt?
PEDRO: In einer einzigen Weise: Das einzig wirklich funktionierende Instrument einer Koordinierung ist im Moment die Arbeitsgruppe Resozialisierung im Sozialreferat. Die ist rein amtsintern. Sie hat jetzt an Bedeutung enorm zugenommen. Die treffen sich alle vier Wochen, es sind die Amtsleitungen und bei wichtigen Fragen die entsprechenden Gruppenleiter und Unterabteilungsleiter. Das Neue ist, daß das Wohnungsamt nicht mehr der Gegner ist. Es wird auf der Ebene der kleinen Verbesserung recht gut zusammengearbeitet. Die Fachbasis ist in dieser Gruppe allerdings nicht vertreten.
MANFRED: Auf der Ebene Amtsleitung liegen auch eindeutig die Entscheidungskompetenzen.
CHRISTINE: Die damaligen Ausschüsse waren also besetzt mit Vertretern aller Ebenen, auch mit Fachleuten außerhalb der Behörde. Heute sitzen in der Arbeitsgruppe Resozialisierung nur noch die Vertreter der mittleren und oberen Ebene. Die Zusammensetzung aus allen Ebenen wurde also aufgegeben, möglicherweise auch, weil die Vertreter der Fachbasis eine etwas wiederborstige Rolle spielten. Die Tendenz läuft also in Richtung auf homogene Ausschüsse aus Vertretern der Leitungsebene, die dann die Sozialarbeiter an der Basis mit Aufträgen und Anweisungen versehen. Eine solche Entwicklung ist sicher nichts Besonderes. Was hier für München gilt, ähnlich läuft es vielleicht auch in anderen Städten. Zwar wird die Koordination zwischen den verschiedenen Abteilungen generell für notwendig gehalten, im Interesse der Funktionsfähigkeit der gesamten Verwaltung werden die Beschlüsse jedoch ausschließlich auf der mittleren

und oberen Ebene diskutiert und gefaßt.
(Auswertungsprotokoll April 1975)

Zusammenfassend ist also festzustellen, daß durch die Ausschußarbeit zur damaligen Zeit weder eine Lösung des Obdachlosenproblems (etwa im Sinne des Resoz.programmes) wesentlich vorangetrieben, noch eine Umstrukturierung der Sozialverwaltung in Gang gesetzt werden konnte. Was die Situation der Obdachlosen betrifft, so blieb ihre Zahl trotz Ausschußarbeit (mit vielen Papieren und Beschlüssen) konstant, wesentliche Verbesserungen in den Unterkünften konnten nicht durchgesetzt werden, das Resozialisierungsprogramm blieb nur auf dem Papier. Die institutionellen Auswirkungen dieser insgesamt erfolglosen Ausschußarbeit waren nur, daß die mühsame *direkte* Kooperation zwischen den verschiedenen Ämtern und Gruppen *auf allen Ebenen* und unter Einbeziehung außenstehender Fachleute (GWAT,TU-Gruppe) durch die Einsetzung eines zentralen Koordinators einerseits und die Rückverlagerung der interinstitutionellen Kooperation auf die rein verwaltungsinterne mittlere und obere Ebene andererseits abgelöst wurde – was genau das Gegenteil einer Demokratisierung von Verwaltungsstrukturen ist. Der innovatorische Einfluß der Ausschußarbeit muß daher als gering bis negativ eingeschätzt werden.

3. Kritische Zusammenfassung

Zum ‚Mauscheln' und zur Doppelstrategie

Der Begriff „Doppelstrategie" wird im Rahmen dieser Auswertungsdiskussion – wie bereits vorne dargelegt – verstanden als ein weitgefaßter begrifflicher Rahmen zur Charakterisierung aller Ansätze von GWA, die – in welcher Gewichtung auch immer – Instutionen- und Basisarbeit miteinander verbinden:

„Entsprechend der unterschiedlichen Einschätzung der Erfolgschancen und Zielsetzungen von Mobilisierung von Obdachlosen werden verschiedene Konzepte einer institutionellen Strategie entwickelt:
Brigitte und Uli[5] meinen, die zentrale Aufgabe des Gemeinwesenarbeiters sei das Fördern von Lernprozessen, die Arbeit mit der Bevölkerung. Funktionale GWA ist nach diesem Verständnis nicht GWA. Sie sollte nur unter dem Gesichtspunkt gemacht werden, daß sie den Lernprozessen etwas nutzt. Sie ist daher ein notwendiges Übel und nur bei Auftrag durch die Bevölkerung zu entwickeln.

In Absetzung zur Position von Friedel (s. w. u.) wird allerdings das „Mauscheln" mit ausgewählten Vertretern in den Institutionen für sehr viel günstiger gehalten als eine Konfrontationsstrategie. Zumindest eine Möglichkeit des Mauschelns sollte offengehalten werden

Pedro begreift das Mauscheln als flankierende Maßnahme, von der isoliert keine strukturellen Veränderungen zu erwarten sind. Flankierende Funktion kann das Mauscheln allerdings nur dann haben, wenn es gelingt, die Obdachlosenarbeit mit übrigen Initiativen der Arbeiterbewegung zu verknüpfen (z.B. mit der Einweisungsstopaktion).[6]

Helga vermutet, daß hinter *Pedros* Position die Illusion steht, daß über institutionelle Strategien tatsächlich materielle Verbesserungen erreicht werden können. Das sei der Trugschluß der JUSO'schen Doppelstrategie. Die Gefahr dieser Illusion muß auch den Sozialarbeitern im Hasenbergl klar sein. Diese Klarheit bewahrt sie dann vor Überschätzungen der Hilfeleistungen der Verwaltung. Zum Mauscheln: Dies kann eigentlich nur im frühen Stadium einer Aktion sinnvoll sein, auch um Informationen zu erhalten. Anschließend geht es jedoch um organisierten Druck in der und auf die Öffentlichkeit. Bei der Mauschelstrategie kann immer nur eine Privatmeinung zum Ausdruck gebracht werden, Forderungen durchsetzen kann man nur durch Organisationen. Druck von unten sollte auch zunächst über die Vertretungsgremien weitergegeben werden, erst wenn das keinen Erfolg hat, sollten die Vertreter der Verwaltung einbezogen werden.

Friedel versucht, den Unterschied zwischen Mauscheln und einer Politik des offenen Drucks von unten an einem konkreten Beispiel klarzumachen: Bei der Aktion „Grauer Kreis" treffen sich alle Münchener Bürgerinitiativen. Sie stellen als erste Forderung auf, daß ein Vertreter der BI im Stadtrat erscheint und deren Forderung dort vertritt. Wird dem zugestimmt, versuchen die BI auf diese Weise, ihre Forderungen in die politische Auseinandersetzun einzubringen. Wenn nicht, muß ein Flugblatt gegen den Stadtrat gemacht werden. Natürlich können die BI versuchen, im Stadtrat Verbündete für ihre Forderungen zu gewinnen. Aber, völlig unsinnig wäre folgende Strategie: Ein Vertreter der BI kennt einen Stadtrat gut, geht hin und „flüstert" mit ihm. Dieser Stadtrat wird kaum Möglichkeiten haben, etwas durchzusetzen. Er kann nicht öffentlich sagen: Ein Vertreter der Münchener BI hat mir gesagt . . . , und dann erwarten, daß Entscheidungen entsprechend den Forderungen gefällt werden. Gerade fortschrittliche Individuen haben in Stadtverwaltungen und -parlamenten selten großen Einfluß. In Bezug auf die Strategie eines GWA-Teams unterstützt *Friedel* das Konzept des Haidhausen-Büros (HHB). Das Team tritt nicht als Organisator auf, sondern versucht, materielle Bedingungen zur Organisation bereitzustellen. Außerdem versucht das HHB so zu arbeiten, daß eine direkte Konfrontation zwischen Team und Verwaltung nicht entsteht, sondern die Konflikte von den Gruppen und Organisationen der Bevölkerung selbst öffentlich vorangetrieben werden.

In Abgrenzung von *Pedros* Vorstellungen lehnt *Friedel* die Arbeit in Richtung auf die Institutionen weder als notwendiges Übel ab, noch sieht er darin den Hauptansatzpunkt. Ebenso kritisiert er eine qausi gleichwertige Doppelstrategie. Stattdessen wird die Arbeit mit Institutionen als taktisches Instrument einer Arbeit gesehen, der es primär darum geht, durch Forderungen mobilisierter Gruppen der Bevölkerung Druck auszuüben.

Abschließende Einschätzung der Voraussetzungen für einen möglichen Erfolg des Mauschelns:
nur wenn Druck von unten da ist. Es kommt also auf die Einschätzung der Bewegung an der Basis an, um zu wissen, wie konsequent „gemauschelt" oder eine Konfliktstrategie betrieben wird.
Mauscheln im Stadtrat ist nur sinnvoll, um die Sichtweite der Volksvertreter in Bezug auf die existierenden Forderungen zu beeinflussen der Mangel an Informationen bei den Vertretern kann sich zum Nachteil der betroffenen Bevölkerungsgruppen auswirken.
Mauscheln innerhalb der Verwaltung sollte zum Ziel haben, dafür zu sorgen, daß die Vollzieher von Beschlüssen zumindest nicht abblocken, wenn nicht gar unterstützen."
(Auswertungsprotokoll April 1973)

Gemeinsamkeiten und Unterschiede der Kritik der beiden Positionen

Eingangs sollen die wichtigsten Thesen der beiden Positionen noch einmal dargestellt werden.

Position I geht davon aus, daß „Obdachlose als Subjekt politischer Prozesse zumindest kurzfristig aber auch mittelfristig ungeeignet sind". Orientiert an den allgemeinen Zielen einer „vollen objektiven und subjektiven Integration der Obdachlosen in die Klasse der Lohnabhängigen" werden für GWA u.a. zwei wichtige Prinzipien formuliert, die hinsichtlich der Einschätzung der Arbeit des GWAT von besonderer Bedeutung sind:

– die Arbeit mit den Bewohnern der Unterkünfte ist primär eine sozialpädagogische und nicht eine politische
– es ist – zumindest mittelfristig – notwendig, daß der Gemeinwesenarbeiter für die Obdachlosen eine Advokatenfunktion übernimmt, um so durch Verbesserungen bestimmter materieller Bedingungen überhaupt erst Voraussetzungen zu schaffen, daß sich die Obdachlosen für ihre Interessen zusammenschließen

Position II sieht zwar auch die besonderen Erschwernisse, die die Lebensverhältnisse von Obdachlosen kennzeichnen, zieht jedoch aus dieser Erkenntnis andere Schlüsse als Position I. Orientiert an dem allgemeinen Ziel, die „Obdachlosen sowohl was ihre Lebensverhältnisse als auch was ihre Bewußtseinslage betrifft, in den Lebens- und Kommunikationszusammenhang und die bereits entwickelten Organisationsformen der Interessenvertretung der übrigen lohnabhängigen Bevölkerung zu integrieren", formuliert sie eine Strategie der GWA, die auf allen drei Ebenen: Der materiellen, der politischen und der ideologischen gleichzeitig ansetzt. Die Wahrnehmung einer Advokatenrolle durch die Gemeinwesenarbeit als strategisches Prinzip wird abgelehnt; sie wird lediglich als taktisches Instrument von Fall zu Fall für nützlich gehalten. Demnach unterscheidet sich Position I prinzipiell von der vorliegenden Konzeption des GWAT.

Zusammenfassend kann man sagen, daß Position I mehr Chancen darin sieht, auf Reforminitiativen in den Verwaltungen einzugehen und dort mitzuarbeiten als Position II. Während umgekehrt Position II größere Hoffnungen an die selbständige Interessenvertretung der Obdachlosen knüpft als Position I.

Trotz dieser Unterschiede kritisieren beide Positionen gemeinsam bestimmte Erscheinungsformen der praktischen Arbeit des GWAT: So stellen beide fest, daß im Konzept zwar eine Doppelstrategie angelegt, diese jedoch nicht inhaltlich begründet und nicht gewichtet ist. Es bleibt somit unklar, warum und in welcher Weise Anwaltstätigkeit und Basisarbeit miteinander verknüpft werden sollen. In der konkreten Praxis wird die eindeutige Schlagseite in Richtung innerinstitutioneller Gremienarbeit kritisiert, d.h. die mangelhafte Rückkoppelung dessen, was in den Gremien verhandelt wurde zu den Bewohnern der Notunterkünfte.

Weiter kritisieren beide Positionen, daß sich der Kontakt zu den Bewohnern weitgehend auf die bereits organisierte Gruppe der Interessengemeinschaft beschränkte.

Die Ziele der sozialpädagogischen Arbeit orientierten sich schwergewichtig an den bürgerlichen Sozialisationstheorien und knüpften nicht an den subkulturellen Erfahrungen dieser Bevölkerungsgruppe an.

Schließlich stellen die Kritiker fest, daß die Arbeit des GWAT in den Ausschüssen zu wenig auf die *Durchsetzung* von Reformen und Verbesserungen für die Obdachlosen ausgerichtet war, etwa durch Erzeugung von flankierendem Druck über Bürgerinitiativen, politische Gremien (Stadträte, Bezirksausschuß), Öffentlichkeit, so daß viele Initiativen irgendwo in der Verwaltung hängenblieben.

In diesen Punkten üben die beiden Positionen gleiche Kritik, aber auf unterschiedlicher Grundlage und mit unterschiedlichen Perspektiven.

Die Kritik von Position I läuft darauf hinaus, daß das GWAT ein im Prinzip richtiges Konzept nur nicht konsequent genug in die Praxis umgesetzt habe. Die Kritik von Position II zielt dagegen darauf ab zu erläutern, warum aufgrund eines eingeschränkten Konzepts die Praxis notwendigerweise nur in geringem Maße vorankommen konnte. Die unterschiedlichen Perspektiven werden an mehreren Beispielen der Praxis des GWAT deutlich:

Position I hat an der *Advokatenrolle* des GWAT im Ausschuß Bürgerzentrum zu kritisieren, daß

– das GWAT sich diese selbst zugeschrieben hat bzw sie sich von der Verwaltung hat zuschreiben lassen,
– es die Bewohner in einer Sache „vertreten“ hat, die gar nicht in ihrem Interesse war,
– es sich daher nur scheinbar um eine Advokatenrolle gehandelt hat.

Position II ist dagegen der Auffassung, daß der entscheidende Fehler des GWAT in diesem wie auch in dem anderen hier beschriebenen Ausschuß darin lag, daß es sich nicht auf die vorhandenen Interessen und Kräfte der Obdachlosengestützt hat und das es mögliche Aktivitäten dieser Gruppe nur unter dem Gesichtspunkt der Planungsbeteiligung (die im Verlauf der Arbeit noch weiter zu „Bedürfnisforschung“ reduziert wurde) sehen konnte. Eine solche Beschränkung hinsichtlich der Handlungsperspektiven der Obdachlosen mußte das GWAT notwendigerweise daran hindern, überhaupt in Erfahrung zu bringen, was die wirklichen Interessen der Obdachlosen sind.

Position I zieht aus ihrer Kritik den Schluß, daß es zwar in den meisten Fällen richtig ist, in Ausschüssen mitzuarbeiten (der Ausschuß Bürgerzentrum ist deshalb eine Ausnahme, weil das geplante Bauwerk offensichtlich nichts mit den Interessen der Betroffenen zu tun hatte und das dem GWAT auch klar war), daß aber bei der Wahrnehmung der Advokatenfunktion verstärkt darauf geachtet werden muß, „nach unten“ zu informieren, auf ein Echo zu achten, zurückzukoppeln. Das Ziel dabei ist, einen klaren Auftrag der Betroffenen zu erhalten.

Auch Position II würde es nicht ablehnen, in Ausschüssen mitzuarbeiten. Diese Seite der praktischen Arbeit dürfte jedoch nur komplementär zu unmittelbaren Arbeit mit den Bewohnern sein und ihre Vorgehensweise auch am Stand der Bewohnerarbeit ausrichten. Position II zieht aus ihrer Kritik den Schluß, daß es im konkreten Fall Bürgerzentrum gar nicht bewiesen und beweisbar ist, ob nicht das Bauwerk eine wichtige Sache für die Obdachlosen gewesen wäre. Um dies herauszufinden, hätte die Bewohnerarbeit erst aufgebaut werden müssen.

Hinsichtlich der Auswirkung der Mitarbeit des GWAT im Ausschuß zur Verbesserung der Wohnsituation ist Position I optimistischer als Position II. Ihr Hauptargument ist, daß die Ausschußarbeit innerhalb der Verwaltung zu einer Veränderung des Klimas und des Bewußtseins einflußreicher Personen geführt hat. Eine solche Veränderung habe indirekt auch Auswirkungen auf die Betroffenen, die nicht mehr einer so rigiden Bevormundung ausgesetzt sind. Besonders positiv schätzt Position I auch die Stärkung des politischen Selbstbewußtseins der Bezirksausschüsse ein, was sie für effektiver hält als eine meist nur kurzfristige Basismobilisierung. Andererseits wird jedoch auch als Fortschritt vermerkt, daß es dem GWAT bei der Arbeit an den Wohnungsproblemen gelungen ist, Ansätze eines Drucks von unten zu entwickeln. Diese Ansätze hätten konsequent fortgeführt werden müssen. Chancen hierfür sind genügend dagewesen.

Position II meint, daß die Ausschüsse als Ausdruck der damaligen Reformbestrebungen sowie alles, was sie erarbeiteten, zunächst „unhaltbare Bastionen" sein mußten. Die Versuche, einzelne Obdachlose dazuzubringen, den Ausschuß als unterstützendes Element der individuellen Antragstellung gegenüber den Ordnungspolitikern im Wohnungsamt zu benutzen, könne man nicht als Druck von unten bezeichnen. Ein kollektiver Druck von unten wäre jedoch erst die Voraussetzung dafür, daß eine Bastion haltbar wird. Nicht ob die Obdachlosen einen liberalisierten Satzungsentwurf geschenkt bekommen ist wichtig, sondern was sie sich selbst in ihrem eigenen Interesse erkämpfen. Hierzu gab es Möglichkeiten, exemplarisch einzelne besonders diskriminierende Paragraphen der Satzung anzugreifen.

Hinsichtlich des „Basisbeins" der Doppelstrategie ist in den Fallberichten relativ wenig Material enthalten. Dennoch ist in den Auswertungsdiskussionen ein Aspekt der Bewohnerarbeit behandelt worden, der im Hinblick auf die unterschiedlichen Vorstellungen zur Doppelstrategie besonders wichtig ist. Vorne wurde die Frage gestellt, ob nicht auch die sozialpädagogische Schlagseite des GWAT – in diesem Fall, ob es richtig ist, die Obdachlosen mietfähig zu machen und in Sozialwohnungen umzusetzen oder ob eine Sanierung der Siedlung besser sei – sich notwendig auch auf die Doppelstrategie auswirkte. Die Diskussion bestätigte diese Vermutung: Die Tatsache, daß Position I und mit ihr das GWAT-Konzept der politischen Selbsttätigkeit der Obdachlosen zur Durchsetzung ihrer Interessen relativ geringe Chancen einräumt, legt die Schlußforlgerung nahe, daß die entscheidenden Verbesserungen der Situation der Obdachlosen nicht durch deren Einfluß zustande gekommen, sondern im wesentlichen Ergebnisse der Aktivität von politischen Parteien und Gremien sind. Die Aktivitäten der Obdachlosen bleiben vorläufig auf einer sozialpädagogischen Ebene.

Demgegenüber geht Position II davon aus, daß die sozialpädagogische Ebene bei Aktivitäten von Bevölkerungsgruppen im Reproduktionsbereich – und da gibt es keine prinzipiellen Unterschiede je nach Härte der Situation nicht isoliert werden darf, sondern daß auch hier eine GWA-Strategie alle drei Ebenen, die materielle, die politische und die sozialpädagogische gleichzeitig und gleichgewichtig berücksichtigen muß. Dabei ist keine der drei Ebenen die Voraussetzung einer anderen, da sie sich alle gegenseitig bedingen.

Nachwirkungen der Arbeit des GWAT

Die Diskussion bisher gibt im Wesentlichen die *unmittelbaren* Auswirkungen der Mitarbeit des GWAT in den Ausschüssen wieder. Danach erscheint die Bilanz recht mager und wenig ermutigend. Ein etwas anderes Bild entsteht jedoch, wenn man die heutige Situation in der Münchener Obdachlosenpolitik – drei Jahre nach dem Ausscheiden des ersten GWA-Teams – betrachtet und dabei feststellt, daß viele der heute wieder angestrebten und z.T. bereits in Gang gesetzten Verbesserungen mehr oder minder direkt auf Vorschläge und Initiativen des GWAT zurückgehen, die zwischenzeitlich in der Verwaltung und im öffentlichen Bewußtsein „versickert" waren. Natürlich läßt sich heute nicht mehr exakt feststellen, wie groß der Anteil des ersten GWAT an den neuen, in Kapitel II dargestellten Entwicklungen ist. Daß es an den im folgenden aufgeführten Ergebnissen und Bestrebungen nicht unbeteiligt war, läßt sich jedoch (nach Meinung von Pedro Graf, der jetzt noch aktiv in diesem Bereich engagiert ist) mit Sicherheit sagen.

Nachwirkungen auf institutioneller Ebene:

- Der Wandel in Einstellung und Praxis des Amtes für Wohnungswesen – vom schärfsten Gegner jeder Verbesserung, zu einem wichtigen Koalitionspartner für strukturelle Lösungen des Problems – wurde eingeleitet durch eine Umstrukturierung des Amtes, welche die Entmachtung besonders ordnungsrechtlich orientierter Mitarbeiter zur Folge hatte. Hierfür haben die Konflikte des GWAT mit diesem Amt und im Ausschuß „Verbesserung der Wohnsituation" wichtige Argumente geliefert.
- Bei den Reformbestrebungen innerhalb der Sozialverwaltung in Richtung auf ein „System dezentralisierter Sozialer Dienste" spielt

auch eine Vorlage des GWAT, die es im Jahre 1971 zusammen mit einer Projektgruppe an der Fachhochschule München erarbeitet hatte, wieder eine Rolle (Der mehrfach erwähnte „Koordinator" bei der Grundsatzabteilung war damals Mitglied der Projektgruppe!).

Nachwirkungen auf der Ebene der Fachbasis:

Die Erfahrungen des ersten GWAT, die Lehren aus den gemachten Fehlern und insbesondere die Erkenntnis, die im Prozeß der hier dokumentierten Auswertung gewonnen wurden, flossen ein in die von zwei der Verfasser 1973 gegründeten Projektgruppe „Balan-Büro" in der zweitgrößten Münchener Unterkunftsanlage, sowie in die Arbeit des neuen GWAT, die sich gemeinsam zielstrebig für eine Sanierung aller Münchener Unterkunftsanlagen einsetzen und diese Bemühungen durch einen Zusammenschluß aller Initiativen im Unterkunftsbereich, durch die Einschaltung der zuständigen Bezirksausschüsse und fortschrittlicher Stadträte verstärken.

Nachwirkungen für die Bewohner selbst:

- Die inzwischen verabschiedete, entscheidend liberalisierte neue Satzung basiert wesentlich auf dem ursprünglichen Entwurf des GWAT bzw. der Projektgruppe Unterkunftssatzung des Ausschusses Verbesserung der Wohnsituation.
- Die in den letzten zwei Jahren gezielt betriebene Auflockerung in den Unterkunftsanlagen wurde vor allem dadurch möglich, daß das Sozialamt den Vorschlag des Ausschusses aufgriff, zur Verhinderung von Exmittierungen über § 15a BSHG verstärkt Mietschulden zu übernehmen. Dadurch konnte die Zahl der Einweisungen erheblich gesenkt werden.
- Für die nun endlich wenigstens modellhaft in drei Wohnblöcken beginnende Sanierung der Unterkünfte hat das GWAT nicht nur gedankliche und atmosphärische Vorarbeit bei der Verwaltung und der Fachbasis selbst geleistet, sondern darüberhinaus durch Vorlage des Gutachtens der TU-Projektgruppe dieses Ziel als technisch möglich und finanziell sinnvoll aufgezeigt.
- kaum positive Nachwirkungen sind dagegen in der unmittelbaren Bewohnerarbeit festzustellen. Die Interessengemeinschaft Hasenbergl-Nord hat sich vom GWAT isoliert und führt mit wenigen Mitgliedern ein Vereinsdasein ohne politische Perspektiven; der Aufbau einer neuen stabilen Bewohnergruppe ist bisher nicht gelungen.

Zusammenfassend läßt sich sagen: Die Arbeit des ersten GWAT hat einige nicht unerhebliche positive Nachwirkungen im institutionellen Bereich und in dem der materiellen Verbesserung für die Bewohner gebracht, ohne jedoch in der unmittelbaren Bewohnerarbeit wesentliche Auswirkungen zu zeigen. Dies liegt ebenso an dem stark funktionalen Ansatz des GWAT wie daran, daß seine Initiativen vor allem von Vertretern der selben Position aufgegriffen und weitergeführt wurden.

Anmerkungen:

1) Vgl. dritter Teil. Position 1: Pedro, Position 2: Christine; Pos. 2 wird auch von Helga und Friedel vertreten, die zeitweise an den Diskussionen teilnahmen. Die ehem. GWAT-Mitarbeiter Jürgen, Manfred und Robert versuchten in erster Linie, ihr damaliges Praxiskonzept immanent-kritisch einzuschätzen.
2) Zu den idealen Sozialisationsbedingungen hat GWAT 1971 einen „Idealkatalog" entwickelt, der sich eng an den damals verbreiteten bürgerlichen Sozialisationstheorien orientierte (vgl. hierzu Arbeitsbericht 70/71, S. 49 ff.).
3) Vgl. hierzu auch Höbel/Seibert, a.a.O., besonders S. 154 ff. und S. 206.
4) Vgl. hierzu auch Höbel/Seibert, a.a.O., S. 178 ff.
5) Brigitte Höbel (ehem. GWAT-Mitarbeiterin) und Ulrich Seibert (ehem. GWAT-Berater) haben an der Auswertungsdiskussion im April 1973 teilgenommen.
6) Bei der Einweisungsstopaktion ging es um die Frage, ob die Forderung nach Einweisungsstop für die OL-Unterkünfte verbunden werden könnte mit allgemeinen Forderungen nach Verbesserung der Wohnungssituation wie z.B. Kündigungsschutz, um so die Aktivitäten von Obdachlosen mit denen von Sozialmietern zu verbinden.